Chuzhong Wuli Chuangxin Jiaoxue Yanjiu Yu Shijian

初中物理创新教学研究与实践

吴卫锋◎著

中国海洋大学出版社

·青岛·

图书在版编目（ＣＩＰ）数据

初中物理创新教学研究与实践 / 吴卫锋著. -- 青岛:
中国海洋大学出版社, 2020.11
　　ISBN 978-7-5670-2531-8

　　Ⅰ.①初… Ⅱ.①吴… Ⅲ.①中学物理课—教学研究
—初中 Ⅳ.①G633.72

中国版本图书馆 CIP 数据核字（2020）第 122089 号

出版发行	中国海洋大学出版社		
社　　址	青岛市香港东路 23 号	**邮政编码**	266071
出 版 人	杨立敏		
网　　址	http://pub.ouc.edu.cn		
电子邮箱	yyf_press@sina.cn		
订购电话	0532-82032573（传真）		
丛书策划	河北畅志文化传媒		
责任编辑	杨亦飞	**电　　话**	0532-85902533
装帧设计	河北畅志文化传媒		
印　　制	日照报业印刷有限公司		
版　　次	2020 年 12 月第 1 版		
印　　次	2020 年 12 月第 1 次印刷		
成品尺寸	148mm×210mm		
印　　张	8.875		
字　　数	210 千		
印　　数	1—500		
定　　价	45.00 元		

发现印装质量问题，请致电 0633-8221365，由印刷厂负责调换。

目　　录

第一章　绪论

初中物理课程是中学阶段的一门重要课程。素质教育的实施对当前初中物理的教学理念与方法提出了更高的要求。作为中学教学体系中的重要科目和下一阶段学习高等级知识的基础,物理科目的教学对学生正确认识自然界的发展、形成正确的世界观、培养自然科学素养有着重大影响。因此,初中物理教学不能仅仅以提高成绩为目标,还应改变传统的教学模式,采取创新性教学组织、创新教学方案设计、创新课堂管理、创新教学模式等教学新形式,运用新型的教学手段,优化教学环节,提高教学效率。

初中物理新课程改革对初中物理教学提出了更高的要求。为了贯彻落实新课程改革理念,教师需要改变现有的传统教学模式,根据学生的兴趣应用教学方法。学生首次接触物理知识是在初中阶段,对于学生探究精神与科学精神的培养有着至关重要的作用。同时,初中物理的教学目标是为了培养学生的物理学习兴趣,让学生掌握基础的物理知识,并将其应用在生活中,达到学以致用的根本目的。初中物理的核心教学环节就是课堂教学,所以教师必须抓住这个中心环节,创新教学方法,引导学生树立起科学探索的精神。

第一节　物理学的意义和价值

物理学是研究物质运动一般规律和物质基本结构的学科。作为自然科学的带头学科,物理学研究大至宇宙、小至基本粒子等一切物质最基本的运动形式和规律,是其他自然科学学科的研究基础。它运用数学作为自己的工作语言,以实验作为检验理论正确性的唯一标准,是当今最精密的一门自然科学学科。

一、物理学的意义

物理可以引导人们对生活中最基本的现象进行分析、理解和判断。比如,生活中最普通的物质——水,它结冰时温度总是 $0℃$,沸腾时温度总是 $100℃$。为什么吸管中的水会随着我们的吸力上升?为什么在烧热的油锅内滴入水会产生剧烈的爆鸣?为什么热水在保温瓶中可以长时间地保温?如果你学习了物理,那么就会对水的这些现象作出合理、科学的解释。物理学是一门以实验为基础的自然科学,是发展最成熟、高度定量化的精密科学,又是具有方法论性质,被人们公认为最重要的基础科学。物理学取得的成果极大地丰富了人们对物质世界的认识,有力地促进了人类文明的进步。国际纯粹物理和应用物理联合会第 23 届代表大会的决议"物理学对社会的重要性"指出:"物理学是一项国际事业,对人类未来的进步起着关键性的作用:探索自然,驱动技术,改善生活以及培养人才。"[①]

可以说,大到广袤苍穹,小到分子与原子,都属物理学的研究范畴。它

_____

① 许欣楠.浅谈物理学在人类文明进步中所起的作用[J].社会科学:引文版,2017(1):81.

不仅研究物体的运动规律,如月亮为什么会绕着地球转,还研究物体为什么会做那样的运动,即物理学还研究物体之间的相互作用的规律,如对于刚才的问题,现在笔者可以回答,是因为地球对月球存在引力。

用较为严谨的语言来说,物理学是研究物质存在的基本形式、本质和运动规律以及物体之间的相互作用和转化的规律的科学。它崇尚理性,重视逻辑推理。可以说,物理学是关于"万物之理"的科学。因此,在学习物理时,应注重"理"字。

经过 300 多年的发展,物理学作为一门独立的科学,有着完整的科学体系,而且物理学的基本理论、基本实验方法和精密测试技术,已经越来越广泛地应用于其他学科,极大地推动了科学技术的创新与革命,促进了社会的发展与人类文明的进步。

以统一性为例,当代物理学的发展正朝着两个相反的研究方向延伸:最宏大的宇宙与最微小的粒子。令人感到惊讶的是,随着研究的深入,二者并非分道扬镳,越走越远,反而显示出不少殊途同归、相辅相成的迹象。

例如,粒子物理学的一些研究成果常被天体物理学家所借鉴,用来探寻宇宙早期演化的图像;反过来,宇宙物理学的研究也为粒子物理学家提供了丰富的信息与印证。在自然科学群体中,物理学处于基础和领导地位。如今,物理学仍是一门充满生机和活力的学科,它的创造性进展日新月异,遇到的挑战也越来越大。同时,21 世纪科学技术的发展在很大程度上依赖于物理学的发展。因此,物理学仍在科学技术的发展中占主导地位,而且物理学对当代以及未来高新技术的发展会提供更大的推动力。

首先,就数学而言,数学本身不能回答其自身的数学形式逻辑体系的客观真实性问题,而数学形式体系的客观真实性要靠物理学去认证;数学的发展有两个动力，即数学逻辑发展的动力和外部的物理学等学科的需要与直观的动力。正是这种外部物理学的需要与直观的动力，使美国物理学家、数学家威腾和英国数学家唐纳森发展了现代数学，并因此获得了菲尔兹奖；量子论促成了非对易几何学的出现；超弦理论促成了新的数学观点的出现。数学是伟大的，它像语言一样，是人类进行交流和表达思维的工具。对于现代科技，它更是不可或缺的工具。

其次，就化学而言，量子力学和统计热力学是表述化学定律的基础，因而现代化学在理论上离不开量子力学，在实验上离不开现代物理学测量技术。

最后，就生物学而言，量子力学和量子统计是在分子层次上认识生命现象的基础，所以生物物理学使生物学更定量、更精确。

20世纪初，相对论和量子力学的建立为物理学的飞速发展插上了双翅，取得了空前辉煌的成就，以至于人们将20世纪称作"物理学的世纪"。有一种流行的说法：21世纪是生命科学的世纪。其实，这句话更确切的表述应该是，21世纪是物理学全面介入生命科学的世纪。生命科学只有与物理学相结合，才能取得更大的发展。

物理学的进展密切联系着工业、农业等的发展，也同人类文明的进步息息相关。比如，从电话的发明到当代互联网络实现的实时通信，从蒸汽机车的制造成功到磁悬浮列车的投入运行，从晶体管的发明到高速计算机技术的成熟等，无不体现着物理学对社会进步与人类文明的贡献。当今时代，物理学前沿领域的重大成就又将引领人类文明进入一片新天地。大量事实表明，物理思想与方法不仅对物理学本身有价值，而且对整个自然科学乃至社会的发展都有着重要的贡献。

物理学的发展引起了一次又一次的产业革命，推动着社会和人类文明的发展。可以说，社会的每一次大的进步都与物理学的发展紧密相连。因此，没有物理学的发展，就没有人类社会和文明的巨大进步。

（一）物理学是自然科学的带头学科

物理学作为严格的定量的自然科学的带头学科，一直在科学技术的发展中发挥着极其重要的作用。它与数学、天文学、化学和生物学之间有密切的联系，它们之间相互作用，促进了物理学与其他学科的发展。

物理学与数学之间有着深刻的内在联系。物理学不满足于定性地说明现象，或者简单地用文字记载事实。因此，为了尽可能准确地从数量关系上去掌握物理规律，数学就成为物理学不可缺少的工具；而丰富多彩的物理世界又为数学研究开辟了广阔的天地。所以说，物理学与数学的关系密切，源远流长。历史上有许多著名科学家，如牛顿、欧拉、高斯，对于这两门科学都作出了重要贡献。19 世纪末 20 世纪初的一些大数学家，如彭加勒、克莱因、希尔柏特，尽管他们的学术倾向不同，但都精通理论物理。此外，近代物理学中关于混沌现象的研究也是物理学与数学相互结合的结果。

物理学与天文学的关系更是密不可分，可以追溯至早期德国天文学家、物理学家、数学家开普勒与英国物理学家、数学家牛顿对行星运动的研究。现在提供天文学信息的波段从可见光频段扩展到从无线电波到 X 射线宽广的电磁波频段，已采用了现代物理所提供的各种探测手段。另外，天文学提供了地球上实验室所不具备的极端条件，如高温、高压、高能粒子、强引力，构成了检验物理学理论的理想的实验室。因此，几乎所有的广义相对论的证据都来自天文观测。比如，正电子和 μ 子都是首先在宇宙线研究中观测到的，为粒子物理学的创建作出了贡献；热核反应理论是为解释太阳能源问题而提出的；中子星理论则因脉冲星的发现得到了证实；而现代宇宙论的标准模型——大爆炸理论是完全建立在粒子物理理论基础上的。

物理学与化学本是唇齿相依、息息相关的。化学中的原子论、分子论的发展为物理学中气体动理论的建立奠定了基础，从而使人们对物质的热学、力学、电学性质作出了满意的解释；而物理学中量子理论的发展、原子的电子壳层结构的建立又从本质上说明了元素性质周期变化的规律。同时，量子力学的诞生以及随后固体物理学的发展使物理学与化学研究的对象日益深入到更加复杂的物质结构的层次，对半导体、超导体的研究越来越需要化学家的配合与协助，而在液晶科学、高分子科学和分子膜科学取得的进展是化学家、物理学家共同努力的结果。另外，近代物理的理论和实验技术又推动了化学的发展。

物理学在生物学发展中的贡献体现为两个方面：一是为生命科学提供了现代化的实验手段，如电子显微镜、X射线衍射、核磁共振、扫描隧道显微镜；二是为生命科学提供了理论概念和方法。从19世纪起，生物学家在生物遗传方面进行了大量的研究工作，提出了基因假设。但是，基因的物质基础问题仍然是一个疑问。20世纪40年代，奥地利物理学家薛定谔提出了遗传密码存储于非周期晶体的观点。同时期，英国剑桥大学的卡文迪什实验室开展了对肌红蛋白的X射线结构分析，经过长期的努力终于确定了脱氧核糖核酸的晶体结构，揭示了遗传密码的本质，这是20世纪生物科学的最重大突破。由于分子生物学构成了生命科学的前沿领域，所以生物物理学显然也是大有可为的。

(二)物理学是现代技术革命的先导

一般说来,物理学与技术的关系存在两种基本模式:第一,由于生产实践的需要而创建了技术,如 18 至 19 世纪蒸汽机等热机技术,然后提高到理论上来,建立了热力学,再反馈到技术中,促进技术的进一步发展;第二,先在实验室中揭示基本规律,建立比较完整的理论,然后在生产中发展成为一种全新的技术。19 世纪电磁学的发展提供了第二种模式的范例。在英国物理学家、化学家法拉第发现电磁感应和英国物理学家、数学家麦克斯韦确立了电磁场方程组的基础上,产生了今日的发电机、电动机、电报、电视、雷达,创建了现代的电力工程与无线电技术。正如美籍华裔物理学家李政道所说:"没有昨日的基础科学,就没有今日的技术革命。"①

在当今世界中,第二种模式的重要性更为显著。物理学已成为现代高技术发展的先导与基础学科;反过来,高技术发展对物理学提出了新的要求,提供了先进的研究条件与手段。所谓高技术,指的是那些对社会经济发展起极大推动作用的当代尖端技术。下面就物理学的基础研究在当前最引人注目的高技术,即核能技术、超导技术、信息技术、激光技术、电子技术中所起的突出作用作简要介绍。

能源的获取和利用是工业生产的头等大事,20 世纪物理学的一项重大贡献就在于对核能的利用。1905 年,美国科学家、物理学家爱因斯坦提出了质能关系式,确立了核能利用的理论基础;英国物理学家查德威克于 1932 年发现了中子;德国放射化学家、物理学家奥托·哈恩于 1938 年发现

---

① 郭奕玲.李政道教授在清华大学讲演 没有今日的基础科学就没有明日的科技应用[J].物理与工程,1992,2(3):1-3.

在中子引起铀核裂变时可释放能量,同时,有更多的中子发射,于是提出利用"链式反应"来获得原子能的概念;40年代,美籍意大利物理学家费米根据重核裂变能量释放的原理建立了原子反应堆,使核裂变能的利用成为现实;50年代,苏联物理学家塔姆萨哈罗夫根据氢核在聚变时能量释放的原理设计了受控聚变反应堆。聚变能不仅丰富,而且安全清洁。而现在,可控热核聚变能的研究将为解决21世纪的能源问题开辟道路。

在能源和动力方面,无损耗地传输电流的超导体的广泛应用也可能导致一场革命。1911年,荷兰物理学家昂尼斯发现纯的水银样品在4.2 K附近电阻突然消失,接着又发现其他一些金属也有类似的现象。这一发现开辟了一个崭新的超导物理领域。1957年,BCS理论进一步揭示了超导电性的微观机理;1962年,约瑟夫森效应的发现又将超导的应用扩展至量子电子学领域。在液氦温区(1~5.2 K)工作的常规超导体所绕成的线圈已在加速器、磁流体发电装置及大型实验设备中用来产生强磁场,可以节约大量电能;在发电机和电动机上应用超导体,已经制成接近实用规模的试验性样机。由于这些成功的应用,再加上超导储能、超导输电和悬浮列车等的应用,可以看到高温超导体具有广阔的应用前景。自从1987年美籍华裔物理学家朱经武和中国科学院的赵忠贤等人发现液氮温区(63~80 K)的高温超导体以来,超导材料的实用化已取得较大进展,它在大电流技术中的应用前景最为激动人心。

信息技术在现代工业中的地位日趋重要,计算技术、通信技术和控制技术已经从根本上改变了当代社会的面貌。如果说第一次工业革命是动力或能量的革命,那么第二次工业革命就是信息或负熵的革命。人类迈向信息时代,面对着内容繁杂、数量庞大、形式多样的信息,迫切要求信息的处理、存储、传输等技术从原来依赖"电"的行为转向依赖"光"的行为,从而促进"光电子学"和"光子学"的兴起。光电子技术最杰出的成果体现在光通信、光全息、光计算等方面。光通信于 20 世纪 60 年代开始提出,70 年代得到迅速发展,具有容量大、抗干扰强、保密性高、传输距离长的特点。光通信以激光为光源,以光导纤维为传输介质,比电通信容量大 10 亿倍。一根头发丝粗细的光纤可传输几万路电话和几千路电视,20 根光纤组成的光缆每天通话可达 7.6 万人次,光通信开辟了高效、廉价、轻便的通信新途径。以光盘为代表的信息存储技术具有存储量大、时间长、易操作、保密性好、低成本的优点,光盘存储量是一般磁存储量的 1 000 倍。新一代的光计算机的研究与开发已成为国际高科技竞争的又一热点。

激光是 20 世纪 60 年代初出现的一门新兴科学技术。1917 年,爱因斯坦提出了"受激辐射"概念,指出:"受激辐射产生的光子具有频率、相、偏振态以及传播方向都相同的特点,而且受激辐射的光获得了光的放大。"[①]他又指出:"实现光放大的主要条件是使高能态的原子数大于低能态的原子数,形成粒子数的反转分布,从而为激光的诞生奠定了理论基础。"[②]50 年代,在电气工程师和物理学家研究无线电微波波段问题时,产生了量子电子学。1958 年,美国物理学家汤斯提出把量子放大技术用于毫米波、红外以及可见光波段的可能性,从而建立起激光的概念。1960 年,美国物理学家梅曼研制成世界上第一台激光器。经过 30 年的努力,激光器件已发展到相当高的水平:激光输出波长几乎覆盖了从 X 射线到毫米波段,脉冲

---

①② 彭桢楠.新形势下物理学在高新技术材料中的应用分析[J].科技展望,2017,27(30):110–111.

输出功率达 1 019 W/cm²,最短光脉冲达 6×10⁻¹⁵ s 等。激光成功地渗透到近代科学技术的各个领域。因激光具有高亮度、单色性好、方向性好、相干性好的特点,故其在材料加工、精密测量、通信、医疗、全息照相、产品检测、同位素分离、激光武器、受控热核聚变等方面均获得了广泛的应用。

电子技术是在电子学的基础上发展起来的。1906 年,第一只三极电子管的出现被视作电子技术的开端。1948 年,美国物理学家巴丁、布莱顿和肖克莱发明了半导体晶体管。这是物理学家认识和掌握了半导体中电子运动规律并成功地加以利用的结果。这一发明开拓了电子技术的新时代。50 年代末发明了集成电路,而后集成电路向微型化方向发展。1967 年产生了大规模集成电路,1977 年超大规模集成电路诞生。1950—1980 年,依靠物理知识的深化和工艺技术的进步,晶体管的图形尺寸(线宽)缩小为原来的 1/1 000。今天的超大规模集成电路芯片上,在一根头发丝粗细的横截面积上,可以制备 40 个左右的晶体管。微电子技术的迅速发展使得信息处理能力和电子计算机容量不断增长。40 年代建成的第一台大型电子计算机的重量达 30 t,耗电 200 kW,占地面积 150 m²,运算速度为每秒数千次,而现在一台笔记本电脑的性能完全可以超过它。面对超大规模电路图形尺寸不断缩小的事实,人们已看到半导体器件基础上的微电子技术接近它的物理上和技术上的极限。所以要求物理学家从微结构物理的研究中,制造出新的能满足更高信息处理能力要求的器件,使微电子技术得到进一步发展。

(三)物理学是科学的世界观和方法论的基础

物理学描绘了物质世界的一幅完整图像,揭示了各种运动形态的相互联系与相互转化,充分体现了世界的物质性与物质世界的统一性。19 世纪中期发现的能量守恒定律被德国哲学家恩格斯称为"伟大的运动基本定律"，是 19 世纪自然科学的三大发现之一，是唯物辩证法的自然科学基础。法拉第、爱因斯坦对自然力的统一性怀有坚强的信念，他们终生不渝地为证实各种现象之间的普遍联系而努力。

物理学史告诉我们，新的物理概念和物理观念的确立是人类认识史上的一个飞跃，只有冲破旧的传统观念的束缚才能得以问世。例如，德国物理学家普朗克的能量子假设由于突破了"能量连续变化"的传统观念，而遭到当时物理学界的反对。普朗克本人由于受到传统观念的束缚，在提出能量子假设后多年惴惴不安，一直徘徊不前，总想回到经典物理的立场。同样，狭义相对论也是爱因斯坦在突破了牛顿的绝对时空观的束缚，形成了相对论时空观的基础上建立的。而荷兰物理学家洛伦兹由于受到绝对时空观的束缚，虽提出了正确的坐标变换式，但不承认变换式中的时间是真实时间，一直提不出狭义相对论。这说明正确的科学观与世界观的确立对科学的发展具有重要的作用。

物理学是理论和实验紧密结合的科学。物理学中很多重大的发现、重要原理的提出和发展都体现了实验与理论的辩证关系：实验是理论的基础，理论的正确与否要接受实验的检验，而理论对实验又有重要的指导作用，二者的结合推动着物理学向前发展。一般物理学家在认识论上都坚持科学理论是对客观实在的描述，而薛定谔声称物理学是"绝对客观真理的载体"。

综上所述，通过物理教学培养学生正确的世界观是物理学科本身的特点，是物理教学的一种优势。因此，要充分发挥这一优势，提高自觉性，把世界观的培养融入教学中去。一个科学理论的形成离不开科学思想的指导和科学方法的应用。正确的科学思维和科学方法是在人的认识途径上实现从现象到本质、从偶然性到必然性、从未知到已知的桥梁。科学方法是学生在学习过程中打开学科大门的钥匙，是在未来从事科技工作时进行科技创新的锐利武器。所以教师向学生传授知识时，要启迪引导学生掌握本门课程的方法论。这是培养具有创造性人才所必需的。

二、物理学的价值

学科育人价值作为一个十分重要的理论问题，是在新基础教育发展性研究阶段提出来的，主要是指在课堂教学之中，科学教育（包括分科科学课程、综合科学课程）在传递科学知识、发展学生从事科学的能力以及培养学生的科学兴趣、科学思维、科学精神、科学态度等方面的意义和价值。相比于生物、化学等其他自然科学学科，物理是一门与学生日常生活联系十分紧密且应用广泛的学科，并且以其抽象、辩证的思维方式与以实验为基础的特点，引导学生形成勤动脑、勤动手的科学素养，激发学生探索自然、理解自然的兴趣和热情。因此，掌握正确的教学思想与方法，充分挖掘物理学科的育人价值，并将其落实到课堂教学之中，是新时代对物理教师的新要求。

在新课程的一系列相关文本中，科学教育的育人价值主要体现在知识与技能、过程与方法、情感态度与价值观等三个维度的目标中，即部分学者所认为的科学应分为相互关联的四个层次的内容：科学知识、科学方法、科学态度和科学精神。因此，科学教育无疑应包含这相互关联的四个层次的教育。

（一）明确学习目的，建立学科观念

对科学知识的基本理解、对科学技能的基本掌握是具备科学素养的

最基本要求。但是在传统知识教育中,知识教育具有被动接受知识、学习过程主要是记忆过程、知识的学习带有社会强制性等特征。这些现象源于教材对知识教育的安排与学校和教师的教育理念等方面,而更重要的是,教师本身没有明确的学科观念,无法告诉学生物理学科的真正内涵以及基础知识对于学好这门学科并学会运用的重要意义。所以导致学生没有兴趣学习基础知识,不知道学来有什么作用,没有明确的学习目的,大部分时间用于做题能力的锻炼上,而忽略了基础知识与技能的内在价值。

物理学科观念是指学生通过物理课程的学习,在深入理解物理学科特征的基础上所获得的对物理的总观性的认识。教师在讲授学习基础知识目的时,可以从基础知识在生活、生产中的运用与基础知识在物理学科乃至其他学科的地位作用两个方面入手。例如,在设计酒瓶起子、指甲刀时,我们要知道如何用力可以省力或方便。这就需要去研究力的作用点在什么位置合适。此外,还应告诉学生力的研究不仅是力学的重要内容,而且是整个物理学科的基础,影响社会各领域。因此,学会如何研究力对于今后成为工程技术人才、建筑设计者甚至体育健将都有很大帮助。

(二)科学方法显性教育,掌握科学研究的普遍规律

过程与方法目标体现了探究学习的过程,学生在学习知识之后,需要掌握一定的方法科学地运用知识,解释生活中的现象。在传统的教育方法中,教师除了教授教科书中的内容之外,很少挖掘科学方法。这些科学方法大多隐藏在知识背后,需要学生自己思考并挖掘。而这样会导致学生很难找到科学、有效的学习方法,缺少主动总结思考的意识,盲目与应试结合,总结出答题技巧、背书技巧等。

科学方法显性教育是指教师有意识地公开进行科学方法教育,而学生有意识地学习科学方法,以达到理解知识、掌握方法和形成科学态度的目的。教师可以在教授知识的过程中有意识地总结出一类问题的解决方法,并举出例子加以说明。比如,建立物理模型是一种运用很普遍的科学方法,但书中并没有明确地提到,教师在讲解时,首先应解释物理模型的概念与建立的意义,再举例说明是如何运用模型处理问题的,此时也可恰当结合物理实际问题并在作业中体现,让学生扎实掌握。例如,质点的引入就是模型的一种,教师可告诉学生质点引入注重的是在研究运动和受力时物体对系统的影响,而忽略一些复杂但无关的因素,从而将问题简单化。可举出当研究地球绕太阳的公转或解物理题时,一些数据可被忽略等实际情况。

(三)端正科学态度,形成正确的价值取向

我国学者顾志跃在他的著作《科学教育论》中指出:"科学态度是个体在科学价值观支配下,对某一对象所持的评价和行为趋向。"[①]也就是说,科学态度是学生自身对科学的情感与价值观的直接体现,是在自己的观念与行为习惯的影响下形成的。它包括个体及其科学世界的情感成分、认知成分与在学习过程中对待日常生活的一种内在反应倾向。传统说教式教学将倡导的价值观直接灌输到学生的头脑里,学生理解不透彻,感受不深刻,并不能真正影响其形成习惯,端正态度。

端正科学态度,对学生形成正确的价值观取向和良好的科学素养有很大的影响。教师应在课堂上通过生动的例子与史实材料来引导学生,也

---

① 王黎阳,周思媛,邹新政.浅谈物理学科育人价值的实现途径[J].读与写,2013,10(13):13.

可通过组织辩论赛、讨论组等形式进行讨论。可以讲解科学的发展对于社会的意义。例如,在讲核聚变与核裂变时,不仅要让学生知道核工业对于人类发展的重要意义,还要插入当今影响世界和平的核威胁、核恐怖问题,并介绍第二次世界大战时期爱因斯坦对于研制原子弹的态度,以此让学生了解科学的两面性,引导学生形成正确运用科学技术的价值取向。当然,教师还可以运用探究性学习、引入物理学史与发明创造法的介绍等方法引导学生端正科学态度,培养学生的科学素养。

科学教育的目的是使学生具备更高的科学素养,所以教师要充分理解物理学科的特点,不断思考课堂教学方法,将物理学科的育人价值真正落实到课堂中。这样科学素养才不会最终停留于口头或纸面的美好理想中。

第二节 物理教学的产生与发展

物理学是一门科学,是一门实验科学、基础科学、定量的精密科学以及带有方法论性质的科学。物理学的三要素是实验、思维、数学。物理学的作用是探索自然、驱动技术、改善生活和培养人才。

物理学是集古今中外无数贤哲的艰辛的有趣的探索(实验的和思辨的)劳动成果之大全,令人满意地诠释了从微观到宏观物质世界的结构和运动规律,并在发现完美规律的同时形成许多令人惊叹的探究途径。

物理是一种植根于生活、自然、科学技术的文化,它的发生、发展紧密联系着人类的情感意志、思想完善和社会文明发展的进程,深刻地影响着人类社会的现在和未来。物理教育的价值在哪里?美国一位学者在《面向全体美国人的科学》中写道："教育的最高目标是为了使人们能够过一个实现自我和负责任的生活作准备。"①

传统教育价值观认为，学校教育追求的是个体智力的优异性和学问的卓越性。通过教师艺术性的传授，学生获得了知识，并能够熟练、灵活、准确地应用于解题，而无须了解知识的发生与发展过程。而今，人们正处于科学技术发展日新月异的信息时代，个体在生存与发展中所面临的问题越来越具有社会性、复杂性、整合性和不可预见性，人们所需的知识层面和能力素养的范围被剧烈地扩大了。于是，学校教育成为学生在对自然、社会、生活中的现象探求活动中自我完善与发展的过程，让学生在获得科学文化知识与技能的同时，了解知识的发展及其对社会的价值，掌握知识探究与问题探索的基本方法和途径，以提高在未来参与社会生活、进行决策的基本能力。

长期以来，物理教学的主要形式就是教师讲解教科书，从而使学生掌握教科书的内容。新课程强调实现学生学习方式的根本变革，转变学生学习中这种被动的学习状况，提倡和发展多样化的学习方式，特别是提倡自主、探究与合作的学习方式，让学生成为学习的主人，使学生的主体意识、能动性、独立性和创造性不断得到发展，提升学生的创新意识和实践能力。因此，教师在探究教学中要立足于培养学生的独立性和自主性，引导他们质疑、调查和探究，学会在实践中学、在合作中学，逐步形成适合自己的学习策略。

要充分发挥学生的主体作用，教师在教学中就要敢于"放"，让学生动

---

① 美国科学促进协会.面向全体美国人的科学[M].中国科学技术协会,译.北京:科学普及出版社,2001:XIX.

脑、动手、动口,主动积极地学,要充分相信学生的能力。但是,"放"并不意味着放任自流,而是科学地引导学生自觉地完成探究活动。当学生在探究中遇到困难时,教师要予以指导;当学生的探究方向偏离探究目标时,教师也要予以指导。然而,物理教师如何紧跟时代的步伐,做新课程改革的领跑人呢? 这对物理教师素质提出了更高的要求,并向传统的教学观、教师观提出了挑战,迫切呼唤教学观念的转变和教师角色的再定位。

一、物理教育的萌芽

物理现象是自然界发生的最为普遍的现象之一,不仅时刻伴随着人们的生活和生产活动,而且影响着人们的生活和生产活动。由此可见,物理知识不但广泛存在于自然界之中,而且与人们的生活和生产活动密切相关。人们不断地作用于自然界,并且在这一过程中发挥自身的聪明才智,做出各种发明和创造。比如,火的发明和利用、工具的制造、受力和各种自然力的利用、手工业的发展和技术的进步,每一个环节都蕴含着物理知识。因此,在漫长的岁月中,人们在积累生活经验的同时,也积累着物理知识。

在人类生活的早期阶段,生产力水平极为低下,人们大多只能依靠自身的体力直接从自然界获取所需要的物质生活资料,同时,积累非常有限的直接生活经验。在这个阶段,各个门类的知识还不可能从经验中分离出来,也不可能产生并分化出专门的教育。因此,从严格意义上讲,此时既不可能产生真正意义上的物理学,也不会形成物理教育。但是人们在集体生产和集体生活的过程中,会结合生产劳动和实际生活经验,以口耳相传、示范模仿等形式向他人和下一代传授直接经验。由于物理知识与人们的直接经验紧密结合、不可分割,所以在传授直接经验的同时,传授了其中的物理知识。从这个意义上讲,这实质上也是物理教育的开端。

二、我国古代的物理教育

我国的物理教育有着漫长的历史,其发展与科学技术和生产力发展水平密切相关,同时,受到了当时社会政治、文化等方面的深刻影响,留下了社会发展的时代烙印。

我国古代的物理知识伴随着人们的生产和生活实践活动而产生,主要表现为人们在生产、生活实践活动中通过技术的运用,对物理现象进行观察并作出定性描述。

我国是具有悠久历史的文明古国,中华民族是勤劳智慧的民族。早在古代,我国人民就以自己的聪明才智创造出了光辉灿烂的文化和科学技术,他们中不乏哲人、科学家、发明家以及大批的能工巧匠。他们不仅发展了我国古代的手工业和文化艺术,而且在一个相当长的历史时期内使我国的科学技术处于世界领先地位,同时,在生产和生活实践中积累了大量的感性物理知识。除此之外,人们用实验手段自觉地探索物理规律,形成了对物理认识的各种观点和学说,并通过著书立说,以文字的形式在一些哲学和科学著作中对物理知识进行了记录和描写。《墨经》《考工记》《论衡》就是这方面的代表和例证。

从严格意义上讲,我国古代并没有形成真正意义上的物理知识,所以谈不上形成独立的物理学科和物理知识的学科体系。人们的物理知识仅仅是结合生产、生活经验和技术的运用,对物理现象进行经验性的感性认识,还停留在物理现象的定性描述阶段,而且物理方面的论述零散地分布于不同著作之中。尽管如此,我国古代人民在他们所处的时代,结合了具体的生产技术和生活实践,观察并描述了涉及力学、声学、热学、光学和电磁学等方面的物理知识,并且这些认识在当时都处于世界科技发展水平的领先地位,促进了人类文明的进步和发展,为物理学科的发展作出了贡献。

综上所述,我国古代人民在生产和生活实践中创造灿烂古代文化和科学技术的同时,认识并产生了丰富的物理知识。此阶段创造的物理知识没有也不可能形成完整的学科知识体系,主要表现为人们在生产和生活实践过程中对物理现象的观察与定性描述。它的主要特征表现在两个方面:第一,我国古代的物理知识与人们的生活、生产实践活动密切结合,还没有从生产、生活实践和手工业技术中分化出来,具有极强的功用性;第二,尽管我国古代的物理知识涉及面比较广,但大多数物理知识仅仅是人们对物理现象直接观察的感性认识和描述,其中缺乏具体的分析和科学的论证,也没有应用科学的研究方法把物理与数学相结合,用数学对物理知识进行描述。虽然我国古代有相当数量的关于物理方面的著书立说,但总体来说,理论探讨尚浅,未能形成一门学科,并且论述不系统,有关物理方面的讨论零散地分布在一些哲学和科教著作之中。

我国古代学校教育虽然有一定的发展,但是在漫长的封建社会中,由于受私学与科举制度的束缚,学校教育重文经史哲、轻自然科学,加之当时未能形成独立的物理学学科体系,所以真正意义上的学校物理教育尚未形成。尽管如此,这一时期的物理教育也有其独特的方式和途径。

首先,我国古代的物理教育是结合手工业和技术教育进行的。无论人们是否意识到,在手工业的生产技术中都广泛应用着物理知识。因此,在传授具体生产知识和手工业技术的同时,传授着其中的物理知识。古代传授具体生产知识和手工业技术的主要形式是家业世传和学徒制。这种形式使物理教育的显著特点表现为言传身教,即师傅一边干一边教,在实践活动中示范,学徒一边干一边学,在实践活动中掌握师傅所教内容,并且在传授具体生产知识和手工业技术的过程中,不自觉地进行着物理教育。

其次,著书立说与制作实物是传播物理知识、进行物理教育的有效途径。我国古代宝贵的文化遗产中,许多著作都蕴含着丰富的物理知识。《墨经》《考工记》《梦溪笔谈》《革象新书》等就是古代蕴含物理知识的代表作。除此之外,我国古代发明并且制造了大量的科学仪器和实用的生产、生活工具,如浑天仪、地动仪、指南勺、记里鼓车以及多种乐器,它们都是根据一定的物理原理制成的。因此,各种书籍、学说和实物流传的同时,不自觉地传授了其中的物理知识。

最后,举办私学和聚徒讲学是传授物理知识、进行物理教育的重要手段。自我国春秋战国兴起私学以来,学有专长的士子都会举办私学,招收弟子,以他们各自的知识领域或哲学、政治、经济、社会等观点对其弟子进行教育。在他们的讲学中,常常包含着物理知识的内容。例如,《墨经》是春秋时期墨家私学教育的教材,其中包含力学、声学和光学方面的物理知识。在讲学的同时,墨家学派便对弟子进行了物理学方面的教育。再如,明末清初的颜元在其创办的漳南书院中曾设有水学、火学等科目,其中就包括属于流体力学和热学方面的物理知识。因此,通过讲学就可以传授有关物理学方面的内容,向其弟子进行物理教育。

上述传授物理知识的三种途径都是当时历史条件下的产物。它们的共同特点是,物理教育寓于具体生产知识和手工业技术的传授过程之中,并且时断时续,缺乏连贯性和系统性,往往不自觉地进行着物理教育。从严格意义上讲,这些还不是真正意义上的物理教育,只能视作物理教育的孕育过程。

三、学校物理教育的发展

在我国漫长的封建社会,学校教育一直重文经史哲,轻自然科学。清朝采取闭关锁国、重农抑商的政策以后,先进的科技发明被视为"奇技淫巧",严重地阻碍了学校开设自然科学课程,使学校物理教育难以发展,也使我国学校的物理教育与西方资本主义国家相比, 在各个方面的差距越来越大。1842 年,第一次鸦片战争失败后,西方帝国主义列强用洋枪大炮打开了我国闭关自守的大门,我国人民深受西方列强的凌辱。面对这种情况,知识分子中的开明之人和有识之士主张学习"西洋奇器"的制造,积极提倡学习新的科学知识,在教育方面也进行了一些改革。随着新式学校的创建和"西学东渐",在把人们的视野引向世界的同时,物理学开始受到人们的重视,学校物理教育随之诞生并不断发展。

(一)学校物理教育的诞生

第一次鸦片战争后,我国开始由封建社会向半殖民地半封建社会转化。面对西方列强的坚船利炮,同时受"西学东渐"的影响,有识之士认识到国家非兴学不足以强国。这时,一部分洋务派的人对我国传统教育提出了质疑与非难,纷纷要求改革旧的教育模式,提出兴办新教育(学习"西文"和"西艺")的学校。1862 年,我国办了第一所学习"西文"的学校——京师同文馆,接着开办了上海广方言馆、广东同文馆、湖本自强馆等新式学校。1866 年,我国创办了第一所学习"西艺"的学校——马尾造船厂附设的福建船政学院,随后又开办了上海机器学堂、天津电报学堂、天津水师学堂、天津武备学堂、江南水师学堂等。

新式学校的建立对我国传统的封建教育制度是一个巨大的冲击,对改革封建的教育模式和传统的教育内容起到了积极的促进作用,为学校近代物理教育的诞生创造了条件。自新式学校建立后，近代物理学开始逐渐地渗入我国的学校教育，从而揭开了我国学校近代物理教育的序幕。1866年，恭亲王奕䜣等人建议在京师同文馆中专设算学馆，而算学馆增设后，同文馆中的学习科目不断扩大，算学、天文、格致(格致亦称格物或格物学，是物理与化学的统称，有时甚至是所有自然科学的统称)、医学、生理等被列入同文馆的教授科目，其中物理学在当时被作为必须学习的基础理论而列入。1897年，京师同文馆由西方人欧礼裴首次正式讲授格致，开我国教育史上学校讲授近代物理学之先河。这既是我国有史以来第一次在学校教育中进行近代物理教学，也是我国近代物理教育的起点。对我国教育而言，这必然是重要的历史事件之一。

物理学是一门基础学科，它的基础性在自然科学和技术中表现尤为突出。洋务运动中开办的新式学校在一定程度上改变了我国封建的传统模式和内容，把自然科学和技术纳入学校的教学内容中，所以在新式学校中进行物理学教育既是客观需要，也是必然要求。因此，在当时的新式学校，尤其是学习"西艺"的学校，一般都开设物理学科或物理学科中的某一分支科目。例如，在江南水师学堂的驾驶门，学习科目中有重学和格致，管轮门的学习科目有气学、力学、水学、火学。再如，上海格致书院的学习科目有重学、热学、气学、电学等。1902年，"壬寅学制"诞生了。然而，该学制正式颁布后未及施行。1903年，"癸卯学制"得以颁布和实施。这个学制包含从小学到大学的完整体系，并且把物理学以法定的形式系统地列入了大学和中学的教学科目中，同时，据不同的教学要求译编了各级学校和不同专业的物理教材，还对物理教学中的实验教学，包括仪器设备和教学要求等方面，作了一些原则性的规定。由此可见，随着"癸卯学制"的实施，物理学以法定的形式进入了学校教学科目。这标志着我国近代教育史上学校物理教育正式诞生了。

(二)中华人民共和国成立前的学校物理教育的发展

根据我国社会历史发展的进程，我国近代学校物理教育可分为中华人民共和国成立前的物理教育和中华人民共和国成立后的物理教育两个时期，其中每一时期又包含不同的发展阶段。

中华人民共和国成立前的学校物理教育一般可分为三个阶段。

1.第一阶段(1903—1911年)

自1903年颁发的"癸卯学制"将物理学以法定的形式列入了学校教育科目开始，直到1911年辛亥革命爆发，是中华人民共和国成立前的学校物理教育发展的第一阶段。在这一阶段，国家对各级各类学校的物理教育内容和教学时间都作了明确的规定。

在这一时期，中学阶段的物理学是作为学生学习基础理论来开设的，是为了给学生以后从事各项事业或升入高一级学校的学习打下基础，而大学阶段物理教育的目的是造就物理学人才以供任用。此外，在格致科，大学还设立了物理学门(物理学门是后来物理学系的前身)。

在这一阶段，物理教材建设方面取得了一些进展。1904年，成立了图书局，专门管理教科书的审定，同时，译编出版了多本中等物理教育方面的书籍。物理学家王季烈将日本饭盛挺造编著的《物理学》译成了中文，并对其进行了加工、润色。从此，我国出现了第一部称为"物理学"且具有现代物理学内容和大学水平的物理教科书。随着大、中学校物理教育目的之不断明确以及物理教材的不断完善，学校物理教育渐趋成熟，从而为我国近代学校物理教育奠定了良好的发展基础。

2.第二阶段(1911—1927 年)

辛亥革命爆发至南京成立国民政府,是中华人民共和国成立前的学校物理教育发展的第二阶段。辛亥革命后,南京成立了临时政府,蔡元培任教育总长。在他的主持下,对清朝末年的教育制度提出了比较全面的改革方案。就学制而言,改革了清末的"癸卯学制",提出并颁布了"壬子癸丑"学制。新学制调整了中小学的学习年限,增加了中小学规定学习的科目门类,明确了中学阶段把物理学作为一门独立的学科开设。此外,这一时期还打破了中等学校物理教科书以翻译为主的局面。例如,1912 年,王兼善编写的《民国新教科书·物理学》在当时学校使用较普遍。

1922 年,为了适应社会变化的需要,全国教育联合会对原有的学制进行了改革,颁布并施行了"壬戌学制"。该学制仿照美国学制,规定了小学修业年限为六年,中学修业年限为六年,分为初级中学和高级中学两级,初级中学三年,高级中学三年。1923 年以后,全国教育联合会公布了《新学制课程标准纲要》。这个纲要被认为是我国第一部中学物理教学大纲,明确规定了物理教学目标、教学时间分配、教材大纲、实施方法概要、物理实验及注意点等内容。由此可见,这一阶段是我国近代学校物理教育不断完善的时期。

3.第三阶段(1927—1949 年)

1927 年,国民党在南京成立国民政府。从这时起到 1949 年中华人民共和国诞生,是中华人民共和国成立前的学校物理教育发展的第三阶段。这一阶段正式提出了"三民主义教育宗旨",同时,对中等教育进行了改革,取消了普通高中的文理分科,制定并颁布了十多个关于物理教育方面的初中和高中物理课程标准,明确规定了初中和高中的物理教学目标。这一时期,不少爱国的物理学家投身于学校物理教育工作。例如,吴有训除在清华大学任教外,还经常到北京大学上理科课,讲授物理学。再如,严济慈根据当时需要编写了《初中物理学》《高中物理学》与大学用《普通物理学》等系列教材,为我国近代学校物理教育的发展作出了重要贡献。

(三)中华人民共和国成立后的学校物理教育的发展

中华人民共和国成立后,学校物理教育进入了兴旺发达的大发展时期。总体而言,中华人民共和国成立后的物理教育事业取得了前所未有的辉煌成就。但是,学校物理教育的发展并非一帆风顺,其中有不少的沉痛教训,经过了艰难曲折的发展历程。综观中华人民共和国成立以来学校物理教育的发展,可分为具有明显特色的四个阶段。

1.第一阶段(1949—1966 年)

中华人民共和国成立至"文化大革命"前的 17 年,是中华人民共和国成立后的物理教育发展的第一阶段。在这一时期,尽管物理教育的发展走过弯路,但总体来说,中华人民共和国成立后的物理教育取得了丰硕的成果,形成了我国自己的物理教育体系。因此,这一时期被认为是我国物理教育的兴旺发达时期。

中华人民共和国成立后,我国教育的性质发生了根本的改变,党和国家对物理教育、尤其是中学物理教育十分重视。在社会主义建设和发展时期,党和国家根据社会发展状况与我国物理教育实践中出现的具体问题,及时地对物理教学大纲、教学内容、教学方法等方面进行了调整,使我国物理教育沿着健康的轨道向前发展,不断完善。仅在"文化大革命"前的17年间,我国就公布了多个有关中学物理课程标准、教学大纲等方面的文件。

同时,"文化大革命"前的 17 年的中学物理教材建设也取得了显著成绩,仅人民教育出版社(以下简称人教社)就组织编写过六套中学物理教材。中华人民共和国成立后,党和国家就十分重视中小学的教材建设。1950 年 9 月,全国出版会议上提出了中小学教材必须全国统一供应的方针,于是组建了人教社,由人教社组织编写中学物理教材。1951 年 3 月,《初中物理学》(上册)出版,同年 8 月《初中物理学》(下册)出版;1952 年 8 月《高中物理学》(第一册)出版。这是中华人民共和国成立后由人教社编写的第一套中学物理教材,其中《初中物理学》于 1951 年秋季开始供应学校。

1952 年,人教社以《中学物理教学大纲(草案)》为依据,组织编写了第二套中学物理教材。该套教材以苏联教材为蓝本,初中物理分上、下两册,分别于 1953 年秋季和 1954 年秋季出版并供应学校;高中物理分为三册,第一册于 1953 年秋季出版并供应学校,其余两册同时在 1954 年秋季出版并供应学校。

1954 年下半年,国家着手修订 1952 年的《中学物理教学大纲(草案)》。在拟定大纲的同时,人教社开始编写第三套高中物理教材,与修订大纲配套的高中物理教材第一、二、三册,分别于 1955 年秋、1956 年秋和 1957 年秋出版并供应学校。

1960 年 1 月,教育部提出十年制中小学教材的编写方针后,人教社组织编写了第四套中学物理教材。本套教材中初中物理的上、下两册分别于 1962 年和 1963 年出版,高中物理的上、下两册分别于 1963 年和 1964 年出版。由于这套教材是实验教材,所以只供应实验十年制的中学使用。

1961 年，教育部起草《全日制中学物理教学大纲(草案)》。于是，人教社于 1962 年夏季开始编写第五套中学物理教材。这套教材的初中部分分上、下册，于 1964 年秋季出版并供应学校；而高中部分的第一、二、三册虽已脱稿，却因课时变动等并没有印行。

1964 年，人教社组织编写了第六套中学物理教材，原计划于 1965 年秋季出版并供应学校，但由于种种原因，这套教材也没有在学校中使用。

由此可见，中华人民共和国成立至"文化大革命"前的 17 年间，中学物理教材从无到有，并在实践中不断改进和完善。这些不仅为中学物理教材建设提供了宝贵的经验，而且为我国物理教育的发展奠定了良好的基础。

2.第二阶段(1966—1976 年)

1966—1976 年的十年间，我国经历了史无前例的"文化大革命"。这一时期是中华人民共和国成立后的物理教育发展的第二阶段。总体来说，"文化大革命"使我国的科学技术、文化教育、医疗卫生、工农业生产等领域受到了冲击，对我国教育事业的影响较大。1969 年 10 月，由于通用教材的出版发行工作跟不上，各地只好成立中小学教材编写组，自行组织课程，自定自编教材。然而，各地编写教材时，一般缺乏科学的依据，也没有教学大纲的约束，再加上当时要求教材必须以大批判开路，所以增加了大量有关生产技术的内容。这样就使得各地编写的物理教材的所选内容随意性较大，物理基础知识不足。

3.第三阶段(1976—1989 年)

1976—1989 年是中华人民共和国成立后的物理教育发展的第三阶段。这一阶段的物理教育经历了拨乱反正，是恢复和振兴发展的时期。

1977 年 8 月,教育部起草了全日制中小学教学计划草案,决定以十年制作为我国中小学的基本学制。此时,开始制定《全日制十年制学校物理教学大纲(试验草案)》,于 1978 年 1 月颁布施行;1980 年,又对该大纲作了一次修订。在制定大纲的同时,人教社就组织编写了和大纲配套的教材,对恢复中学物理教育的正常秩序起到了十分积极的作用。

根据 1978 年颁布的《全日制十年制学校中学物理教学大纲(试行草案)》编写的教材基本反映了大纲的要求和特点,就教材本身而言,是一套质量较高的中学物理教材。但是,教材在使用过程中仍暴露出与教学实际不适应的问题。比如,对各方面条件都好的重点中学,教材基本上是适合的,而对广大的一般中学,尤其是高中,则呈现出教材要求偏高、程度偏深、分量偏重等问题,出现了难教、难学的不良局面。为了解决这一问题,1983 年教育部颁布了《高中物理教学纲要(草案)》,调整了教学内容,决定实行两种教学要求,即基本教学要求和较高要求。这是我国中学物理教育改变"一刀切"局面的初步尝试。

随着拨乱反正的进行,我国的物理教育得到了迅速恢复。但到了 1986 年,中学的学制、教学要求和课时等方面都与 1978 年颁布的《全日制十年制学校物理教学大纲(试行草案)》有很大差异。于是,国家教育委员会决定以当时的教学实际为根据,本着"适当降低难度,减轻学生过重负担,教学要求明确、具体"的原则,修订 1978 年颁布的《全日制十年制学校中学物理教学大纲(试行草案)》。修订后的大纲于 1987 年 1 月印刷发行。该大纲明确指出了物理课程对于完成普通中学的教学任务有重要作用,把物理教育同提高全民族的素质相联系。修订后的大纲删掉了各章的学时分配,给授课教师较大的课时安排自由度,使教师可根据所教学生的情况改变课时。这些举措为国家教育委员会于 1988 年提出"一个大纲,多种教材"的决策作好了准备。

综上所述,"文化大革命"后,通过拨乱反正,我国中学的物理教育在不断调整中迅速恢复,教学体系不断完善,质量也不断提高。这些都为我国的物理教育改革和加速发展奠定了良好的基础。

4.第四阶段(1990 年至今)

进入 20 世纪 90 年代,我国国民经济的发展已进入快车道,经济体制和社会体制的改革不断深入。为了与社会转型相适应,我国的物理教育进入了深化改革与加速发展时期,这是中华人民共和国成立后的物理教育发展的第四阶段。

1990 年 3 月,为了解决高中文理分科造成学生偏科严重的问题,国家教育委员会颁布了《现行普通高中教学计划调整的意见》,规定物理课在高中一年级和高中二年级为必修课,在高中三年级为选修课。在围绕教学计划调整的过程中,对 1987 年的《全日制中学物理教学大纲》进行了修订,修订后的大纲于同年颁布,成为《全日制中学物理教学大纲(修订本)》。

20 世纪 80 年代中期,我国产生了和应试教育相对立的概念——素质教育,从而引发了有关素质教育的讨论和实施素质教育的有关教学改革尝试。经过数年的研讨后,20 世纪 90 年代初,素质教育在社会和教育界得到确立,并在大多数人的思想中达成共识。1992 年,我国颁布了九年义务教育全日制初级中学《物理教学大纲(试用)》,明确指出了义务教育的任务是提高全民族的素质。1993 年 2 月,中共中央、国务院印发《中国教育改革和发展纲要》,提出了中小学教育要"转向全面提高国民素质的轨道",而基础教育是提高民族素质的奠基工程,必须大力加强。随着这一纲要的颁布,我国的素质教育进入了实验推广阶段,物理教育改革得到了不断深化。

1997 年 9 月,国家教育委员会在烟台召开了全国中小学素质教育经验交流会,标志着素质教育在我国进入了全面实施阶段。随着全面素质教育的实施,我国的基础教育改革亦得到了不断深化,加快了步伐。1999 年,我国召开了第三次全国教育工作会议。同年国务院批准了教育部《面向 21 世纪教育振兴行动计划》,新一轮基础教育课程改革开始启动。2001 年,国务院颁布了《关于基础教育改革与发展的决定》,召开了全国基础教育工作会议,特别强调了深化教育教学改革,全面推进素质教育。同年,教育部公布了《基础教育课程纲要(试行)》,开始了新一轮基础教育课程改革实验;并公布了《全日制义务教育物理课程标准(实验稿)》。在课程改革中,中学物理教材建设取得了长足发展,在课程标准的统一指导下,真正实现了中学物理教材的多样化,出版了不同风格、不同特色、适应不同对象的多种教材。

在新一轮的课程改革中,物理教育改革旨在体现以下三个方面的特征。首先,物理学科将实现由教学大纲向课程标准转变,更好地体现物理教学在知识与技能、过程与方法、情感态度与价值观等方面的要求。其次,物理教材在课程标准的指导下,将趋于多样化,以适应不同地区、不同学生选用。最后,按照课程改革理念编写的教材将会更加关注学生的学习、社会生活经验和科学技术的最新发展,更加注重培养学生的创新精神和实践能力,体现学生全面发展的素质教育。鉴于此,我们有理由相信:随着基础教育课程改革的不断深入,学校物理教育将获得跨越式的发展。

第三节 初中物理教学的现状

随着新课程标准和素质教育的不断发展，初中物理教育发生了重大的转变。从传统的教学模式到现在素质教育下倡导的以人为本与健康发展的教学更迭，都是现代教育理念转变和发展的过程。物理是初中教学的重要科目之一，它的教学有效性与学生的日常生活、中考成绩息息相关，所以搞好初中物理的教学非常重要。初中物理在教学过程中重视对学生基本物理知识与现象的学习，引导学生掌握基本的物理学理论，为后期高中物理课程的学习打下坚实的基础。

一、初中物理教学的现状

(一)学生的学习认识有待进一步深化

很多学生对于初中物理的认识不明确，片面地认为初中物理的学习应该和文科的学习是一样的，只要记住公式和概念就可以了。同时，还有很多学生认为自己以后学文科，物理成绩的好坏对自己的影响不大，思想上就放松了对自己的要求。导致上述情况最重要、最主要的原因就是学生不能充分地发挥自身的主观能动性，其自主学习的能力还没有被养成，有效的学习兴趣还没有被激发出来。

从心理学的角度来看，教学过程不仅是一个认知与发展的过程，而且是人们自觉地确定目的并根据目的支配，调节自己的行动，克服困难，以实现预定目的的心理过程，即意志过程。学生意志品质的好坏，对实现教学目的、教学任务起着重要的作用。在教学中，教师发现，许多认为物理难学的学生往往不是由于智力问题，而是意志力薄弱。其具体表现为以下两点。

首先，缺乏学习的自觉性。人的意志受理想、信念和世界观的影响。就多数的物理后进生而言，他们往往认识不到学习物理的重要性和必要性，学习只是为了应付教师和家长。因此，他们往往很难集中注意力，社会、家庭等外界一些微小的刺激便会对其产生极大的干扰，使其完成学习的速度减慢，错误的数量增加。正因为他们没有把学习物理作为内在需要，没有把学好物理作为学习目的，所以他们未能形成自觉求索的执着信念。

其次，缺乏学习的坚韧性。意志行动是与克服困难相联系的行动，意志力的培养必须在克服困难的意志努力中进行；离开困难，砥砺意志就会成为一句空话。多数物理后进生学习物理的毅力和耐力较其他学生差，对问题不愿作较长时间的艰苦钻研，习惯采用走马观花式的学习方法。当他们做错题时，不会主动寻找导致错误的原因，常重复犯同类错误。他们遇到更困难的问题时，往往一眼扫过，甚至不屑一顾，回避失败，不善于使自己的智力活动高度紧张起来。

(二)教师的教学模式还相对停留在传统的教学过程中

很多教师在讲授初中物理的过程中，仍然沿用应试教育下"灌输填鸭式"的教学模式，教学成效相对较低，课堂的学习气氛不浓。同时，学生对于课堂教学不积极响应和反馈，致使教师无法了解学生真实的学习能力。

二、提高初中物理教学成效的措施

(一)转变学生的学习思维，坚定其学习信心

要想提高初中物理的教学成效，首先，要全面地提高学生的学习认识，从思想上引导和培养学生良好的学习思维，转变学习态度，增强其学习的信心。比如，教师在教授初中物理课程之前，可以安排一节类似推介

会的交流课,民主地跟学生交流物理课程的学习。其次,教师可以把物理课程的起源、当前的发展及未来,物理与我们的生活和世界等有机地结合在一起,并且通过这样的推介形式,让学生意识到物理学习对于自己认识这个世界的重要性,更要让学生意识到学好物理课程对于自己未来发展的作用。实践证明,通过对学生进行类似的交流,可以让学生清楚地认识到物理课程的重要性,并从思想上暗示自己认真落实。

(二)新媒体下打造趣味课堂模式

新媒体的教学模式是近年来被广为使用的教学方法,在课程的教学过程中能够把枯燥的教材知识转化为幽默有趣的图像、视频等,能够极大地调动学生的学习兴趣,转变课堂的学习氛围,对于吸引学生参与到物理课堂教学中有着重要的作用。比如,在讲解一些比较难以理解的课程知识时,由于物理实验相对受到限制,所以教师可以利用新媒体教学中的动画模拟形式向学生演示整个实验的过程,并且多角度地观察实验的全过程;对于学生不了解的地方,还可以向后倒退,多视角地展现,让学生对实验的过程烂熟于心,从而提高学生对知识点或者理论的记忆。

(三)互联网模式下教师的自我发展与终身发展

在初中物理教学过程中,要想提高教学成效,教师首先要树立良好的教学形象,具备过硬的教学素质,赢得学生的尊重和欣赏。教师的个人魅力是学生提高学习兴趣的重要因素。然而,很多教师时常抱怨学生对于自己的课程没有兴趣,课程教学成效相对低下。对此,教师需要从自身出发,反思自身在教学过程中存在的问题。现在,随着科技的不断发展,教师可以利用互联网的优势,与全国各地的初中物理教师探讨教学模式,分享教学心得,取长补短,提高自身的教学能力和素质。此外,教师还可以利用互联网海量的教学资源，为拓展自身的教学视野服务。这是教师不断学习和终身学习观念强化的表现。

（四）重视开放课堂

所谓开放课堂，就是把主动权交给学生，让学生成为课堂的主人。开放课堂是近年来被热议的教学模式，其主张课堂之内无高低之分，只有对知识的研究与探索团队。开放课堂可以充分激发学生的学习热情，进一步地发挥学生的主观能动性。同时，初中物理教师在开放课堂的教学研究中，不仅可以利用开放课堂本身，还可以把开放课堂作一些延伸的研究。比如，定期或者不定期地把课堂向家长开放，让课堂成为教师、学生、家长的课堂。这样，多方的联动机制可以有效地督促学生重视学习态度、学习习惯、学习过程，提高初中物理的教学成效。此外，对于同一个问题的分析和研究，从不同的角度，可能有不同的影响，得到不同的解决方案。所以在教学中，教师要不失时机地引导学生通过广泛的联想，使他们的思维触角伸向不同方向与不同层次。这样，不仅可以巩固知识，还可以培养学生思考的广泛性。这是开放课堂的重要精髓。

总之，提高初中物理教学成效对于学生未来的发展至关重要。因此，初中物理教师应切实地立足初中物理的教学要求，结合新课程标准和素质教育的教学原则与精神，把握课堂学生的实际情况，行之有效地开展初中物理的教学活动。此外，教师还应提高自身教学能力，定期或者不定期地为自己"加油、充电"，提升自身的教学魅力和素质，为打造一支高素质的教学师资队伍作出贡献。

第二章　多媒体教学方式的探索

多媒体教学是指在教学过程中,教师根据教学目标和教学对象的特点,通过教学设计,合理选择和运用现代教学媒体,并与传统教学手段有机组合,共同参与教学全过程,以多种媒体信息作用于学生,形成合理的教学过程结构,达到最优化的教学效果。

第一节　教育信息化趋势下的多媒体教学

一、教育信息化

教育信息化有两层含义:一是把提高信息素养纳入教育目标,培养适应信息社会的人才;二是把信息技术手段有效地应用于教学与科研,注重教育信息资源的开发和利用。教育信息化的核心内容是教学信息化,而教学是教育领域的中心工作,教学信息化是要使教学手段科技化、教育传播信息化、教学方式现代化。因此,教育信息化要求在教育过程中较全面地运用以计算机、多媒体和网络通信为基础的现代信息技术,促进教育改革,从而适应正在到来的信息化社会提出的新要求,对深化教育改革与实施素质教育具有重大的意义。

随着信息与通信技术的迅猛发展,全球化进程中教育实践的深化发展以及信息与通信技术在教育领域中的渗透与应用,逐渐成为世界各国广泛关注的全球性热点问题之一。在过去的几十年间,世界上许多地区、国家以及国际组织纷纷制定了各自的教育信息化宏观政策与战略,并积极推动这些宏观政策与战略的落实和实施。

(一)问题的提出

信息与通信技术的迅猛发展及其在教育领域中的渗透促使世界各国的教育信息化进程日趋鲜明,教育信息化逐渐成为世界各国推进教育持续发展和变革的必由之路。从基础教育到高等教育再到职业技术教育,从学校教育到企业职场学习,教育信息化实践成为过去几十年间国内外政府部门、各级各类学校和所有关心教育事业的人士共同关注的话题。

为了在教育信息化这一国际浪潮中争取优先地位,并通过教育信息化促进科教兴国战略的有效实施,自 20 世纪 90 年代开始,中央政府和教育行政部门相继出台了一系列相关的政策法规。教育部以及各级教育行政部门、各级各类学校、教育信息化相关企业都积极推行了形式多样的教育信息化实践,在课程和教学资源建设与应用、教师队伍建设与发展、教学与学习模式的创新以及信息与通信技术的深层次应用等方面皆取得了令人瞩目的成绩,同时暴露出一些问题。

他山之石,可以攻玉。在这样的宏观背景下,结合我国教育信息化在过去 30 年发展的经验与教训,理性省思和系统审视发达国家与国际组织的教育信息化宏观政策,对于促进中国教育信息化发展具有极为重要的理论意义和现实价值。本书旨在立足于我国教育信息化实际,在深入剖析教育信息化内涵与外延的基础上,系统地分析和借鉴教育信息化较为发达的一些国家和国际组织机构教育信息化宏观政策,总结和反思国际教育信息化进程中的成功经验与发展趋势，着力探讨与建构教育信息化理论和实践框架，以期为我国教育信息化的建设、学习型社会的发展提供借鉴。

(二)教育信息化的内涵与外延

如果对于一个事物究竟是什么、具有哪些特征都无法达成共识，那么基于此的实践与应用的探讨则略显乏力。因此，我们首先要回答的是"教育信息化是什么"的问题。

1.教育信息化的内涵

虽然在西方的政策文件中很难见到"教育信息化"这一表述，但是西方国家发布的有关信息与通信技术（Information and Communication Technology，ICT）在教育中的应用规划方面的文献，却能反映出西方学界对于教育信息化的理解与认识。比如，美国的"国家信息基础设施""信息高速公路计划""国家教育技术计划"，澳大利亚的"数字教育革命"。在这些政策、计划和文献中，人们对于教育信息化的理解着重于"教育"与"信息"两个词，侧重于用技术变革教育的程度。然而，从西方国家的一些具体政策、计划与一些学者的研究报告来看，西方学术界更常用"教育中的信息与通信技术""为教育服务的信息与通信技术""数字化教育""教育信息与通信技术"等术语，来具体表述信息技术在教育中的运用及其水平与程度。

随着信息与通信技术在各级各类教育情境中的应用，我国学者围绕教育信息化开展了大量丰富多彩的研究工作，议题多涉及教育信息化的本质、特征与价值、历史与现状、基础设施建设调查、信息化教育资源、人力资源培训、信息技术在教学中的应用与教育管理的信息化、国外教育信息化政策对我国的启示等。然而,在现有文献中,有关教育信息化内涵与外延的论述相对较少,并且在这个问题上,各家观点也不尽统一,甚至存在较大分歧。但总体来看,国内有关教育信息化的内涵的观点大体可以分为以下两类。

一类突出了教育信息化的过程,将教育信息化定义为系统地实现教育现代化的过程或者系统工程。例如,南国农指出:"教育信息化是指在教育中普遍运用现代信息技术开发教育资源,优化教育过程,以培养和提高学生的信息素养,促进教育现代化的过程。"[1]黎加厚指出:"教育信息化是以现代信息技术为基础的新教育体系,包括教育观念、教育组织、教育内容、教育模式、教育技术、教育评价、教育环境等一系列的改革和变化。教育信息化并不简单地等同于计算机化或网络化,而是一个关系到整个教育改革和教育现代化的系统工程。"[2]他不仅强调了信息技术对于教育的变革的结果,而且强调了教育信息化的过程。2014 年,赵菲菲提出:"教育信息化是指在教育与教学领域的各个方面,在先进的教育思想指导下,积极应用信息技术,深入开发、广泛利用信息资源,培养适应信息社会要求的创新人才,加速实现教育现代化的系统工程。"[3]

另一类突出了教育信息化的结果,强调教育信息化的最终目标是实现教育现代化。例如,2002 年,陈小鹰指出:"教育信息化就是指在教育与教学中开发并应用信息技术和信息资源,建立信息社会需要的教育环

① 南国农.教育信息化建设的几个理论和实际问题(上)[J].电化教育研究,2002(11):3-6.

② 刘德亮.黎加厚谈教育信息化[J].中国电化教育,2002(1):5-8.

③ 赵菲菲.浅析信息化手段在大学教学中的运用[J].速读旬刊,2015(5):36.

境。"①2004年,吕耀怀指出:"教育信息化主要是指在教育领域通过广泛运用信息技术,特别是利用互联网,在教学内容、教学方式、教学手段、教学组织形式等方面进行不同于传统教育的全面变革。"②2011年,何克抗将教育信息化定义为"信息与信息技术在教育教学领域和教育教学部门的普遍应用与推广"③。

无论是从过程的角度还是从结果的角度来看,所谓的教育信息化,都是运用信息与通信技术系统地提升和变革教育的一个过程。事实上,从字面上来理解,"信息化""现代化""工业化"等语汇之中的"化"字本身应当被理解为事物发展过程中的一种状态,一种为人们所追求的状态和境界。因此,教育信息化不是一个"全或无"的两极状态,而是一个渐进的发展历程;教育信息化不是一个孤立的局部的技术应用,而是一个整个教育系统与各个子系统的系统变革;教育信息化不是一个静止的状态,而是一个运用信息技术优化教育领域,以促进教学变革为目标,以培养创新型人才与实现学习型社会为核心的动态的系统过程。

2.教育信息化的外延

通常,明确一个概念的内涵和外延的逻辑方法分别是定义和划分。所以,要弄清楚教育信息化的外延,就必须从对教育信息化的划分入手。而事实上,不同的划分标准往往会得到不同的分类。具体到教育信息化,如果我们将其看作一个系统、一个动态的过程,那么它的外延必然涉及教育信息化的子系统是什么,它具体包含哪些内容,涉及哪些领域,这些领域之间的关系又是什么。各级教育行政部门以及各级各类学校管理人员能

①②③ 陈海生.教育信息化的宏观政策与战略研究[J].电脑迷,2018(11):198.

否正确地回答这个问题,不仅关乎他们对教育信息化的理解是否全面、深入,更关乎他们所有的实践、评估是否能够科学、有效地展开。

尽管有关教育信息化的报道随处可见,但关于教育信息化的本质、内涵与外延的论述在国内并不多见,其中有说服力的观点更是少之又少。在论及教育信息化要素的时候,比较普遍且通俗简明的一个说法是"路""车""货""人"。其中,"路"指的是教育信息化中的基础设施,如计算机、机房、网络;"车"指的是各种平台系统;"货"指的是为了促进教学而设计开发的各类教学资源;"人"指的是教育活动过程中的人,包括教师、学生、其他教育工作者。有了路,车才能够行走,车行走的目的是为了运货,而货的最终价值是为了服务于人。从这个角度来看,"路""车""货""人"的教育信息化要素说似乎能够很好地解释教育信息化的要素及其发展路线。事实上,我国教育信息化的发展路径也确实大体经历了这样的一个历程。

随着实践的不断深入,我国学者对于教育信息化的构成要素也开展了一定层次的研究和探索。张建伟从环境与实施两个层面分析了教育信息化的构成要素,认为教育信息化包含执行层与动力层。其中,执行层包括教育实践、硬件基础设施、软件资源与服务、规划管理,教育信息化的动力层(制约层)包括思想观念、投资、体制、文化。杨晓宏则从物、人、应用、保障四个维度提出了教育信息化包含信息网络、信息资源、信息技术应用、信息技术产业、信息化人才、信息化政策、法规和标准。其中,信息网络是基础,信息资源是核心,信息资源的利用与信息技术的应用是目的,信息化人才、信息技术产业、信息化政策、法规和标准是保障。

虽然张建伟与杨晓宏对教育信息化构成要素的分析角度不同,但他们都认为,教育信息化构成要素包含基础设施、软件资源、人力资源、信息技术的应用、政策的保障。二者的不同之处在于管理、文化、法规和标准四个要素。

随着教育信息化实践的不断深化,人们对于教育信息化构成要素的理解和认识也在不断深化。2012年3月,教育部印发的《教育信息化十年发展规划(2011—2020年)》就围绕基础设施、软件资源、人力资源、信息化管理、信息技术与教育的深度融合,进一步对未来十年的中国教育信息化工作进行了整体设计和全面部署。此外,规划中还强调了平台、支撑环境的建设。遗憾的是,在这个规划中,对于教育信息化的评价涉及较少。

人们通过比较发现,无论是一些学者所提出的教育信息化要素,还是我国政策中所体现的教育信息化内容,都有一些共性。其中,基础设施、软件资源、人力资源、信息技术与教育的融合、政策是大家所认同的构成教育信息化的基本要素。从逻辑的角度来分析,教育信息化首先包含"物"与"人";而从"物"与"人"的关系来考虑,就涉及"人"对于"物"的作用以及对于这个活动过程的管理和评价。此外,国家的政策也是整个活动过程的一个导向与保障。因此,教育信息化包含"物""人""应用""管理""评价""政策"六个要素。其中,在"物"这个要素中,又包含基础设施与软件资源的建设;在"人"这个要素中,包含教师、学生、教育工作者以及对他们的培训活动;在"应用"方面,则主要是指课程的开设、教学模式的创新、学习方式的变革等;在"管理"方面,主要是指教育工作者对于整个教育活动的管理。所以从逻辑分析的角度,人们认为,教育信息化包含的最基本的要素是基础设施、软件资源、人力资源、信息化管理、教学的变革、学习的变革、教育信息化的评价、政策。

为了站在国际的视角对教育信息化的构成要素展开分析,人们需要了解各个国家在进行教育信息化规划时的方向与侧重点。这里，笔者选择了英国、美国、澳大利亚、日本、韩国、新加坡、中国这七个国家，以及国际组织，如联合国教育、科学及文化组织（United Nations Educational, Scientific and Cultural Organization, UNESCO），东南亚国家联盟（Association of Southeast Asian Nations, ASEAN），国际教育成就评价协会（The International Association for the Evaluation of Educational Achievement, IEA），对其 ICT 运用于教育的国家政策、评价的报告作为分析对象。由于政策是分析的抓手，而其他七个要素都分别在政策中有所体现，所以笔者从以上七个要素展开横向分析。再者，教与学是分不开的，故笔者将教与学的变革合为一个专题来考查，观察文献中是否会涉及这六个部分。

通过对这些文献的分析，人们发现关于基础设施和软件资源，这些国家、国际组织都将其作为文件中重要的一个模块来描述，而关于人力资源方面，只有英国没有在其联合信息系统委员会的报告中明确提出。但是，在其他重点投资的四个模块中，除了共享的基础设施和资源这一模块外，其他三个模块即"高效的、具有影响力的机构""对教学和增强学习体验的有效、创新的方式""增强研究质量、影响和产量并以创新的方式来支持研究过程"，均渗透着对于人员适应信息化环境的要求、标准、培训。在关于管理方面，英国没有在投资领域的四个模块这一级维度中明确提出，但是在"高效的、具有影响力的机构"这一模块的子模块中明确提出了"在机构管理中的技术的角色"与"信息化管理"两个维度。

评价方面的内容是很多国家和国际组织在政策、规划中所缺失的内容，如中国、日本、英国、澳大利亚以及东盟。同时，IEA 未将每个国家的评价体系纳入其评价体系中；与之相反，美国、韩国、新加坡则在政策中明确提出。美国在国家教育技术规划中重点讲解了五个领域,包括学习、评价、生产力、教学等,可见评价在美国的国家规划中有重要地位。其中,除了包括提供反馈评价、技术支持下的评价能力建设以外,还有评价的标准制定与信息安全。新加坡在 1997—2002 年的总体计划、2003—2008 年的总体计划、2009—2014 年的总体计划中,始终将 ICT 运用于教育中的课程与相应的评价,并作为国家实施教育信息化的一个重要维度。韩国则从 ICT 融入教育的评价的开发历史、评价指数,ICT 融入教育中的评估系统,国家 ICT 融入教育中的评估系统,ICT 融入教育项目的自我评价等多个方面,描述其对于评价的理论与实践的重视。因此,评价对于教育信息化的理论与实践都至关重要。它为下一阶段的教育信息化的规划提供了借鉴,为下一步的实践指明了方向,是每个国家衡量教育信息化的绩效,以及进行投资的一个重要参考指标。

　　教育信息化的核心是为了利用信息技术来优化教育、教学过程,最终实现教学的创新,进而达到培养创新人才的目的。因此,教与学的变革是教育信息化中的一个重要环节。除了澳大利亚没有在其《数字教育革命》中的领导力、基础设施、学习资源、教师能力这一级维度中明确提出以外,其他国家都纷纷在其规划中将教学的变革作为重要章节来讲述。但是,澳大利亚在教师能力这一维度的二级维度中指出:"在对高质量的教育内容的传授中,能够有效地驾驭数字资源来教学的典型案例的推广。"[1]由此可见,澳大利亚在教师能力中对教师有效运用数字资源来变革教学给予了充分重视。除了以上谈到的几个要素以外,政策这一要素本身也起到了一

---

① 焦建利,贾义敏,任改梅.教育信息化的宏观政策与战略研究[J].远程教育杂志,2014,32(1):25-32.

个很重要的顶层设计、导向的作用。因各个国家的文化、经济、政治不同，所以每个国家的政策各有异同，尤其是在政策的二级维度的具体落实中，差异更为显著。因此，对于教育信息化来说，政策也是极为重要的一个部分。

基于以上的探讨与分析，人们提出教育信息化的要素主要包括政策、基础设施、软件资源、人力资源、信息化管理、教育信息化评价、教与学变革、学习变革八个部分。

在明晰了教育信息化的构成要素之后，人们还需要对这几个要素的关系加以探讨，进而全面地认识与理解教育信息化。作为社会的重要领域，教育信息化的目标是变革教与学的方式，提升教育生产力。然而，它的发展受到了外部因素和内部要素的共同影响。社会的政治、经济、文化、技术的发展为教育信息化的发展提供了外部社会环境，其中技术是推进教育信息化最活跃、最具影响力的因素。作为教育信息化系统工程的构成要素，基础设施、软件资源、人力资源、政策属于教育信息化的基础建设，是教育信息化得以推进实施的基础保障。而政策是保障层中的关键因素，因为它会对基础设施、软件资源、人力资源的建设起引导和促进作用。信息技术在教育中的应用最终体现在对教学、学习、教学管理、教学评价的变革中，人们将其称为应用层（或实施层）。

（三）我国教育信息化的回顾

教育信息化的概念是在 20 世纪 90 年代伴随着信息高速公路的兴建而提出来的。经过 20 多年的发展，我国相继颁布了一些与教育信息化相关的政策、文件，召开过全国性的信息化工作会议。在实践中，我国投入了大量的财力、人力、物力，开展教育信息化建设。我国学者也在不断地对教育信息化的实践进行分析研究,从而丰富对我国教育信息化建设的认识。然而,从教育信息化的构成要素的视角来分析我国的教育信息化发展历程的研究却较少。

从教育信息化的发展历程来看,硬件设施的建设是教育信息化建设的首要内容。在基础设施的政策方面,总体呈现出以网络建设为中心,对公共服务平台、信息化支撑平台逐渐重视的发展脉络。例如,1998 年的《面向 21 世纪教育振兴行动计划》中提出的"现代远程教育工程"强调"扩大中国教育科研网的传输容量和联网规模"。2000 年,教育部在"全国中小学信息技术工作会议"上提出了"中小学'校校通'工程""……用 5～10 年的时间,使全国 90%左右独立建制的中小学校能够上网"。2003 年,国家启动了"现代远程教育工程试点示范项目",开始重视天网与地网相结合。2004 年,国务院颁布的《2003—2007 年教育振兴行动计划》不仅对于网络的建设加以强调,而且对硬件、公共服务平台也予以重视。2012 年,在教育部颁发的十年规划中,确定了 2020 年的教育信息化目标之一是基本实现所有地区和各级各类学校宽带网络的全面覆盖。

在人力资源的政策方面,除了重视对信息技术教育这一师资种类的建设以外,国家还重视师资质量的提升,尤其是教师信息化教学能力的提升。在 2000 年的工作会议中,教育部提出了要加快建设一支数量足够、质量合格的中小学信息技术教育师资队伍。2004 年,国务院颁布了《2003—2007 年教育振兴行动计划》,实施"全国教师教育网络联盟计划",促进"人网""天网""地网"及其他教育资源优化整合,共建共享优质教师教育课程资源,提高教师培训的质量水平。同年,教育部制定了《中小学教师教育技术能力标准(试行)》,并于 2005 年正式启动"全国中小学教师教育技术能力建设计划",旨在利用多种途径和手段提升中小学教师教育技术应用能力水平。

在软件资源的政策方面,建设内容从最初的软件建设逐步转向到对媒体素材、网络课程等资源的建设,再到最终的信息化学习环境与支撑服务体系的建设。在建设模式上,从资源数量的积累逐渐转向重视种类丰富的优质资源的建设、资源的整合与共享。例如,1998 年的《面向 21 世纪教育振兴行动计划》中提出要开发高质量的教育软件。2000 年,教育部强调中小学信息技术教育资源的开发和建设要以媒体素材与网络课程为主要内容。2004 年,《2003—2007 年教育振兴行动计划》指出:"加大涵盖各级各类教育的信息资源开发,形成多层次、多功能、交互式的国家教育资源服务体系。"[①]2010 年,国务院颁布的《国家中长期教育改革和发展规划纲要(2010—2020 年)》把"加强优质教育资源开发与应用"作为重要模块予以强调。在该规划中,将"形成与国家教育现代化发展目标相适应的教育信息化体系,基本建成人人可享有优质教育资源的信息化学习环境,基本形成学习型社会的信息化支撑服务体系"作为 2020 年教育信息化发展的目标与任务之一。

随着教育信息化的深入发展,建设重心逐渐从基础设施建设、软件和人力资源建设转向教学与学习方式的变革和对培养创新型人才的重视。例如,2000 年教育部召开"全国中小学信息技术工作会议",并强调"学习信息技术知识要有助于培养学生的创新精神和实践能力,在开设信息技术课程的同时,加强信息技术教育与其他课程的整合"。2004 年,

---

① 教育部.2003—2007 年教育振兴行动计划[J].中国高等教育,2004(06):3-9.

《2003—2007年教育振兴行动计划》指出："加信息技术教育,普及信息技术在各级各类学校教学过程中的应用,为全面提高教学和科研水平提供技术支持。"[1]2012年3月,教育部在《教育信息化十年发展规划(2011—2020年)》中指出:教育信息化的目标是到2020年,"信息技术与教育融合发展的水平显著提升,教育信息化整体上接近国际先进水平,对教育改革和发展的支撑与引领作用充分显现。"[2]

在信息化管理方面,我国在政策中并未给予重点关注,只是在2010年开始有所强调。2010年,国务院颁布了《国家中长期教育改革和发展规划纲要(2010—2020年)》,将"构建国家教育管理信息系统"这个模块进行了重点强调。同时,在2012年的十年规划中,将"整合信息资源,提高教育管理现代化水平"作为发展任务之一,并把"国家教育管理信息系统建设行动"列入计划中。

近几十年来,我国的教育信息化工作无论是在理论层面还是在实践层面都取得了重大进展,经历了从无到有、从弱到强的发展过程。然而,由于我国的教育信息化起步较晚,人口众多,资源分布不均衡,所以我国的教育信息化工作依旧面临着很多问题与挑战。正如祝智庭在其文章中强调的,目前中国整体教育信息化竞争力是比较令人担忧的,仅略比印度好些,还不如巴西,更远远落后于英国、美国、韩国和日本。其突出表现为对教育信息化的认识不深入,教育信息化发展缺乏顶层设计和系统规划;多媒体、互联网等基础设施利用率低,在经济欠发达地区表现得

---

① 佚名.2003—2007年中国教育信息化建设工程[J].中国教育信息化,2004(4):5.

② 余胜泉.推进技术与教育的双向融合:《教育信息化十年(2011—2020年)发展规划》解读[J].山西电教,2012(3):21-30.

尤为突出；国家投入了大量的资金，建设了国家精品课程、国家的视频公开课等优质教学资源，建设了诸多学校、区域层次的基础教育信息化资源库，然而资源利用率不高，共享率低，"资源孤岛"现象普遍存在；在管理方面，学校、地方、国家的教育管理呈现"孤岛化"，信息化管理的效率与效益还有待提升；在教育信息化评价方面，无论是从规划入手还是从实践入手，对于教育信息化的评价重视都不够。鉴于此，人们有必要对我国教育信息化20多年的发展历程予以反思与总结，并借鉴其他国家的一些经验。

（四）教育信息化宏观政策与战略研究设计

1.研究目的

过去一二十年间，世界各国以及许多国际组织都为信息与通信技术促进教育改革和发展制订了一系列政策规划与行动计划，确立了相应的行动方案，而且新政策实施的积极影响正进一步显现出来。与此同时，随着信息与通信技术的发展以及教育信息化的不断深化，我国教育信息化实践中暴露出了许多的问题与不足。在这样的背景下，借鉴和吸收国外教育信息化领域的宏观政策与战略，对于丰富教育信息化的理论，深化和加速我国教育信息化发展，将具有重要而深远的意义。

主要目的有以下两点：第一，从宏观政策、文献以及逻辑的角度出发，归纳和总结世界各国教育信息化的成熟经验，深化对教育信息化的理解与认识，从而为推进和发展教育信息化理论奠定基础；第二，以世界各主要国家和国际组织的教育信息化宏观政策、调研报告为抓手，从有关基础设施、软件资源、人力资源、教学与学习方式变革、信息化管理、教育信息化评价这六个专题进行横向与纵向对比分析，为我国的教育信息化实践提供可以借鉴的成功经验,促进我国教育信息化更好、更快、更高效的发展。

2.研究对象

教育发展是政策指导下的发展,而教育改革首先是政策改革。在长期关注和追踪世界各国家与国际组织的教育信息化发展历程中,人们收集和积累了许多国家与国际组织的教育信息化宏观政策文件和具体的行动计划文献。因此,人们选取了在这方面具有代表性的一些国家,如英国、美国、澳大利亚、韩国、新加坡、日本,同时,选取了一些关注教育信息化的国际组织,如 IEA 以及 ASEAN,并以这些国家和国际组织在教育信息化或者信息技术运用于教育、数字化国家方面的政策、规划和各个国家教育信息化状况的调查报告、评价报告为研究对象。

3.研究内容与方法

"教育信息化"一词自信息技术在教育领域运用伊始就备受关注,许多专家学者、一线教师都致力于教育信息化的研究与实践之中。如何做到从一个全新的视角为读者呈现关于教育信息化的深入解读,而不是简单地介绍,是笔者一直在思考的问题。笔者以各个国家的教育信息化宏观政策、行动规划、研究评估报告为研究对象,从基础设施、软件资源、人力资源、教与学变革、信息化管理、教育信息化评价等几个专题出发,对教育信息化理论和实践发展进行系统解读。在研究中,一般采用以下两种方法。

(1)历史与逻辑的统一

历史和逻辑的一致是辩证思维的普遍原则与基本方法之一。它反对把思想和现实、理论和实践、逻辑和历史等对立与割裂开来。历史和逻辑的统一既适用于对大自然的认识,也适用于对社会历史的认识。运用历史和逻辑统一的方法去探寻与揭示教育、教育信息化发展的客观规律,是本研究重要的方法论基础。它要求在科学研究中辩证地处理历史方法和逻辑方法的相互关系。此外,它既是保证思维正确性的客观基础,也是人们研究新事物、总结新成果、建立科学理论体系、传播科学知识的有效认识方法。

教育发展是社会经济、政治、文化发展与繁荣的体现。教育信息化的推进与信息技术的发展、社会的进步、经济的繁荣和文化的演变密切相关。所以只有在社会发展的历史视域中研究教育信息化,才能够更好地理解和把握各个国家的教育信息化政策内涵以及教育信息化实践。此外,在研究中还要注意运用逻辑的方法,系统地分析并考察教育信息化的发展内涵,保证研究的客观性、完备性。总之,只有把历史方法与逻辑方法统一起来,才能真正透视和折射出教育信息化的外表直观特征与内在抽象规律,全时空考察教育信息化的发展线索,了解教育信息化的发展方向与脉络,把握教育信息化的总体发展进程与发展趋势。

(2)比较研究

为了对每一个研究专题都有深度的理解,在具体研究实施中,应以国家教育信息化政策、调研报告等文献为抓手,从纵、横两方面对教育信息化理论和实践进行比较分析研究。

①对每一专题发展进行纵向对比分析

教育信息化是一个渐进的演变过程。应从信息社会发展的视域中,系统地研究不同历史时期与不同年代教育信息化建设的重点内容、资金投入、实施效果、面临的挑战等方面,进行内容分析和对比分析,从中分析总结出教育信息化发展的时代历程。

②对教育信息化专题进行横向对比分析

应针对教育信息化的每个研究内容,对各个国家、区域的教育信息化政策规划与实践进行横向的对比分析,总结出不同社会文化和经济发展水平对教育信息化的影响,并在此基础上总结教育信息化实施的经验、遇到的困难与下一步的发展趋势,以期在对国内外教育信息化宏观政策和实践发展分析的基础上建构教育信息化建设的理论框架,为我国的教育信息化建设提供建议。

因此,本研究以历史与逻辑统一的方法论为指导,在具体研究中采用了对比研究、案例研究与内容分析等方法,以期对教育信息化发展进行系统化的解读。

(五)教育信息化宏观政策与战略研究的意义和价值

在教育全球化与信息化的背景下,教育信息化是每个国家在世界这个舞台上衡量自身竞争力的一个重要指标。在信息化浪潮的冲击下,如何能够让教育成为信息社会的领航者,而不是追随者;如何让每一个学生成为信息时代的弄潮儿,而不是新时代的"文盲";如何让教师成为具有国际视野的教育者、研究者,而不是知识的贩卖者;如何让学校的管理者成为信息时代中先进教育的掌舵者,而不是一个被动者;如何让国家在原有学习文化的基础上顺利地建构新型学习文化,是信息时代给每个国家教育所出的一道道难题。为了积极应对这一挑战,每个国家都展开了不同层面的规划与实施,并在实践中基于本国国情形成了对教育信息化的独特认识,积累了丰富的教育信息化的理论与实践案例,为本系列的研究奠定了扎实的基础。因此,教育信息化宏观政策与战略研究对推进我国教育信息化和学习型社会建设,对理论研究与实践工作都具有重要意义与价值。

1.系统建构教育信息化理论,有助于对教育信息化的深度理解和顶层设计

对教育信息化宏观政策与战略规划进行研究,是建构教育信息化理论体系的基础。通过对不同国家、区域在教育信息化理论和实践的深入对比分析,人们可以进一步了解和把握教育信息化发展的脉络,揭示教育信息化存在的经验与问题,准确把握教育信息化发展的趋势。这有利于丰富教育学的理论,从而把握教育信息化在促进教育变革方面的内在规律。此外,教育信息化理论体系和建设框架的建构直接影响教育信息化的顶层设计和战略实施规划。

2.深化教育信息化战略研究,有助于指导教育信息化实践

从国家层面来讲,对教育信息化各个要素的理论与实践的分析和建议,对于我国今后的教育信息化工作的推进具有一定的参考价值。就地方层面来讲,对每个要素的深入分析与可操作性的建议,可以为其区域教育信息化的规划与实践提供具体的借鉴。就学校层面来讲,可以引起其关于校本教育信息化建设方向与如何提升教学绩效的思考。对于推进整个教育信息化进程中起到重要作用的研究人员与教师来讲,可以对其如何展开信息化教学、教育信息化研究起到指引的作用。

二、教育信息化环境下的多媒体教学

随着计算机技术和网络技术的飞速发展,多媒体技术迅速崛起,并很快在许多领域内得以推广与应用。在实际教学中,多媒体技术通过运用文字、图像、声音、动画、视频等多种媒体信息,实现教学演示、教学模拟、交互式学习和远程教学,从根本上改变了传统的教学模式。此外,利用多种媒体的教学不仅是对现代教育技术的应用,更主要的是能够引起教学思

想、教学手段、教学组织形式和教育观念的变革。

(一)教学模式的含义与组成

教学模式可以定义为在一定教学思想或教学理论指导下建立起来的较为稳定的教学活动结构框架和活动程序。其中,结构框架为教学模式在宏观上把握教学活动整体和参与教学活动各要素之间的关系与功能,活动程序为教学模式的有序性和可操作性。教学模式通常包括五个因素,即理论依据、教学目标、操作程序、实现条件、教学评价。

每种教学模式都是在一定的教学理论或教学思想的指导下实施的教学行为。不同理论下形成的教育观是不同的,不同的教育观形成的教学模式也不尽相同。比如,概念获得模式和先行组织模式的理论依据是认知心理学的学习理论,而情境陶冶模式的理论依据是人的有意识的心理活动与无意识的心理活动、理智与情感活动在认知中的统一。任何教学模式的目的都是为完成一定的教学目标而服务的。在教学模式的结构中教学,目标处于核心地位,并对构成教学模式的其他因素起着制约作用,决定着教学模式的操作程序和师生在教学活动中的组合关系,是教学评价的标准和尺度。这种教学模式与教学目标的内在统一性决定了不同教学模式的特性。每一种教学模式都有其特定的逻辑步骤和操作程序,规定了在教学活动中师生应有哪些教学环节、各教学环节应当完成哪些教学任务、通过教学活动师生有哪些收获。其实现条件包含能使教学模式发挥效力的各种条件因素,如教师、学生、教学内容、教学手段、教学环境、教学时间。

教学评价是指各种教学模式所特有的完成教学任务与达到教学目标的评价方法和标准等。由于不同教学模式所要完成的教学任务和达到的教学目的不同,所以使用的程序和条件亦不同,其评价的方法和标准也会有所不同。

目前,除了一些比较成熟的教学模式形成了一套相应的评价方法和标准以外,大部分教学模式还没有形成相应的教学评价方法和标准。

教学模式是从教学整体出发,根据教学的规律原则而归纳提炼出的包括教学形式和方法在内的具有典型性的教学样式。也就是说,在一定的教学理论指导下,以简化形式表示关于教学活动的基本程序或框架。除此之外,教学模式还包含一定的教学思想以及在此教学思想指导下的课程设计、教学原则、师生活动结构、方式、手段等。在一种教育模式中,可以集中多种教学方法。任何模式都是一种既稳定又有发展变化的程序框架。因此,笔者认为,在信息化环境下的多媒体教学模式是在先进的教育思想指引下结合人才培养目标,进行相应的教学设计并结合多种教授方式,激发学生参与到教师讲授的各个教学环节中,通过多种评价手段不断改进教学设计,进而达到培养具有 21 世纪能力素质的创新人才的目标。

(二)教育信息化环境下的多媒体教学现状

尽管教育信息化在促进教育深化改革、显著提升学科教学质量与学生能力素质方面,从理论上为我们描绘了一幅美好的前景,但是多年来,国内外教育信息化领域的应用实践并没有通过教育信息化来实现教学质量的明显提升,更未能实现 2004 年国际教育信息化论坛所要求的在质量方面的蛙跳式发展。对于作为教育信息化重要组成部分的多媒体教学来说,多媒体教学提供了一种现代化的教学平台,显示了巨大的优势。但在开展多媒体教学过程中,如果不能正确地处理好内容与形式、效果与效率、促教与促学、现代与传统、普及与提高的关系以及正确评估多媒体的作用,恰当地运用多媒体高效地实现和优化传统课堂教学中各媒体资源的合理调控,最大限度地发挥它的积极作用,那么就不可能很好地发挥多媒体教学的优势。

目前,我国广泛开展了多媒体教学,教学环境发生了很大的变化,拥有越来越多的多媒体设施和网络教室以及越来越丰富的信息化教学资源。也就是说,越来越多的学校由以粉笔、黑板为主的传统教学环境转变为由多媒体计算机和网络支持的信息化教学环境。在这种环境下,出现了以下几种情况。

1.实际的课堂教学过程演变成了"电脑+教师"的教学过程

在这种状况下,教师对计算机课件形成了依赖。一旦计算机出现故障,教师就无法进行正常授课,导致整个教学过程"瘫痪"。其实,想要激发学生主动参与教学过程的兴趣,靠的不单是计算机课件中所呈现的教学内容的图文并茂、生动多彩,更重要的是教学策略、教学方法的多样性和创新性。

2.教师的板书过程被多媒体课件代替

较之教师的板书,多媒体课件具有信息量大、包含内容多、整体美观等特点。但当教师的板书被多媒体课件替代后,整个教学过程仿佛失去了教师的示范主导,失去了师生的交流,更失去了学生在板书过程中学习、加深理解和记忆的过程。实际上,板书和多媒体在教学中各有优势。板书灵活性强,能与各个教学环节严密吻合,有效地控制课堂节奏,并且不受课前教学设计的限制,具有灵活机动的优势;而多媒体能提供更为丰富的视听环境,使教学内容更形象、直观、美观、活泼。因此,在授课过程中,教师可利用多媒体拓展知识,用板书理清知识点脉络。所以在信息化条件的课堂教学中,多媒体教学要依据现代教育思想解决好传统教学媒体和现代教学媒体的关系,不仅要合理利用传统教学媒体,而且要积极引进现代教学媒体,使二者恰当结合、相辅相成,达到准确、迅速地传输教学信息的目的。

3.缺少教学评价

教学评价是教学过程中的反馈调节环节。通过反馈结果,可以检验整个教学活动的效果,对教学过程与教学目标进行更合理的调整,从而实现教学过程的整体优化。

(三)教学过程中各因素的发展变化

当前,教育信息化条件蓬勃发展,尤其是多媒体技术和网络环境在教学活动中不断被探索和应用,使参与教学活动的一系列因素都发生了变化。

首先是教学设计的变化。教学设计是根据教学对象和教学目标,将教学活动中的诸要素进行有序、合理的安排,从而形成教学方案的过程。它是一门运用系统方法科学地解决教学活动中教与学的过程。它以教学效果最优化为目的,以解决教学问题为宗旨。教学设计大致经历了以下几种变化:一是最初的教师主导型支持以教师讲授为主的教与学设计;二是20世纪90年代以来在建构主义哲学思潮影响下出现的解释学习理论;三是最近创建的新型的,既能发挥教师主导作用,又能充分体现学生主体地位的主导—主体相结合的学教并重的教学设计。

其次是教学结构要素的变化。如今,教学媒体在达成教学目标、拓展教学内容、优化教学过程、改变教学方式等方面起着重要的作用。因此,教学结构的要素由原来的"教师、学生、教材"三要素变为"教师、学生、教材、教学媒体"四要素。

最后是培养人才目标的变化。对于培养人才方向,各大院校都在突出教育特色,着力培养学生实践能力、批判能力和创新精神,积极建构培养具有 21 世纪能力素质的创新人才的培养目标。

多媒体教学是以教学活动的整体优化为目标的。整体优化是指在一定的条件下,在相同的时间内,使学生掌握更多优良的知识。换言之,就是用最少的时间争取最好的效果。因此,要求多媒体教学模式要根据上述这些变化进行调整,调整情况如下所示。

一是端正教学思想,更新教学观念。多年来,人们习惯于一种基本的教学模式——教师讲,学生听。尽管人们强调要让教师成为课堂的主导,让学生成为学习的主体,但是实际上这个问题并没有得到解决。一般情况下,教师所关注的不是在整个教学过程中学生认识能力的发展,而是结论或结果。如果不解决这个问题,长此以往,它便会成为运用多媒体进行教学的障碍,教学过程的整体优化也将难以实现。

二是调整教学内容。传统的课堂上,教师只凭一本书、一支粉笔、一块黑板就能上课。而如今,现代教学媒体被运用到课堂上,过去教师板书要花许多时间,但现在一张投影片就能解决问题。这样,课堂信息量就会大大增加,而且以往抽象的教学难点在引入一段动画或案例录像后,便一目了然。因此,在这种情况下,多媒体教学要求教师不仅要精通教材,了解学生,还要精心选用教学媒体,形成教学内容的合理结构。

三是教学方法与手段的同步改革。多媒体教学并不排斥传统的教学方法,但是多媒体教学中的教学手段的变化必然要激发学生参与到教师的教学过程中,引起学生对教学内容的深层次思考。

四是在教学环节中增加教学评价。在多媒体教学中,提倡尽可能多的及时反馈与调节环节，以便教师在授课过程中及时对教学设计进行调整，实现教学目标。

（四）现行做法

在当前信息化环境下，利用多媒体教学模式进行授课，可以给教师带来前所未有的挑战。因此，要求教师在认真钻研教材的基础上，深入了解学生，选择恰当的媒体，准备好多媒体课件，包括板书设计、图片、视频、音频、动画等素材。有时，教师需要自己动手制作"软件"。另外，教师还应事先考虑好教学效果的评价手段。比如，事先发布一些调查问卷或设计好选择题、判断题等组织学生练习。如此，在多媒体教学中，教师的脑力劳动强度大大增加了，同时，增加了教师应掌握和了解的信息技术方面的知识。这对许多教师来说，都是在实际多媒体教学中遇到的难题。所以，在实际教学过程中，可以采用激励方式鼓励教师学习信息技术相关的知识。比如，可以利用举办大赛评选的方式进行交流和提高，也可以鼓励教师利用现有的资源进行多媒体教学。目前，网络教学平台（课程管理系统）在高校中的应用已日益普及。如果能在课件和网络课程的设计中利用网络教学平台实现作业提交、网上论坛、师生互动、分组教学等功能，就能大大地提升课件或网络课程的教学效果，又能显著降低课件或网络课程开发的工作量。对于学生来说，多媒体教学从视、听两方面为学生提供了较多的信息，其中许多信息是读书、听讲无法替代的。这就为学生的积极思考和积极参与提供了良好的条件。为了使学生积极参与，教师要做好组织工作，如提要求、作提示、组织讨论、要求学生发表看法以及帮助学生养成思考和参与的良好习惯。

此外，在进行多媒体教学时应注意以下三个问题。

第一,目的明确,讲究实效。多媒体教学的根本目的是提高教学效率。因此,在选用媒体时,切忌盲目性、随意性,要从确定的目的出发,运用多种媒体手段,根据教学大纲、教学计划、教学内容来确定一个教学环节的教学目的,即从确定的目的出发,对媒体要优选。

第二,综合运用多种媒体,有机结合。在综合运用多种媒体时,可以考虑多种媒体之间的有机联系,发挥多种媒体综合运用时的整体效应,从而达到教学的最佳效果。

第三,及时评价、调控。这种评价既包括学生对教师"教"的反馈——这是教师在课堂上及时调整教学的重要依据,教师可从多种渠道,如设计问卷调查、作业成绩、组织讨论,多方面收集学生对教学设计的效果;还包括教师对学生"学"的评价——这是学生对自己的学习肯定、改进或矫正的依据。两个方面的评价要与实施的教学同步,评价要及时、充分,利用评价结果保护和提高学生的学习积极性,纠正错误的认识,接受正确的认识,进而激发学生的学习热情。

第二节　多媒体教学的应用方式

当今社会是一个信息化的社会,各种电子科技产品的诞生给人们的生活方式带来了很大的改变,使得人们的生活和工作节奏变得越来越方便、越来越快。同样地,信息多媒体技术的发展也给人们现在的教学方式带来了很大的变化,给传统的教育教学方式带来了冲击。因此,如何将传统教育教学模式中的优缺点和多媒体技术的特点相结合,使教师的课堂和学生的学习朝着更加理想化的方向去发展,是人们今后要探讨的课题之一。

21世纪科技迅猛发展，人们面对的机遇和挑战是前所未有的。如何把握机遇，与时俱进，做到与社会和时代同发展，共进步，是人们要应对的重要课题。相对于传统的教育手段和教育模式，多媒体技术是一种新奇的优越的教学方式，能够弥补传统教学方式存在的一些不足，更好地激发学生的学习兴趣。因此，能够有效地掌握多媒体教学方法，为课堂增加必要的活力和实时交互性，是每一个教师都想要拥有的一项技能。

多媒体技术使知识内容可以通过文本、图形、图像、动画、声音、影像等单一形式或者几种形式的组合来表现。几乎所有的具体学科都可以用多媒体技术生动地展示出来。因此，在课堂教学中，教师可利用计算机多媒体进行活泼的课堂教学，激发学生的学习热情，发挥学生的想象力和创造力，以达到最优的教学效果。所以在教学中引入多媒体，可以拓展学生的思维想象力，同时，使教师的课堂更加生动、形象。

一、多媒体技术在教学中应用的优势

多媒体技术强调实时性、交互性，能够反映时代的特征和当下一些社会流行的元素，更加符合学生的思维习惯和接受方式。比如，教师教学时使用多媒体时经常要用到电脑，电脑是学生讨论得最多的话题之一。在教师所接触过的初中和小学的学生里，大多数学生对电脑和视频动画都十分感兴趣，教师也发现学生在面对一个具体生动形象的实物时的注意力要比平时集中很多，并且他们很希望教师能够多运用电脑和影视多媒体技术来营造一个色彩斑斓的视听形象氛围。由此看来，学生对于运用多媒体教学是持支持和肯定的态度的。笔者认为，多媒体技术在教学中应用的优势主要体现为以下五个方面。

(一)可以增强感官效应,提高学习效率

教师可以通过多媒体技术为学生展现一幅美丽的画卷,从而调动学生的学习兴趣。通过实践可得知:同时通过视觉和听觉所获取的信息最容易被人接受和记住。因为人的学习过程是通过自身的眼、耳、舌等感官,把外界信息传递到大脑,经过分析、综合,从而获得知识与经验的过程。学生对于教师口中所说的知识往往难以一下子记住,有的记住了也很难理解,但是通过图形创设一个情境或者讲述一个故事将知识点表达出来,效果便会好很多。教师在使用多媒体技术时,可以将形式单一、直线展开的教学内容变得直观、形象,从而激发学生的学习积极性,利于学生学习效率的提高。

(二)具有丰富的强烈的表现力与感染力

实际上,多媒体技术就是视听技术的拓展,是一门新兴的富有内涵的技术,也是一门艺术。它对于小孩子和成年人来说均极具魅力,拥有独特的吸引力。它能够以可见的形式将人们脑中所想表达出来,可以将一些用言语不好言明的内容阐述得很清楚。这就是多媒体技术具有的丰富的表现力和很强的感染力。总之,多媒体技术的运用能够刺激多种感觉器官,有利于学生的记忆,增强学生进行联想的能力。

(三)有利于改变教学模式,达到自主学习

多媒体技术不仅具有模拟性,可以生动直观地展示原来无法直接展示的内容,而且具有交互性,可以摆脱传统的被动的注入式的教学方式。传统课堂总是秉持着这样的模式——教师讲,学生听,然后教师提问,学生回答——主导权和主动权都掌握在教师手中。在这样的环境下,学生很少有机会自主思考,而且受到条件的限制,教师没有什么好的办法来引导

学生自主学习。但是在现代多媒体技术的支持下,教师可以通过多种教学软件改变上课的程序。教师可以运用一些好的学习软件或者自己制作一些教学课件,给学生多设置一些问题,同时,配以声情并茂的图文解释,从而引导学生自主学习,并为其实现探索和发现知识创造有利条件。在这种教学模式下,就有可能真正实现让学生主动获取知识甚至自我创造新的知识。

(四)多媒体和网络技术可以使教与学有机地结合

教师利用教学软件进行教学,可以改变课堂教学程序和模式,有利于学生的自主学习。同样地,如果人们在多媒体技术的支持下创建出一个开放自由的学习平台,让所有的学生和教师都能够在同样的环境下一起学习,则便于教师及时地了解每一个学生的学习情况。试想教师在机房中进行授课,所有的学生都通过自己的电脑与教师的主机相连接,并且一边自学一边完成教师布置的题目,完成后及时上传至教师的主机,同时,有专门的教学软件来鉴定学生的答案正确与否。那么,当某一个学生出现错误时,教师可以及时切换至目标机器,然后对其进行实际操作的讲解;当有多个学生需要指导时,教师可以指派已经弄懂的学生来讲解,只需进行简单的连接和操作即可。这样,所有的教学活动都可以由计算机来完成,对于教师来说,个别教学和统筹安排就可以完整地结合起来。因此,将多媒体和网络技术引入教学过程,不仅能实现学生与计算机之间的交流,还能实现学生与学生之间、教师与教师之间、学生与教师之间的多向交流。教师在总控台上能及时了解每一个学生上机操作的具体情况,了解学生的思维活动,调节教学过程,同时,利用双向交流功能进行学生之间的对话、经验介绍以及教师对学生的辅导,从而大大提高学生学习的主动性和积极性,真正做到因材施教,使得所有学生都能取得满意的学习效果。

(五)可以加强师生之间的交流,做到教学相长

对于教师来说,和学生进行交流是教学工作的一个重要环节。如果一个任课教师除了平时上课之外,鲜少与学生交流,那么他的工作也就不能说是做到了百分之百。因为有的学生在课堂的45分钟里没能把教师所讲的知识点都理解透彻,有的学生甚至没有听懂,所以教师要鼓励学生勤学多问。有些学生因为性格的原因不太愿意和教师当面交流,那么教师如何应对呢?可以通过微信、QQ、电子邮件等向学生发出邀请;如果学生有想说的话或者想问的问题,可以在网络上与教师进行交流。这样,可以给一些叛逆、害羞而又对学习很苦恼的学生一个交流的机会,让他们能够得到教师的关怀。同样地,还可以利用计算机网络配合多媒体教学,实现学生网上学习,教师网上指导答疑,相互交流,做到教学相长。

二、运用多媒体教学提高课堂教学效率

多媒体教学实际上就是用时下最新的技术让课堂上那些不可见的知识点形象化、直观化,让学生更加容易地理解,同时,给教师的讲课提供实践的支持。其实,这样更加有利于提高课堂的效率。

(一)多媒体手段直观新颖,有利于激发学生的学习兴趣

爱因斯坦说:"兴趣是最好的老师。"多媒体教学可以利用各种教具、学具、投影、电影、录像、录音等媒体,集光、形、色于一体,直观形象,新颖生动,能够直接作用于学生的多种感官,激发学生的学习兴趣,彻底改变"教师一支粉笔、一张嘴的'满堂灌'"式的教学方式。此外,可以利用情境调动学生的潜能,使有意识的学习活动和无意识的学习活动相结合。这样

不仅能够丰富教学内容,还可以活跃课堂气氛,引起学生学习的兴趣,调动学生求知的自觉性和积极性。

（二）运用多媒体教学,引导学生主动参与学习

传统教学多采用的是教师讲、学生听,以教为主的教学方式,易导致学生厌学。多媒体教学一改这一弊端,充分调动了学生的多种感官,让学生主动参与学习的全过程。

（三）多媒体教学容量大,教学效率高

多媒体教学不仅能把知识更多、更快地传授给学生,还可以节约时间,增加容量,有效地提高课堂教学效率。许多教师认为讲义教材中练习多,而时间少。利用多媒体尤其是电教媒体进行教学,可以简化教学程度,加快教学节奏,加大课堂教学密度,从而提高课堂教学的效率。

（四）多媒体技术信息量大,可以有效地提高教学的效率

教育改革的重点是要实现素质教育。教师要给学生传授丰富而又广阔的知识,若只依靠传统的教学方法,不仅速度慢、范围窄,而且会限制信息量的扩充。多媒体教育技术具有速度快,知识信息量多而不乱、广而不泛的特点,能够带给学生丰富的最新的知识,有利于调动学生学习的积极性,从而有效地提高教学效率。

总之,多媒体教学以其色彩鲜明、立体感强的特点,可以充分地调动学生的多种感官,化抽象为具体,培养和激发学生的学习兴趣,使课堂教学达到事半功倍的效果,还可以集中解决教学重点和难点,充分发挥学生的主体作用,提高教学效率。

三、如何处理多媒体教学与传统教学方式

尽管多媒体技术在教学中存在着许多的优势,但是时至今日,许多学

校仍以传统的教学方式为主,多媒体教学只是一种补充,并没有取代传统教学的地位,这是为什么呢? 有人说,那是因为多媒体教学对硬件的要求太高,很多学校没有资金来建设和改进教学设施,以满足多媒体教学的需要。其实,这只是一个方面。放眼望去,人们会发现多媒体教学和传统教学方式互有长短。人们要认清先进与传统的关系,使多种教学手段优势互补,取长补短。

(一)以传统教学为主,多媒体教学为辅

多媒体教学可以提高学生的学习兴趣,但也会引发个别学生沉迷网络或电脑,而忽略了学习文化知识的情况。所以教师应把多媒体教学当作一种常规教学中的调剂。多媒体是一种教学工具,是实施教学的一种手段,但不是唯一的。教师首先应把握住自己在教学中的主导地位和作用,通过对教学过程的设计和灵活多变的操作,使多媒体发挥最佳的教学功能,同时,要从人与多媒体、教学内容与多媒体的关系入手,探讨多媒体在教学运作中的基本教学规律和要求,使多媒体在教师的驾驭下有的放矢地发挥作用。

(二)以网络媒体为参考,投影屏不能代替粉笔

近来发现,在一些培训机构与高校中,越来越多的教师开始倾向于在网络上"找"教案,以电子稿件代替手写稿。说白了这就是在网上抄教案,有的教师甚至不加以修改,直接从网上拷贝别人的原稿。

有不少教师利用多媒体教学来代替粉笔和黑板,这实际上是对教师教学技能的一种漠视。"尺有所短,寸有所长。"作为传统课堂教学的象征,黑板在某些方面是现代教学媒体无法替代的。首先,黑板即时重现力强,随写随看,还可以方便地增删内容。其次,对于学生来说,适应黑板教学比

适应投影屏要容易。另外，一个教师最重要的就是课堂板书的功底。好的板书能够较好地引导学生总结和复习已经学过的知识点，及时地检验学生对于知识的掌握程度。

因此，教学时教师应针对教学内容，采取与之相适应的教学方法、方式，合理地利用多种教学媒体，包括传统媒体，取长补短。只有这样，才能发挥多种教学方法的综合功能，取得最佳的效果。

（三）多媒体教学的运用重在"精"，不在多

多媒体教学最初只是为了缓解学生的学习压力，启发他们的课外思维，达到寓教于乐、以娱促教的功效。然而，不加节制地使用这种现代化的教学工具或者教学手段，会使学生产生疲劳感。此外，运用多媒体呈现信息量的速度较快，教师容易不自觉地加快课堂教学速度，从而忽视与学生思维节奏的合拍。如果学生在这种快速的教学中思维跟不上教师的讲解，或由于信息呈现的速度过快而无法完整地做笔记，那么就会影响学生对所学知识的复习和巩固。如果传输知识的时间短于学生对其感知的时间，节奏过快，可能会造成学生感知不充分，理解不深刻、不透彻，从而对教材内容产生的疑问不断增加，最终失去学习的兴趣。因此，多媒体作为一种普通教学手段的补充，应该起"突击骑兵"的作用，即当学生遇到比较难理解且难以用语言表述清楚的时候，教师可以采用多媒体教学软件来进行视听的强化，让学生对于知识产生一个明确的映像。另外，在多媒体课件和教具的制作上，教师也要慎重考虑，既要使学生学到东西，又不能抢了课堂内容的"风头"，不能让学生将注意力转移到与课堂无关的部分上去。这就要求教师具有一定的多媒体技术，不能够粗制滥造、随便应付，更不能为了图方便以多媒体教学代替常规课堂，要做到精益求精，使学生对于

多媒体教学始终抱着一种好奇的态度,牢牢抓住他们的学习兴趣点。

多媒体教学的出现使教育进入了一个崭新的时代,成为教育领域的一次革命。因此,教师在教学内容的设计安排上,应符合一定的教学设计原理,确定好教学目标,分析出教学重点和难点,并以此确定内容的呈现方式、呈现次序、呈现容量,真正做到全面把握、详略得当地安排,使教学有的放矢,使多媒体真正有效地用于教学。

第三节 多媒体教学与初中物理的有效结合

在物理教学中,多媒体可以把抽象的物理课堂变得生动有趣,培养学生学习物理的兴趣,加大课堂容量,加大课堂效率;同时,可以把一些可视性差、现象不明显、效果不如人意的实验,通过多媒体技术进行模拟实验,提高物理实验的演示效果。此外,可以拓展思维空间,激发学生的学习兴趣,使学生喜欢物理、爱学物理;可以将抽象化为直观,把模糊变为清晰,变静为动,化难为易,不仅能增强学生对物理现象的感性知识,而且能提高学生的学习兴趣,从而降低物理学科的学习难度,有利于提高教学质量。在使用多媒体时,要注意多媒体教学的立足点是辅助,而不是替代。因此,不能完全摒弃传统的教学模式,盲目运用多媒体技术;不能抛弃学生主体,运用多媒体变相地"满堂灌",过度追求多媒体的应用。

随着社会的发展与科学技术的不断进步,人们对教育的要求越来越高,传统的教育方法已不能满足现代教育的要求。与此同时,多媒体快捷、方便、直观、形象的特点在初中物理教学中起了重要作用。

一、利用多媒体激发学生学习物理的兴趣

初中阶段,学生对物理学科感到既陌生又好奇,因此,激发他们对物理的学习兴趣就显得非常重要。可以利用多媒体展现一些生动、形象、直观的画面,将抽象的物理教学变得生动有趣。

利用多媒体,可以使学生观看到再现的事实情景,通过播放录像,让学生再次有重点地观察事实的发展变化过程,以此激发学生的学习动机,开发学生的智力,提高学生的能力。

例如,在上初中二年级物理的绪论课时,教师通过丰富多彩的画面,将"神舟六号"发射、月球与火星探测的三维动画、变化多端的大自然、绚丽的激光、原子弹爆炸产生蘑菇云等一一展现在学生的眼前,并告诉学生古代的"千里眼,顺风耳""嫦娥奔月"之类的神话与幻想随着科学的发展已变成现实。这样,短短的几十分钟,学生仿若置身于变化无穷的美丽的大千世界中,生动而又自然地了解了什么是物理学及其研究的对象和方法,同时,大大地激发了他们学习物理知识的兴趣。

二、利用多媒体提高教学效率

传统教学模式费时费力,学生感觉知识抽象难懂,学习时枯燥乏味,对学习物理容易产生厌学情绪;同时,传统教学模式的课堂容量小,课堂上教师讲得多,学生动手的时间少。而利用多媒体就可以很好地解决这些问题。

在上复习课时,由于需要把所学知识进行归纳、整理,使之系统化,从而形成知识网络结构,所以往往是教师讲、学生听。有时候,为了赶时间,教师讲得口干舌燥,学生听得昏昏欲睡。针对以上问题,教师可以发挥多媒体的优势,把大量的文字描述、资料、图片、试题等制作成PowerPoint(PPT),然后通过 PPT 增加课堂容量,提高课堂教学效率。

例如,在上初中三年级"力的测量"一课时,为了说明力可以使物体的运动状态发生改变,可以播放"足球运动员开角球,把球踢到球门前,队友冲上前去,用头将球顶向球门,被守门员鱼跃接住"这一过程的录像片段,让学生客观地分析在踢球、顶球和接球时,球受到力的作用,它的运动状态发生了什么变化,从而得到力是改变物体运动状态的原因。这生动形象的事例可以吸引学生的注意力,激发他们的学习兴趣,同时,可以减少教师的口头表述时间,留出更多的时间让学生动手练习。

三、利用多媒体发挥演示实验的作用

物理学是一门以实验为基础的学科。丰富多彩、有趣生动的物理实验有助于学生分析、归纳物理概念与规律。受到实验仪器本身的限制,一些实验的可视性差,现象不明显,效果不如人意。然而,通过多媒体技术模拟实验,可以提高物理实验的演示效果。

例如,在物理教学中,磁现象中的磁感线、热现象中的液化和汽化现象以及长度的测量,都可以利用多媒体增强可见度来提高教学效果。对于物理课中磁感线的教学,教师的演示实验是在平面上进行的,但要让学生在座位上看清楚是很困难的,所以教师要么拿着实验器具让学生看,要么让学生到讲台上看,既麻烦,又浪费时间。如果适时地用多媒体进行放大,不仅方便,而且节省时间,效果还好。

合理运用多媒体教学能很好地弥补传统教学手段的不足,实现教与学的多元化,提高课堂教学的效率,尤其是在以学生的猜测、讨论、实验探究为主的物理实验中。

在物理教学中应用多媒体,可以激发学生对物理学科的学习兴趣,增强课堂上学生的参与意识。同时,在实验教学中,学生的实验理解能力与

动手操作能力可以得到提升。此外,多媒体可以帮助教师在课堂上更合理地掌握和利用时间,吸引学生的注意力,使学生在课堂上接受和掌握更多的知识,提高物理课堂教学的效率。

第四节 相关问题的反思

近年来,随着科学技术的迅速发展,多媒体技术已经能把语音、图像、视听有机地集成在一起。随着新课程改革的进一步深入,传统的教学方式已远不能满足时代和物理教学的需要,教学手段也在不断更新,越来越多的教师在教学中采用了多媒体电教手段优化教育教学过程,大大地提高了学生的学习效率。

实践证明,多媒体教学在创设物理情境、激发学生学习兴趣、增强物理教学的直观性、降低学生学习难度、培养学生的观察能力、锻炼学生的思维、逐步养成科学探究的能力等方面,是传统的教学模式无法比拟的;但在培养学生的实验动手能力、拓宽学生思维、师生情感交流与价值观的形成上存在着缺陷。

一、在物理教学过程中使用多媒体手段组织教学能优化教学过程

（一）多媒体教学能创设物理情境,激发学生的学习兴趣

我国教育家孔子说:"知之者不如好之者,好之者不如乐之者。"美国心理学家杜威也曾说:"兴趣是生长中能力的信号和象征。"从某种意义上来说,兴趣是知识的源泉,是学生学习的内在动力。因此,首先应培养学生学习物理的兴趣。鉴于此,应让学生在玩中学、学中玩,寓教于乐,求得最

佳的教学效果,激发学生学习物理的兴趣。教师在进行初中物理课堂教学时采用多媒体辅助手段,可以充分利用多媒体技术对视频、图像、录音、图片等多种媒体信息的集成和再现功能,结合传统媒体的现场展示功能,化无声为有声,化静为动,克服传统教学中学生面向静态、单调的课文和板书的缺陷,建构身临其境般的物理情境,提供生动形象的感官刺激,让学生感到新奇亲切、富有情趣,激发学生探索物理奥秘的欲望和创造意识。

比如,在学习圆周运动时,教师可以把过山车紧张刺激的影像播放给学生看,让学生目睹过山车从高处俯冲下来时乘客惊慌失措、紧闭双眼的表情,聆听过山车发出的巨大轰隆声、呼啸而过的风声、乘客发出的阵阵尖叫声,把学生引入一个惊险刺激的物理情境中,引起学生心灵的震撼,引导学生探究乘客能安全着地、不会从高空中坠落的原因。

(二)多媒体教学能增强物理课教学的直观性,降低学生学习的难度

长久以来,物理学科给人们的第一印象就是"难",教师觉得难教,学生感到难学。这是因为学生生活经历的缺失与物理同生活密切相关的矛盾、学生抽象思维的缺失与建立物理模型的矛盾,影响了师生的情绪,使原来生动的教学过程变得枯燥乏味。尤其是学生在掌握一些抽象的物理概念或者一些不易演示实验的物理规律时,常常感到茫然和困惑,从而加大了物理科学与生活,尤其是与学生之间的距离,使许多学生产生了畏难情绪,阻碍了学生学习物理的积极性。如果在物理教学中,教师能巧妙地运用多媒体进行教学,把抽象的知识理论具体化、形象化、直观化,将漫长或瞬间的物理过程变为可控的有序的演示过程,就可以使学生完整、清晰、形象地感知物理现象。教师借用直观的影像可以弥补学生抽象思维的

不足和生活经历的缺失,使学生感到物理就在身边,诱导学生在充满生活气息的教学过程中愉快地学习物理,大大地激发了学生的学习兴趣,提高了学生在课堂上的注意力,降低了学生学习物理的难度,提高了教学质量和教学效率。对于一些用语言表达不甚清楚的理论以及一些微观世界的复杂变化看不见、摸不着,但抽象思维要求较高的知识,仅仅依靠传统的教学手段是很难使学生理解和掌握的;而借助多媒体技术就可以使学生比较直观形象地认识微观世界的运动变化,从而让学生摆脱抽象思维的困惑,建立起直观的物理模型,降低学习难度。

(三)多媒体教学能培养学生的观察能力,锻炼学生的思维,逐步养成科学探究的能力

多媒体生动活泼的画面与鲜艳的色彩,可以增加学生注意的时间,培养学生良好的观察力与注意力。多媒体课件容量大、切换方便的特点,能很方便地将不同时间、不同空间的物理情境同时展示在学生的面前。教师对这些纵向、横向的物理情境进行比较,可以培养学生分析问题与解决问题的能力,使其逐步掌握科学探究的方法,从而达成新课程改革的能力目标。

例如,在涉及动量、能量的力学综合题或带电体在复合场中运动等这类物理过程比较复杂的物理习题教学中,学生往往无法建立直观形象的物理情境。为了解决这类难题,教师可以利用多媒体把复杂的运动分解为若干个分运动或分过程,并给予模拟展示,从而让学生从简单的分运动或分过程逐个进行分析,利用物理规律求解,教给学生处理复杂物理问题的方法。这样长期的训练无疑能让学生掌握化繁为简、化难为易的物理思维,从而培养学生分析与解决问题的能力。

二、在物理教学过程中使用多媒体组织教学存在局限性

(一)多媒体教学不利于培养学生实验的动手能力

物理是一门贴近生活的自然科学,实验是它的显著特点。因此,教师在初中物理教学中,要重视学生实验技能的提高,尽可能地做好演示实验、学生分组实验以及对物理实验原理的理解,从而达到培养学生设计实验的能力的目的。但在教学过程中,如果教师过多地使用多媒体,连学生在实验室能做的各种演示实验、学生分组实验都用多媒体课件来代替,那么学生就会失去自己参与实验去探究与体会的机会。这是与物理学科实验探究的精髓相违背的。

(二)多媒体教学不利于拓宽学生的思维

因为多媒体课件都是人为设置好的,所以它代表了课件设计者的思想理念与思维。学生通过多媒体课件进行学习时,便已经被带入了这个课件设计者的思维中,连演示的步骤、实验的结果、理论的得出往往都是事先设计好的,不利于培养学生的观察能力,不利于培养学生分析问题的能力,不利于开拓学生的物理思维能力。

(三)多媒体教学不利于师生情感交流,不利于情感态度与价值观的形成

多媒体课件虽然有美观的界面、字体变化多样的文本、飞快晃动的字幕,但是它们在美化界面的同时,影响了学生对教学内容的注意力,容易喧宾夺主。于是,教师的语态、体态和板书都有可能被学生忽视,课堂成了多媒体展示课,教师成了"放映员",学生的关注点在荧幕上。这种注意对象的改变,阻断了师生交流的有效通道。如果教师长期不注意与学生进行

情感交流,那么教学效果就会受其影响。因此,要特别注意正确处理师生间的情感交流。另外,教师制作课件时,因自身知识的局限性,往往有可能在对物理现象进行提炼和再现时存在着科学性的偏差,容易对学生产生误导,从而不利于学生情感态度的培养与正确严谨的科学价值观的养成。

多媒体教学的手段是现代教育教学的一个重要组成部分。在物理教学中,运用多媒体技术手段进行教学,可以更好地激发学生的学习热情,发挥学生的想象力和创造力,培养学生科学探究的能力,以达到最优化的教学效果。但是,多媒体技术的功能仅是辅助教学,目的是优化教学效果。多媒体教学有自己强大的功能与不可避免的局限性。因此,在教学过程中,教师应根据教材特点与教学需要,合理地选择多媒体进行教学。

第三章 初中物理教学中的德育渗透

从字面上看,可以将素质教育简单地理解为"以提高人的综合素质为宗旨的教育"。素质教育的目的是使全体受教育者成为具有良好思想品德素质、文化科学素质、身体心理素质、劳动技能素质、审美素质、人际交往与合作素质等,个性特长得到健康发展,又具有创新精神和主动适应现代化社会发展的现代化公民。其中,思想品德素质的培养是整个素质教育目标体系中不可缺少的重要组成部分。中学物理的教学一方面要使学生比较系统地掌握物理学的基础知识,了解这些知识的应用,培养学生的能力和智力;另一方面要根据物理学科的特点,结合教材中大量的思想教育因素,对学生进行思想教育,将物理课程目标的智育目标和德育目标相互渗透,实现和谐统一。因此,物理教师在教学工作中要树立德育观念,注意捕捉物理教学中的德育因素,并将其融入物理教学中。只有充分地利用物理教材中蕴含着的思想内容,使学生潜移默化地受到德育教育,才能使学生真正得到全面的发展。

第一节　德育教育在初中教育
阶段的意义和必要性

一、德育目标、任务和内容

（一）科学确定德育目标和内容的意义

德育目标和内容要有正确的理论为依据，这样德育目标和内容才具有科学性。此外，马克思主义关于人的全面发展学说作为德育目标的理论基础，贯穿于初中德育的内容之中，即爱国主义教育、集体主义教育、社会主义教育、理想教育、道德教育等。

青少年是我国的未来和希望。对处于心理、生理发生巨大变化的初中学生来说，德育是这一阶段的重要任务。科学地确定德育目标和内容，教师可以更好地指导学生树立正确的人生观、价值观和世界观。同时，德育具有导向、选择、协调、激励的作用，首当其冲的便是确立德育目标。改革开放以来，教育工作者秉承实事求是的科学态度，于 1988 年制定并试行《中学德育大纲》，这对中学德育工作起到了积极的指导作用。《中学德育大纲》的贯彻实施利于中学德育工作更加科学化、序列化、制度化，从而更好地保持中学德育工作的相对稳定性，利于加强和改进中学德育工作。

（二）确定德育目标和内容的依据

德育指导思想的核心有两个：一是德育目标，二是德育内容。以下四个条件制约了德育目标和内容的确定。

第一，要以科学理论来确定德育目标和内容。德育目标与内容的设计各不相同。所以要以科学、合理的理论指导德育目标与内容的确定。

第二，确定德育指导思想的核心根本依据是国家对培养人的需要。国家对培养人的需要一般包括政治需要和经济需要。这两个方面具有时代性，随着国家发展的形势不同，对人才的需求也不同，德育的培养目标与内容亦相应地发生了改变。

第三，受教育者思想品德的发展决定了德育目标与内容的确定。德育面临的主要对象是当今时代的中小学生，所具有的时代特征是这个年龄段学生的心理发展和思想品德价值观。现在条件下，受教育者作为学校的主体，不仅有物质方面的需要，也有精神方面的需要，后者更为重要。同时，初中学生的个体发展需要和社会发展需要是一致的。不论从社会方面来看，还是从人的发展方面来看，人的需要都具有社会性。所以确定德育目标与内容时，必须考虑受教育者的思想品德现状，以其现有发展状况为基础，设计德育目标和内容，并通过德育促进其进一步发展。

第四，德育目标和内容的确定应对受教育者身心发展的要求有所考虑。由于不同年龄阶段学生的身心发展各有不同，所以要求和水平上的差异对德育目标与内容的确定也有所不同。处于小学阶段的学生，品德的发展具有协调性，出现外部和内部的动作比较协调，言行比较统一，动机与行为也比较一致，发展道德信念是这个阶段的主要任务。少年期为品德发展的动荡期，是人生道路的分叉口，是道德信念和道德理想形成的初期。在这一时期，学生心理的发展跟不上其生理的迅速成熟，以逆反心理、对抗心理为表现。因此，幼稚与成熟、冲动与控制同时存在，两极分化严重。该阶段的主要任务是处理好过渡时期的多种矛盾，使学生们的思想更加成熟。

(三)初中阶段的德育目标和内容

《中学德育大纲》规定了我国对中学德育工作和学生品德的基本要求："初中阶段德育的目标是热爱祖国,具有民族自尊心、自信心、自豪感,立志为我国的社会主义现代化努力学习;初步树立公民的国家观念、道德观念、法制观念;具有良好的道德品质、劳动习惯和文明行为习惯;遵纪守法,懂得用法律保护自己;讲科学,不迷信;具有自尊自爱、诚实正直、积极进取、不怕困难等心理品质和一定的分辨是非、抵制不良影响的能力。"①

德育目标的定位是否恰当,直接关系到德育的实效性。多年来,我国中小学德育目标的设定主要存在着"高、同、空"的现象。其中,"高"主要是指脱离社会生活实际和中小学生思想品德的实际。青少年犯罪率呈逐年上升的趋势,所以像"热爱祖国,初步树立公民的国家观念"等目标应该放在"尊重生命,热爱生活"的后面。同时,德育目标具有时代性。现阶段,教师应该紧跟学生的发展特点来设定德育目标,而不应该墨守成规。"同"是指趋同化。早在2 000多年前,孔子就倡导因材施教,那是因为他看到了每个学生之间的差异性,而现在的德育目标的确定缺少层次性。"空"是指目前德育目标流于形式,没有真正意义上的指导。学校的教学工作缺乏明确要求和具体指标,教学不能相长。

现行的初中阶段德育的主要内容有如下几点:第一,加强爱国主义教育,热爱祖国的大好河山、悠久历史,学习民族英雄、革命先驱的高尚品德;第二,加强集体主义教育,爱集体,关心他人,维护集体荣誉,正确处理个人与集体、自由与纪律之间的关系;第三,加强社会主义教育,学习社会

---

① 国家教委基础教育司.中学德育大纲[J].课程·教材·教法,1995(7):1-6.

主义初级阶段党的基本路线的内容和社会主义现代化建设的常识,等等。初中阶段的德育内容应该以学生为主体,以该阶段学生的身心发展特点为依据,以社会进步发展为背景,设定符合初中阶段学生的德育内容。第一,生命教育,包括对生命的关注、对生存能力的培养和生命价值的提升以及珍爱生命和热爱生活;第二,情感教育,针对社会上出现的"小悦悦"事件,发现人与人之间感情淡漠,互相缺乏基本的信任,因而进行情感教育。所以德育教育教学要紧跟时代变化而变化,这样才能更好地培养出适合国家需要的人才。

二、德育在初中教育中的地位

(一)德育地位的历史嬗变

随着社会的发展,德育也在不断变化。在阶级社会中,德育具有鲜明的阶级性。为了培养忠于自己的人才,历代的统治阶级都十分重视德育。

在西周学校的教育内容"六艺"中,"礼"教是处于首位的。同时,在我国封建社会的思想品德教育当中也有一些合理的好传统。比如,重视政治思想教育与道德教育相结合、进德与修业相结合。道德教育应渗透至学校所有的教育教学活动中。在我国新民主主义革命时期,毛泽东指出:"青年应该把坚定正确的政治方向放在首位。"[1]他说:"学校的全部工作都是为了转变学生的思想,政治教育是其中的一环。"[2]在社会主义时期,他更强调指出:"若没有正确的政治观点,那就等于没有灵魂。我国社会主义现代化建设进入了一个新的历史时期,中国共产党更强调建设以共产主义意

① 汤志华.论高校思政课守正创新的政治性与学理性统一[J].江西师范大学学报:哲学社会科学版,2019,52(4):9-14.
② 钟秉林.育人为本　德育为先[J].人民论坛,2006(4A):30.

识形态为核心的社会主义精神文明，并认为思想建设决定了我国的精神文明的社会主义的性质。其主要内容是工人阶级的马克思主义的世界观和科学理论，是为人民服务的献身精神，是共产主义的劳动态度，是共产主义的信念、理想和道德，是与社会主义公有制统一的主人翁思想和集体主义思想，是与社会主义政治制度统一的组织纪律观念和权利义务观念等。其中，革命的道德、纪律和理想是最重要的。这就是我国学校道德教育的内容，也就是社会内容。这些都是由我国的社会主义政治、经济制度所决定的。"①

(二)德育在人的全面发展中起着重要作用

德育是各个社会共有的教育现象，具有社会性，与人类社会共始终。在德育历史发展过程中，其原理、原则、内容、方法等存在一定的共同性，因此，德育具有继承性。德育是对中学生进行思想、政治、道德和心理品质的教育。其中，思想教育是形成学生一定的世界观和人生观的教育，政治教育是形成学生一定的政治观念、信念和政治信仰的教育，道德教育是促进学生道德发展的教育。

我国目前的德育是一种涵盖整个社会意识形态的"大德育"。中学生德育的个体性功能可以描述为德育对个体生存、发展、享用三个方面的影响，其中，享用功能是本质体现和最高境界。德育的核心任务是要赋予每一个个体科学的价值观、道德原则和行为规范。而青少年时期是道德品质形成的关键时期。其中，道德品质是一定社会的道德原则和规范在个人的思想、行为中的体现。

① 蔡迎年.浅谈历史教学中的环境教育[J].知识经济,2010(16):153.

中学德育在人的成长中起着重要作用,因此,要提高学生的道德认识水平,陶冶其道德信念,锻炼其道德意志,培养其道德行为习惯。德育的任务是要把全体学生培养成为爱国的具有社会公德的文明行为习惯的遵纪守法的公民。在这个基础上,要引导学生逐步确立科学的人生观、世界观,并不断提高社会觉悟,使他们中的优秀分子将来能够成为坚定的共产主义者。

(三)德育能促进人的生活质量的提高

初中德育是指通过对学生实施德育活动,在品德形成发展上所要达到的总体规格,即德育活动所要达到的预期目的或结果。陶行知先生是我国生活教育理论与实践的集大成者,"生活即德育,社会即学校,教学合一"是陶行知生活教育理论的三大原则,可以为德育有效地提高学生的生活质量提供理论依据。

德育的依据有以下四点:第一,依据初中学生的思想品德形成与发展的规律和心理特征;第二,依据国家的教育方针和教育目的;第三,弘扬民族文化与传统道德;第四,紧跟时代与社会的发展。

德育可以让中学生初步树立正确的政治方向。如果没有前进的风向标,那么就等于没有灵魂。因此,坚持社会主义道路和共产党的领导,热爱祖国和人民,就是教育学生树立坚定正确的政治方向,立志为社会主义现代化建设事业而努力奋斗。

德育可以引导学生逐步确立正确的人生观、价值观和世界观。因此,要教育学生如何正确地认识与处理个人、集体和国家的关系,如何正确地认识人生的价值,树立全心全意为人民服务的思想;在生活中勇于实践,培养学生实事求是的作风,尊重科学,提高辨别是非的能力,形成辩证唯物主义和历史唯物主义的世界观。

德育可以培养学生良好的日常行为习惯。青少年时期是道德品质形成的关键时期。在日常生活中,应该注重培养学生道德品行的修养,这对该阶段的学生日常行为习惯的养成具有非常重要的作用。所以要提高学生的道德认识水平,陶冶其道德信念,锻炼其道德意志,培养其道德行为习惯。德育还可以使中学生确立正确的世界观、人生观与美好理想,这样才可能有健康、自觉的价值生活,才能有真正合乎道德的行为,形成真正的文明行为习惯。

三、德育在初中教育中的必要性

(一)社会上的负面影响有时会使学校德育苍白无力

目前,学校德育工作遇到的最大困难是社会风气对学生的不良影响。学校在全部德育工作中只是一个小环境,当它与社会大环境接触时,德育思想和行为就会发生深刻的矛盾,其结果是学生双重人格的产生与道德理想的幻灭。

文化的多元性,传媒的多样化,经济原则对社会生活的侵蚀性,特别是学校、家庭、社会教育的不一致性,是当代我国德育发生剧变的深层原因。任何教育要实现其教育目标,都必须保持言与行的一致性。新的道德典范具有感召力、凝聚力的前提必须是它不仅代表了一种道德理想,而且代表了一种实际的道德行为;它所体现的价值观应该是被整个社会所认同的。在这种情况下,在经济信息全球化的影响下,世界范围内各种思想文化思潮相互碰撞,人们的思想、道德和价值观念发生着深刻的变化,社会意识和社会价值取向逐渐向多元化发展,广大中学生的世界观和价值观的取向也朝着多元化发展,这是我们不得不面对的现实。当社会大环境不佳时,学校的教育环境也存在着"重智轻德"的情况。在学校内部,"以升学为中心,以应试为目的"的应试教育仍然存在。社会对学校的评价主要看"升学率"的高低,看学生的"考试成绩"。在这样的社会氛围中,无论是普通教师还是校长,在社会压力和功利主义的影响下,难免会为了学校的"声誉"和单纯的"成绩"而放弃道德教育的功能。因此,学校的整体德育工作未能有效地开展,从而帮助学生抵制各种腐朽思想文化的侵袭,树立正确的世界观和价值观。这样会使得中学生陷入拜金主义、个人主义、享乐主义的泥坑。

(二)净化社会环境是根本

当今社会上中学生的学校环境教育包含自然环境教育和社会环境教育,而社会环境主要体现在文化环境和安全环境层面上。净化社会环境是一项长期的系统工程,全社会都应积极行动。而文化环境建设要把握住对学生进行正确的思想品德教育,使他们不受外界低级、淫秽、色情等违法有害信息的传播和影响,彻底调查清楚校内及周边文化环境情况。比如,对于电游室、歌舞厅、录像厅、网吧、彩票投注站采用教育、法律、行政、技术等多种手段,实现对校园及周边文化环境的长效管理。同时,文化环境治理工作一定要结合安全教育同步进行才能达到最佳效果。采取专项行动时,除动员全体教职员工外,还应积极配合公安、工商、文化等部门清查违规违法店铺场所,引导学生文明上网、热爱读书,为学生提供更多、更好的精神文化产品和文化服务工作。此外,教育工作者应当把净化校园及周边文化环境工作纳入文明校园、文明单位创建内容,关注年级组、班主任考评考核内容,营造共同关注学生健康成长的良好氛围。任何人都知道学生不可避免地会接触到社会环境,而这些大环境对中学生的道德思想会产生重要的影响,所以净化社会环境是德育工作进行的根本。

(三)学校要教育学生正确认识社会

在我国社会生产、生活方式日益变革的大背景下,包括道德在内的社会意识形态出现了前所未有的多元、多样、多变的复杂情况。在改革开放的进程中,整个社会现代文明程度的不断提升与全体公民思想道德素质的不断提高构成了我国社会环境的主流。但是近年来,未成年人的犯罪率呈上升趋势。尤其令人担忧的是,未成年人中有不良行为的群体正在日益扩大,诱发犯罪的潜在因素也在不断增加。究其原因,除家庭和学校存在一定的教育失当因素之外,主要在于未成年人的人生观、世界观尚未定型,缺乏一定的辨别是非的能力,自我约束力差,不能正确地认识社会。所以教育工作者应该教育学生正确地认识社会,懂得如何正确认识社会环境,即培养学生辨是非、分善恶、鉴美丑的能力。这就要求教师既要教会学生看到社会美好的、积极向上的一面,还要知道社会也有不好的、不健康的一面。学生们能够正确认识自己所处的社会环境,是形成健康完整的人格的前提。

(四)提高学生抵御不良影响的能力

中学生的德育工作是素质教育的要求之一。所以针对现实社会特点,提高学生自身免疫,抵御社会不良影响,无疑是德育重要的课题。改革开放的浪潮推动了社会主义市场经济的发展,也改变了中学生的精神面貌。学生们信息灵通、眼界开阔,具有竞争心理、自主意识、主人翁态度和创造精神。然而,享乐主义、拜金主义、利己主义亦随之而来,这对德育工作者提出了新的挑战——提高学生自身的"免疫"能力,抵御社会的不良影响。

笔者认为抵御各种不良影响,除了要在学校里营造浓郁的德育环境外,更主要的是应在微观上对德育对象的个体——学生进行内化。

人们的道德行为是受道德认识指导的自觉行为。因此,要提高学生抵御社会不良影响的能力,首先必须提高学生的认识能力,其次应当教给学生看问题的方法,联系社会现象,增强学生对社会的认知能力。

总之,教育工作者需要科学地把握中学生的特点,开展一系列丰富多彩、生动活泼的道德实践活动,引导他们养成良好的道德行为习惯;需要扎实推进青少年法制宣传教育,引导青少年学法、懂法、守法、用法,增强他们的法制观念;需要加强校园文化建设,让学生在充满尊重、关怀、民主、和谐气氛的环境中成长;需要加强学生的自我教育,引导广大中学生自我约束、自我规范,逐步养成优良品格,增强自律能力与"免疫"能力。

第二节　德育教育在初中物理教学中的渗透方式

传统的初中物理教学更为关注学生的知识与技能培养,往往会忽视学生在情感态度与价值观方面的发展。因此,新的《初中物理课程标准》将情感态度与价值观作为三大教学目标之一,对初中物理教学提出了较高的德育要求。当前,以素质教育为核心的教育改革正在不断地深入和发展,德育工作越来越受到人们的瞩目,而如何把德育落到实处,如何把德育工作开展得有声有色,也日益受到方方面面的关注。为此,按照不同的学科特点,促进各类学科与课程同德育有机结合,成为中小学教育的重要目标。按照这一要求,初中物理教学应充分结合物理学科特点,依据德育要求积极探索物理教学中的德育渗透途径。

一、新课程标准下物理教学的德育要求

传统的初中物理教学过于注重对学生的物理知识与解题技能的培养，使得学生处于被动的学习地位，不利于学生的终身发展。正因为如此，《初中物理课程标准》在课程目标部分从知识与技能、过程与方法、情感态度与价值观三方面对课程目标进行了立体的描述，形成了初中物理教学的三维目标，而其中的情感态度与价值观的教学目标实质上就是德育的教学目标。具体而言，新课程标准对于初中物理教学的德育要求可概括为浓厚的爱国主义情感、辩证唯物主义的科学态度与崇高的道德品质。这三个方面的德育内容是初中物理教学的必然要求，在初中物理教学中也是切实可行的。

1.物理学的理论在持续的斗争中不断发展并修正自身，不断完善并丰富自身

纵观物理学的发展历史，充满着唯心论和唯物论、形而上学和辩证法、落后和先进的尖锐斗争，充满着新、旧理论观点的激烈碰撞，历经了对世界认知的否定与再否定的曲折历程。例如，16世纪以前，在天文学领域里"地心说"占统治地位。而波兰天文学家、数学家哥白尼受到古希腊人思想的启示，经过长期精细反复的系统观测，进行了大量复杂的数学计算，终于创立了新的宇宙结构体系——"日心说"。后来，丹麦天文学家第谷、开普勒、牛顿等人进行了补充，使"日心说"建立在更加牢固的科学基础上。但随着现代科技的发展，人们都认识到太阳也不是宇宙的中心，只是绕银河系中心高速运动的一个很小的部分，而银河系又是整个宇宙的一小块。这又是对"日心说"的否定了。因此，物理学理论的发展本身就是一

部非常好的辩证唯物主义教材。只要将这些素材融入物理概念规律的讲解过程中，就能达到培养学生辩证唯物主义科学态度的目的。

2.物理学是一门体系严谨、结构紧密、科学性极强的学科

学生在学习中会受到良好的科学素养的训练，其中，实验教学是物理教学的重要组成部分。通过实验教学，能够培养学生严格操作、认真实验、实事求是的态度，树立爱护仪器和团结协作的优良品德。而有重点地介绍中外科学家发现重要定律和原理的过程，可培养学生锐意进取、百折不挠的精神。比如，英国科学家焦耳在极端困难条件下，经过30余年实验研究，做了400多次实验，为能量守恒定律的建立打下了基础；法拉第刻苦自学，经历十多年研究，发现了电磁感应现象。这些内容对于培养学生刻苦学习、勇于克服困难的精神会起到良好作用。

此外，由于物理学极强的严谨性和科学性，历史上取得伟大成就的中外科学家无不经历了巨大的艰辛和磨难，尤其是在他们发现新定律的过程中。因为每一个新定律的发现，都需要科学家们进行很多次的复杂实验，这需要极大的耐心和毅力。因此，在初中物理教学中，可以通过对中外科学家的生平事迹、生活轶事、重大贡献、成功经验的介绍，让学生懂得物理学每一项成果的获得都与物理学家们不懈的努力密切相关。人们应当从中学习他们永无止境追求真理的信念，学习他们勤奋不息、不知疲倦的实干精神，学习他们坚韧不拔、百折不挠的顽强意志，学习他们严谨求实、实事求是的态度，学习他们为人类幸福终身服务的责任心。

二、初中物理教学的德育渗透途径

很多初中物理教师在进行德育时，常带有较大的随意性和盲目性，缺乏总体的规划和构思。这使得初中物理教学中的德育状况处于分散、混乱

的状态,难以取得良好的效果。事实上,教师应当将德育渗透与初中物理课程教学看成一个有机的整体,在每学期开始教学前,结合该学期的具体物理学科教学内容和初中学生的实际年龄与思想状况,在明确物理知识和能力培养目标的同时,对该学期的德育教学目标、方法、手段、内容进行详细计划,从而保证物理教学中的德育渗透能够有步骤、分层次地有序进行。

1.结合物理学科教学内容,进行隐性的有机渗透

在初中物理教学中进行德育渗透,并不是要求教师在进行学科内容教学时将爱国主义、辩证唯物主义、思想道德等德育内容作为授课内容,逐一对学生进行详细讲解,因为这样会喧宾夺主,主次不分。尤其是在初中物理教学中,大部分章节内容的德育因素并不突出,而是融入对知识点的讲解过程中。对于这些内容,应将德育内容渗透于知识讲解过程中,不一定非要将德育内容提到课堂教学的高度。因此,德育渗透的重点在于渗透,即如何在不影响物理学科教学内容的前提下,将德育内容隐性地穿插于课堂教学内容与过程中,使学生在学到物理知识与技能的同时,受到良好的德育教育。例如,在讲解静摩擦力与动摩擦力时,教师可以提示最大静摩擦力就是静摩擦力转变为滑动摩擦力的临界点,这实际上渗透了量变到质变的哲学观点。所以教师在教授这部分内容教学时,并不需要将量变到质变的观点从哲学角度进行详细的教学,而是通过对静摩擦力与滑动摩擦力的相互转换的介绍,引发学生的类比思想,使他们自觉地将二者联系起来,从而达到德育的目的。再如,物体温度的变化会引起物态的改变,而物态的改变又会引起体积、密度等量的变化,以此让学生进行比较,自然地渗透量变与质变规律的教育。

2.重视初中物理教学的德育渗透教学成果评价

对初中物理教学的德育渗透教学成果进行评价，能够反馈和检验初中物理德育取得的效果，引导正确的教学导向，从而巩固德育渗透在初中物理教学中的地位。笔者认为，可以从以下两个方面对初中物理教学的德育渗透教学成果进行评价。

首先，物理学科考试内容要在一定程度上体现出学科德育渗透的内容。一般初中物理学科考试的题目是由教研组或年级学科组统一命题的，出题组可要求各个教师提供能够隐性地反映德育成果的新颖试题。这些题目要能够与学生的日常生活相联系，与社会发展相呼应，如此，既可以检验德育渗透效果，又能够巩固德育成果。

其次，可将课堂德育渗透作为对教师课堂教学考核的一项评价指标。教研组中各个教师可每月开一次公开课，同时，每个教师必须听两次公开课，并且要有详细的听课记录。其中，评课的指标体系中就可以列出课堂德育渗透这一部分，并对课堂德育渗透的评价指标进行细化，从而利于学校行政领导和教师有针对性地进行评价。此外，教师听课以后，要写感受与心得，并与上课教师进行交流。课堂德育渗透也要作为感受与心得中的一项重要内容。这样，可以使德育渗透教学得到永久坚持，而不是一句空话。

在初中物理教学中渗透德育内容，是新初中物理课程标准的要求。在具体实施时，应明确爱国主义情感、辩证唯物主义的科学态度与崇高的道德品质这三个方面的德育要求，采取合理的德育渗透途径和方法，努力提升初中物理的德育教学水平。

三、德育结合物理教学的基本原则

学校教育是现代教育的主阵地，教育的终极目标是人的教育。因此，要帮助学生塑造健全的人格，使学生成为风格高尚的具有现代科学文化知识的人。德国教育学家赫尔巴特强调教学与教育有不可分割的联系，断言不存在"无教育的教学"，主张"通过教学来进行教育"（此处"教育"就是"德育"）。《中学德育大纲》强调指出，各科教学是向学生进行思想品德教育的最经常、最基础的途径，对培养学生思想道德素质具有重要的作用。因此，各科教师均应寓德育于各科教学的教学内容与教学过程的环节中，把《中学德育大纲》的实施看作各科教师的一项重要任务。尽管学科德育目标受到教学目标的制约，但它是学校德育总目标的一个组成部分。因此，在实践中，必须准确地把握各学科教学实施德育的目标要求，采取相应的措施实现这一目标。

物理作为一门自然基础学科，不仅能够开发学生的智力，培养学生的能力，使学生掌握物理基础知识，而且能够增强学生的爱国主义情感，树立集体主义观念，培养辩证唯物主义思想。尤其是每一位物理学家的奋斗经历，能培养学生勤奋好学、勇于克服困难、执着追求的良好个性品质和献身科学、追求真理的精神。此外，物理课程具有一定的稳定性和持久性。因此，将德育渗透到物理教学当中，有助于从根本上提高学生的道德水准。

物理教学中的德育内容主要存在于物理教科书的知识材料之中，这些德育内容是丰富多样的，按其形式可分为显性的和隐性的。显性德育内容较少，教师容易把握；而隐性德育内容是指教科书中的一些材料和知识点，表面上不能对学生直接起到德育作用，但可以通过深入分析、挖掘或通过介绍背景材料体现德育功能。教师若想在传授物理知识的同时进行德育渗透，就必须"吃透"教材，实现德育的目标控制，同时，在教学中紧扣教材实际，使德育渗透合情合理，看似"无意"却"有意"。笔者认为，在初中物理教学中结合教材内容进行德育渗透,主要有以下三个切入点。

1.渗透辩证唯物主义观点和辩证法

物理作为一门科学,本身就充满了辩证唯物主义的思想方法。如果教师在物理教学中结合课程的特点,把教材中的科学内容与思想内容有机地结合起来,运用辩证唯物主义观点去分析、阐述物理现象和规律,注意将哲学思想运用于物理教学之中,不仅能使学生正确且深刻地理解物理知识,而且对科学世界观的形成与方法论的掌握都有积极作用。

(1)挖掘知识点中隐含的德育内容

物理中的每一个知识点都体现着辩证唯物主义的思想方法。因此,教师在备课与教学中要注意挖掘,选择好教学与德育的最佳结合点,找准某一知识点作为突破,将辩证唯物的思想贯彻进去,潜移默化,使教学内容与德育达到完美的统一。

(2)抓住奇妙的物理实验

物理学是以观测和实验为基础的一门科学。在实验教学过程中,教师可以通过观察和实验,让学生认识到物质运动的形态是不以人们的意志为转移的客观实在,并说明"只有实践才是检验真理的唯一标准"这一论断在物理学及其发展中得到了验证。因此,教师可以以实验为基础,对学生进行辩证唯物主义和辩证法的渗透。以"做功和内能的改变"这一节为例,学生在观察"空气被压缩时内能增大"的实验时,对棉花不点火就燃烧的现象的反应先是惊奇,后是困惑不解,甚至怀疑有"神灵"来帮助。在这种情况下,教师要抓住时机带领学生做实验,并通过讲授知识使学生明白棉花不点自燃是因为活塞压缩空气做功,使空气的内能增大,温度升高,达到棉花的燃点,从而使棉花燃烧。这样不仅对破除学生的迷信思想大有裨益,还可以帮助学生树立唯物主义世界观。

（3）联系实际,联系社会

真理源于实践并能指导实践,物理便是一门源于实践的自然科学。《全日制义务教育物理课程标准(实验稿)》中指出,"从生活走向物理,从物理走向社会"是新课程的基本理念。因此,在教学过程中,教师应时刻注意向学生渗透理论联系实际的观点。例如,在序言教学中向学生介绍物理学习的方法——"联系实际,联系社会"时,教师可以先告诉学生,现代社会的发展与物理学的发展紧密相关,然后让学生想象如果没有现代科学技术,如没有电视、电话、汽车、人造卫星,那么人们的生活将会是什么样的。但是科学技术的滥用,也给人类带来了很多问题,如能源的缺乏、空气质量和水质的变坏。这说明科学技术是一把双刃剑,既能给社会带来正面、积极的影响,也能带来一些负面、消极的影响。

2.渗透严谨的科学态度、坚强的意志和科学精神

作为一门以实验为基础的自然科学,物理对培养学生严谨的科学态度、坚强的意志等心理品质方面有着无法取代的优势。

（1）利用物理实验,培养学生的科学态度和坚强的意志

在中学物理教材中,许多重要的定律、概念、公式都是通过实验推理出来的,如光的反射定律、二力平衡条件、欧姆定律。学生由于经历和学识的限制,对一些物理知识无法做到一听就懂,有时还会怀疑其客观性。所以教师要鼓励学生不迷信教材、权威,积极思考,大胆探索,认真实验,让学生努力做好实验,使学生积累物理现象并有正确的思考,能在掌握知识的同时,逐渐形成严谨的科学态度和实事求是的品质。例如,在用漏斗向下吹乒乓球的实验中,大部分学生通过预习都知道乒乓球掉不下来这个

结果,因而对教师做这个实验没有多大兴趣。这时,教师可以让学生自己去做,一开始学生不一定能成功,但经过几次失败之后最终都会成功。这样,学生在体会成功喜悦的同时,可以意识到许多事情看似简单,实际上并不容易成功。因此,要脚踏实地地去做实验,要有严谨的科学态度和坚强的意志。

(2)利用物理学史,培养学生的科学精神

回顾几千年的科学史,不难看出整个物理发展史都包含对前人物理研究成果的批判和继承。例如,意大利天文学家、物理学家伽利略对"力是维持物体运动的原因"的批判,焦耳对热学说的批判,科学家对自己思维结果的反思批判,都是科学精神的体现。

在教学中,应该让学生明白,物理学中的许多定律、定理都是在经历了长期艰苦的实验后总结出来的,包含科学家多年的心血、汗水、失败和挫折。因此,要教育学生在科学面前来不得半点虚假,培养学生不仅要有严谨的科学态度,还要有坚忍不拔的意志品质。比如,对于"欧姆定律"这节课,在得出欧姆定律后,教师要抓住时机讲德国物理学家欧姆用了十年才发现了欧姆定律。当时的实验条件差,没有测量电流的仪器,他想了种种办法,经历了很多次失败,才制成了相当精密的测量电流的电流扭秤;同时,当时的电源电压不稳定,经过五年,他才找到电压稳定的电源。欧姆的这种求新、求实、勇于自我批判的探索精神以及不屈不挠的惊人毅力,可以激励学生,使他们更深刻地认识到物理学的任何一次进步都要有献身科学的精神。

3.渗透爱国主义、集体主义和高尚的思想品质

(1)结合我国古代物理学成就对学生进行爱国主义教育

我国是一个历史悠久的文明古国,在物理科技发展史上曾对世界文化与科学的发展作出巨大的贡献。目前,我国的科学技术虽然有了长足的进步,但和世界发达国家比起来仍有相当的距离。而一些学生由于不了解我国的物理学成就,产生了盲目的崇洋媚外心理。教师可以根据教学内容,及时、恰当地向学生介绍我国古代的物理成就或一些重大科技发明的小故事。

例如,在学习声现象时,习题中出现了这样的文字:北宋时代的沈括在他的著作《梦溪笔谈》中记载着行军宿营,士兵枕着牛皮制的箭筒睡在地上,能及早听到夜袭的敌人的马蹄声。这说明我国早在宋代就对声音有了研究,并且运用到了生活实践中。驰名中外的北京天坛便建有三处有着美妙声音现象的建筑——回音壁、三音石、圜丘,它们是古代科学家与建筑师们完美结合的产物。

又如,在学习运动和静止的相对性时,可以介绍东汉时成书的《春秋纬》中记载的:"地恒动不止而人不知,譬如人在舟中闭窗而坐,舟行而人不觉也。"这说明早在公元1至2世纪,我国科学家便对运动的相对性有了深刻的认识,比哥白尼、伽利略早了1 400多年。

再如,在学习简单机械时,可以介绍我国古代杠杆的应用;在学习磁现象时,可以介绍我国古代指南针的发明和现代科学技术成就;在学习平面镜时,可以介绍我国早在4 000多年前的夏王朝时期就有了铜镜,从而抒发爱国情感,引导学生感悟从"以铜为镜"到"以人为镜"的做人道理。

总之,我国古代对物理学的巨大贡献和科学家的爱国行为,是教师对学生进行爱国主义教育的最好素材。学习我国古代物理学和科技发展史

料,不仅能使学生加深对物理知识的了解,提高学习兴趣,而且能激发他们的爱国热情,振奋民族精神。

(2)结合当前实际进行爱国主义教育

根据教学内容,要不失时机地对学生进行爱国主义教育。比如,在学习声的传播时,可以举一些抗战影片中的片段,如《铁道游击队》中游击队员利用铁轨提前获得敌人火车到来的情报,《地道战》中游击队员利用竹筒传递情报、信息,从而激发学生的爱国热情;在学习导体时,可以介绍我国对超导的研究成果;在学习能源的开发和利用时,可以补充讲述我国新建设的水力、火力发电站,介绍葛洲坝水利枢纽工程与建设中的秦山、大亚湾核电站,简述三峡工程。另外,要提出我国能源形势十分严峻。我国煤的储藏量居世界第三位,但人均储藏量远远低于世界平均水平,从而提出控制人口增长、节约能源和积极开发利用新能源是相当必要的。最后,要讲述核能的开发、利用与前景。这样,通过与实际国情的结合,可以激发学生的爱国热情,树立他们的社会责任感,提升他们节约能源、爱护环境等意识。

(3)利用课外活动渗透德育

教师除了注重在课堂教学中渗透德育外,还要充分利用课外活动渗透德育。在物理课外活动中渗透德育,可以使学生更好地获得相应的道德知识和道德实践体验,养成道德行为习惯。

①指导阅读科普读物

初中学生刚开始学习物理,很容易被有趣的物理现象、物理实验所吸引,所以教师应抓住学生的心理,积极进行课外阅读指导,推荐《趣味物理》《物理世界》《科学画报》等书籍,满足学生的求知欲,激发他们学习科学的兴趣。

②提倡科技活动

开展拟写物理科技小论文、办物理科技小报等活动,加强学生的科技意识和主题意识,培养学生的动手能力和创新能力,使学生积极进取,实现自我。

③指导生活中的物理应用

物理在生活中应用广泛。在学完家庭电路后,可以让学生进行日光灯安装、电风扇检修、家庭电路设计、家庭电路简单故障排除等。在教到相关知识时,不妨开设课外兴趣小组共同研究,动手实践,引导学生理论联系实际。

④举办多种形式的活动

通过举办物理讲座、开展社会调查、组织竞赛、参观考察等多种形式的活动,激发学生向科学家学习的热情。比如,在学习完噪声的危害与控制之后,可以安排学生调查社区或学校的噪声来源,根据所学的知识提出改善环境的方法,向社会提出倡议,让学生从小就具有社会责任感。

第三节 德育教育对初中物理教学的作用

一、在初中物理教学中实施德育的理论依据及必要性和可行性

(一)在初中物理教学中实施德育的理论依据

在绵延千年的历史长河中,世界各国人民创造了灿烂的文化,涌现出众多著名的思想家和教育家,他们关注道德教育,创立了许多理论,构建了人类文化思想的宝库。

1.孔子的道德教育思想

孔子是我国春秋末期最伟大的教育家、思想家。作为儒家学派的创始人,孔子的教育思想的核心是仁和礼。首先,在其渊博的教育思想中,不乏丰富的道德教育思想,孔子始终把德育放在首位,注重德教为先。因为在孔子看来,与才能相比,道德品质在一个人的发展过程中起到决定性的作用,所以他提出了"德之不修,学之不讲,闻义不能徙,不善不能改",再一次论证了道德教育的重要性。其次,孔子非常注重德育理论与德育实践的有机结合。他创造性地建构了仁德学说,认为仁是道德教育的最终目的,也是指导道德行为的最高准则。基于此,孔子在教育学生时非常注重知行合一。同时,孔子注重培养贤人和君子,教育学生追求高尚的人格品格。再次,在教育实践中,孔子非常注重因材施教、循循善诱。他从学生的实际情况出发,有针对性地采取不同的方法教授学生不同的德育内容。在这个过程中,他因势利导、循循善诱,让每一个学生都能从内心接受。最后,在评价方面,孔子将道德品质设为第一评价标准。

2.赫尔巴特的道德教育思想

德国教育学家赫尔巴特曾提出:"没有无教育的教学,也没有无教学的教育。"所谓"教育",简单来说,就是教书育人。在赫尔巴特看来,道德教育就是教育的最高目的,也是人类发展的最终目的;如果在教学中没有进行道德教育,那么就会失去教育价值。他从个人和国家两个方面论述了德育的重要性。就个人而言,接受正确的道德教育对其一生的发展具有关键性的作用;就国家而言,道德教育可能会决定一个国家的兴衰存亡。"内心自由、完善、仁慈、正义、公平或报偿"是赫尔巴特在他的著作《普通教育学》和《论世界的美的启示为教育的主要工作》中提到的五种道德观念。他认为，一个道德品质良好的人就一定要学习这些德育内容，并将其内化为自己的道德观念。在实施德育的过程中，赫尔巴特提出了必须要经历的三个阶段，包括管理、教学和训练。其中，管理主要针对年龄较小的孩子，是指通过命令或威胁、惩罚来帮助学生朝着正确的方向发展；教学主要是指赫尔巴特提出的教育性教学，即在讲授知识的过程中进行道德的教育，将二者进行有机的结合；与管理相比，训练最大的特点就是具有陶冶性，不像管理那样简短尖锐，是种一直持续的有耐心的方法。

3.杜威的道德教育思想

杜威是美国著名的教育家、心理学家，其教育思想核心是"教育即生长""教育即生活""教育即经验的改造"，其著作《民主主义与教育》集中地反映了他的实用主义教育思想。首先，基于"新三中心论"，杜威认为，对学生进行道德教育不能强行灌输，应顺其自然，遵循学生的心理发展规律，在适当的阶段采取恰当的方式实施德育。其次，杜威提出的"三位一体"的学校德育教育是指将学校、教育方法、教材三者有机结合。其中，学校主要负责给学生提供社会生活，培养学生适应社会、参与其中的能力；教育方法要求教育者放弃单方向的传授知识，改为由学生主动地选择、创造，这对学生的知识学习和道德发展都有好处；教材则是指结合各科教材进行道德教育。杜威认为，学校不需要设立独立的德育课来传授德育，因为在学校里、在各科课堂上，德育无处不在。只要结合学科特点与德育内容的切入点，就能发挥德育的积极作用。

4.苏霍姆林斯基的道德教育思想

苏联教育家苏霍姆林斯基非常重视道德教育。他认为，在德、智、体、美、劳和谐全面发展的教育中，道德教育应居于核心地位，而检验道德教育成败的主要标志是是否确立了道德信念。他提出了通过形成良好的道德习惯、培养高尚的道德情感、确立高尚的道德信念和树立高尚的道德理想四个方面来实现德育教育。除此之外，他还提出了通过自我教育和集体教育来完成道德教育，通过个性与共性相结合来陶冶学生的道德品质。

（二）在初中物理教学中实施德育的必要性

1.义务教育物理课程标准的要求

在《义务教育物理课程标准》（2011 年版）中，针对初中学生提出的应该落实的德育目标主要集中于情感态度与价值观这一维度的目标中。该目标主要包括以下几个方面：要保持对科学的求知欲、对自然的好奇；养成实事求是、尊重自然规律的科学态度；不迷信权威，勇于创新；要热爱祖国，有振兴祖国的责任感和使命感；既要能够独立思考，也要有团队精神；具有保护环境和可持续发展的意识。该标准中还提到，随着时代的进步与科学技术的发展，要不断提高学生的科学素养，让学生在掌握知识的同时得到全面的发展，努力成为对社会有贡献的人。

2.时代发展的要求

随着时代的发展，我国在政治、文化、经济、科技等方面都取得了较大的提高，人们的生活方式、世界观、价值观也随之改变。同样地，发展迅速、日新月异的社会也给人们带来了更多的考验和挑战。因此，要想继续保持国泰民安的和谐局面，就需要提高国民素质，形成良好风气。初中学生正值形成正确的人生观、价值观、世界观的黄金时期，所以教师要把握时机和方法，在进行智育的同时实施德育教育，让学生全面健康地发展。

3.现实问题的要求

初中学生的认知能力不足。在面对诚信的缺失的问题，如考试作弊、

"注水肉""过期肉",社会上的贪污腐败和滥用职权问题,如城管殴打小商贩,个人享乐主义和拜金主义的泛滥等道德问题时,他们有时会感到茫然。所以说,在面对各种层出不穷的问题时,教师应及时地给学生传授道德观念。

4.教育工作者共同的责任

杜威提出过"三位一体"的学校道德教育,其中的教材是指利用各科的教材来进行道德教育。实施道德教育并非只是思想品德教师或者班主任的工作,也并非一定要单独设立一门课程进行传授,而是可以通过各科教师在学科教学中来实施。例如,数学课上进行精密的计算,物理课中讲授科学家的故事和精神,语文课上学习古代诗词,历史课上讲授我国古代发明。只要教师深入挖掘,结合学科特点来实施德育,就会出现意想不到的结果。

5.初中学生身心健康发展的要求

有些进入青春期的初中学生会有较强的逆反心理和独立心理,他们认为自己已经长大成人,能够独当一面,想要摆脱家长和教师的"束缚"。然而,他们心智尚不健全,各种能力水平也有待进一步提高,所以在遇到突发状况时,他们往往会不知所措。这个时候教师应因势利导,抓住契机,及时地对学生进行道德教育,引导学生走上人生正轨。

(三)在初中物理教学中实施德育的可行性

1.学科特点

(1)以实验为基础的自然科学

物理教师在给学生讲授物理知识时,通常会选择贴近学生生活的自然现象或实例来创设情境引出当天的主题;同时,结合演示实验或者探究实验让学生知道:学习物理离不开实验,通过实验可以验证所学知识的真伪,也可以利用实验探究得出物理结论和规律。

(2)严密的理论科学

物理学是由大量的物理概念、物理规律与物理公式组成的,但它们之间互不冲突,原因就在于不论是物理概念还是物理规律,都有非常严格的限制条件和适应范围。物理公式是利用数学手段加以表述的。这都会使物理体系更加精细严密。

(3)带有方法论性质的科学

物理学发展至今,蕴含着丰富的方法论,故物理也被称为科学方法论的典范。日益丰富的方法论既能影响人们的思想,也能影响社会的思潮,对实施德育是一个有力的支撑。

2.教学方法

基于学生不同的认知方式与水平,初中物理的教学方法往往是多种多样的。常用的讲解法、实验法、小组讨论法都致力于激发学生的学习兴趣,提高学生的学习效率。选择何种教学方法,是教师能否讲课成功与学生能否理解的关键。

(1)讲解法

讲解法在物理教学中,是被教师应用最为广泛的一种教学方法。教师可以利用科学的语言向学生传授物理知识和道德知识,简单而直接。例如,在学习安培定则时,可以告诉学生法国物理学家、化学家和数学家安培在大量实验的基础上总结归纳,最终得出安培定则;古希腊哲学家、数学家、物理学家阿基米德在经历了多次的失败后才得出阿基米德原理。时至今日,这些发现和发明仍对我们的生活有益⋯⋯通过正面的讲解,让学生学习伟大科学家的爱国精神、坚持精神、创新精神、认真精神。

（2）实验法

实验法包括教师的演示实验、探究实验与小组实验等,在物理教学中应用得十分广泛。在设计实验、做实验、记录数据、分析归纳等环节中,都可以引导学生进行积极的思考并认真观察,提高学生的实验操作能力。其中,在将生活中的现象上升为物理知识的过程中,需要对学生进行积极的引导,使学生能够透过现象发现本质。实验过程或许不会非常顺利,可能会出现这样或那样的困难。教师应耐心地指导学生,让学生不放弃,勇于解决难题。

（3）小组讨论法

小组讨论法就是围绕教师给出的问题,小组成员分别表达自己的意见,相互合作,寻求最佳的解决方案来解决问题的一种方法。小组合作学习可以让每一个学生都参与其中,培养学生积极表达自己意见的习惯,相互帮助,共同解决问题,体会合作学习的重要性。

二、在初中物理教学中实施德育的原则与内容

（一）在初中物理教学中实施德育的原则

1.导向性原则

实施德育时,能够引导学生朝着一个正确的方向发展是非常重要的,也是最根本的。在我国,德育的大方向一定是无产阶级的政治方向。

那么,如何贯彻导向性原则呢?

第一,始终坚持德育的大方向,即无产阶级的政治方向。第二,德育最终要达到的目标必须满足新历史时期国家方针政策的总要求。第三,注意德育理论与实践的一致性,德育理论指导德育实践,德育实践又反过来丰富德育理论。

2.疏导原则

疏导原则是指在道德教育时,要做到有耐心,循序渐进。因此,疏导原则也被称为循循善诱原则。代表人物是孔子,他在教育学生时,总能以德服人、以理服人,在调动学生积极性与主动性的同时,循序渐进地帮助学生正确学习。

那么,如何贯彻疏导原则呢?

第一,要结合学生的认知特点,给学生理清思路,讲明道理,使其具备德育思想。第二,在进行德育教育的过程中,不能刻意灌输,要寻找合适的机会,结合特定的情境,对学生进行恰当的引导,做到循循善诱。第三,鉴于学生的认知能力有限,所以提倡对学生进行正面的德育教育,并加以肯定和表扬等。

3.因材施教原则(从学生实际出发)

每一个学生都有自己的特点,不论是性格、品性还是思想认知,所以要实施德育,就必须遵循因材施教的原则,从学生的实际情况出发,根据学生特点的不同,采取不同的德育实施途径,从而增强道德教育的有效性、针对性。这一原则由孔子的教育方法发展而来。

那么,如何贯彻因材施教原则呢?

第一,要了解每一个学生的特点,包括认知思想、品德现状等。第二,拒绝"一刀切"的做法,合理采取实施手段,做到真正的道德教育。

4.知行统一的原则

只引导学生树立道德思想是远远不够的,要将已经拥有的正确的道德思想运用到实践中去。这就要求教育工作者在进行德育时注重理论教育与实践锻炼,让学生做到言语和行动一致。

那么,如何贯彻知行统一的原则呢?

第一,教育者要严于律己,以身作则,给受教育者树立良好的榜样。第二,要加强对学生道德理论的教育,因为只有正确的健全的理论才能指导实践。第三,给学生创设合理有效的道德教育的环境和氛围,让学生通过实践真正理解学到的德育理论。

5.集体教育和个别教育相结合原则(平行教育原则)

在进行德育教育时,可以以集体教育的方式向学生讲授一些共性的德育知识。因为每个人的情况不一样,所以在集体教育的基础上还要进行个别的道德教育。只有将二者结合起来,才能更好地实施道德教育。

那么,如何贯彻集体教育和个别教育相结合的原则呢?

第一,建立一个团结的学生集体,让每一个人都成为这个集体不可或缺的一分子。第二,开展多种多样的集体活动,在实践过程中进行集体教育。第三,增加个别教育,增强个别教育对集体教育的影响。

(二)在初中物理教学中实施德育的内容

初中物理学科的德育内容概括起来主要包括四个方面:辩证唯物主义的自然观、好奇心与探究欲、科学方法与科学精神、科学伦理。

1.辩证唯物主义的自然观

物理学之所以被称为自然哲学和辩证唯物主义的科学概念,是因为自它出现伊始,便充斥着方法论、世界观等物理思想,并且深深地影响着人类以及整个世界的发展轨迹。同时,其包含的能量守恒和转化定律等一般性规律,以及如电子的发现这样的重大发现,都会使辩证唯物主义的自然观的内涵更加丰满。虽然初中物理课程没有深层次地讲解到上述提到的内容,却通过研究自然现象来引导学生树立辩证唯物主义思想。

例如,第一章机械运动的第二节运动的描述中,通过指导学生学习机械运动、参考系等物理概念,并且结合日常生活中常见的现象,来帮助学生理解相对运动,从而引导学生树立辩证地看待事物的思想观点。

第二章声现象的第三节声的利用中,介绍了超声波和次声波能够传递信息和能量,给人们的生活带来了便利,从中可以让学生感受到学习物理知识的重要性以及科学技术推动人类世界的发展。

第三章物态变化的第四节升华和凝华中,介绍了自然界中的水循环,以满足学生对大自然的好奇心。

第九章压强的第一节压强中,介绍了在人们生活的各个方面减小压强和增大压强的例子,从而培养学生要关注社会,恰当地将所学知识应用到实际生活中。

第十三章内能的第三节比热容中,在通过实验建立比热容概念后,解释与此知识点有关的自然现象,时刻保持对大自然的好奇心与求知欲。

第十四章内能的利用的第四节能量的转化和守恒中,通过对想想做做和想想议议两个模块中各种能量转化与守恒现象的分析讨论,最终得出结论,让学生能够初步形成能量转化与守恒的观点。

第十五章电流和电路的第二节电流和电路中,将笨重的电路元件用简单的电路符号来表示,将复杂的电路用简洁明了的电路图来表示,让学生体会物理学中的简洁美。

2.好奇心与探究欲

生动有趣的物理实验能够调动学生的学习热情,激发学生的好奇心和求知欲。在探究实验过程中,首先要学生明确研究主题,然后围绕研究问题引导学生发散思维,激起学生对该问题的探究欲望。在这个过程中,难免会遇到一些问题。这时,教师应引导学生,帮助他们将刚开始的热情转化为持久兴趣,坚持完成实验,最终运用分析归纳得出实验结论,并且能够运用该结论解决其他类似的问题。

例如,第三章物态变化的第二节熔化和凝固中,在探究固体熔化时温度的变化规律时,学习探究实验的各个环节,学习比较、分析等科学方法。

第四章光现象的第三节平面镜成像中,在探究平面镜成像的特点时,为了实验现象更加明显,用玻璃板代替平面镜,传授给学生等效替换的实验思想。

第四章光现象的第五节光的色散中,在正式学习本节课知识之前,提出"为什么太阳的颜色由红、橙、黄、绿、蓝、靛、紫七种颜色组成",以此来激发学生对本节知识的好奇心、求知欲以及热爱大自然的情感。

第六章质量与密度的第二节密度中,在探究同种物质的质量与体积的关系时,通过对多组数据的分析得出结论,建立密度概念。在这个过程中,可以让学生体会物理规律是建立在大量物理数据和事实上的,并且学会比值定义法。

第七章力的第一节力中,在正式探究力的作用效果之前,提出类似的生活现象。例如,用力捏橡皮泥,橡皮泥会被压扁;用力拉弹簧,弹簧会被拉长。通过展示类似的生活实例,培养学生发现问题、解决问题的能力,以及透过表象看本质的学习习惯。

第九章压强的第一节压强中,在探究影响压力作用效果的因素实验中,在研究其中一个因素对压力作用效果的影响时,必须做到对另一个因素的严格控制,从现象中挖掘出背后隐含的规律,继而在实验中引导学生树立控制变量的意识。

第十章浮力的第二节阿基米德原理中,在探究物体的浮沉条件之前,引入"为什么乒乓球会浮在水面,而玻璃球会沉入水底"的问题,增强学生对日常现象的观察、关注以及对该问题答案的好奇心,从而转化为对探究实验的强烈的探究欲望。

3.科学方法与科学精神

学生要想深入地学习物理知识,采取科学的物理方法是非常必要的。作为学生探究与学习的工具之一,科学方法既能帮助学生更加简单、清楚地理解物理知识,也有助于培养学生的认知和思维。经历长期的教育的改革和发展,结合物理学科的特点和学生的特点,笔者认为,现有17种科学方法来辅助学生掌握物理知识。

(1)控制变量法

例如,第十七章欧姆定律的第一节电流与电压和电阻的关系中,在探究电流与电压的关系时,要控制电路中的电阻保持不变;而在探究电流与电阻的关系时,要控制流过电阻的电压保持不变。

(2)转换法

例如,第二十章电与磁的第一节磁现象与磁场中,在学习磁场时,由于磁场是看不见、摸不着的,所以学生理解起来有点费劲,但在磁体周围放置小磁针,通过小磁针的有序排列,学生就可以看见"有形"的磁场了。

(3)放大法

例如,第七章力的第二节弹力中,人们知道力可以改变物体的形状,但是用力握水杯时,水杯发生的弹性形变却不容易被观察到。这时,就可以用放大法,将带有毛细玻璃管的塞子塞到装满水的杯口,通过毛细玻璃管中的液面变化来表示水杯发生的微小的弹性形变。

（4）换元法（替代法）

例如，第四章光现象的第三节平面镜成像中，在探究平面镜成像的特点时，为了方便找到像的位置，用玻璃板代替平面镜。

（5）等效法

例如，第十三章内能的第二节内能中，改变物体内能的方式有两种，一种是做功，另一种是热传递，这两种方式在改变物体内能的效果上是相等的。

（6）分类法

例如，第三章物态变化的第三节汽化和液化中，蒸发和沸腾是汽化的两种形式。

（7）比较法

例如，第三章物态变化的第三节汽化和液化中，虽然蒸发和沸腾都是汽化的形式，但是二者之间也存在相同点和不同点。

（8）类比法

例如，第十八章电功率的第二节电功率中，在学习电功率的物理意义时，可以想到其与速度的物理意义类似；通过类比，推测在定义、定义式、单位等方面二者可能也类似。

（9）拟人类比法

例如，第十三章内能的第一节分子热运动中，在帮助学生理解分子的热运动时，可以引导学生将自己想象成一个个分子在运动。

（10）模型法

例如，第四章光现象的第一节光的直线传播中，为了更加方便地研究光的传播情况,引入了光线模型。

（11）等价变换法

例如,第九章压强的第一节压强中,压强的文字定义与压强的定义式之间可以进行平等的自由变换。

（12）逆向思考法

例如,第二十章电与磁的第二节电生磁中,在学习了电流的磁效应后,就可知道电能生磁,此时可以引导学生从反方向思考磁能否生电。

（13）缺点列举法

例如,第三章物态变化的第二节温度中,通过自制温度计发现其中的缺点,解决后得到现在的温度计。

（14）缺点利用法

例如,第七章力的第三节重力中,人们知道重力的方向是竖直向下,这会导致下落的物体更容易破碎,这是重力的缺点,但人们可以利用这个缺点制作打夯机,做到变"废"为宝。

（15）组合法

例如,第十七章欧姆定律的第三节电阻的测量中,用伏安法测电阻就运用了这种组合法。

（16）逐渐逼近法

例如,第八章运动和力的第一节牛顿第一定律中,在演示阻力对物体运动的影响实验时,通过一次次地降低阻力,得知阻力越小,速度变化越慢,最终通过理想化推理得出牛顿第一定律。

（17）反证法

例如,第八章运动和力的第二节二力平衡中,在探究二力平衡时必须作用在同一物体上这一条件时发现比较困难,就可以假设作用在两个物体上的两个力平衡,结果发现不符合实际,从而得出一对平衡力必须作用在同一物体上的结论。

科学精神作为德育内容的重要组成部分,不仅对科学探究等活动产生积极的推动作用,而且对学生的整个人生发展产生巨大的影响。其主要包括实事求是的精神、敢于质疑的精神、创新精神、合作精神等。物理学的内容、研究方法对于培养学生的科学态度和科学精神具有重要作用。通过科学探究、应用物理知识解决实际问题等活动,可以使学生逐步形成解决实际问题的能力,养成从经验认识上升到理论认识的科学探究的习惯,树立实践是检验真理性唯一标准的观念。

例如,第一章机械运动的第一节长度和时间的测量中,用刻度尺测量长度和用停表测量时间两个实验均能培养学生一丝不苟、实事求是的科学精神。

第五章透镜及其应用的第三节凸透镜成像的规律中,在探究凸透镜成像规律实验时,培养学生合作学习的精神。

第十章浮力的第二节阿基米德原理中,学生通过阿基米德的故事学习其善于观察生活现象并能从中发现问题,不断思考、不断探究的精神。

第十八章电功率的第四节焦耳定律中,焦耳在做了大量实验的基础上,经过不懈努力,最终得出了著名的焦耳定律。学生通过了解焦耳定律的来之不易,学习焦耳热爱科学、献身科学的伟大精神。

4.科学伦理

学生通过学习物理,认识到物理与人们的生活息息相关。人们从大自然的神奇现象中提取物理问题,经过研究归纳总结为物理知识,之后再将得到的物理知识应用于大自然。这种循环往复的关系,可以引导学生意识到与人们赖以生存的环境友好相处的重要性,在进行科学研究的同时,要注意尊敬自然,保护环境,树立可持续发展的观念。

例如,第一章机械运动的第三节运动的快慢中,在学习了计算速度的公式之后,展示以我国运动员刘翔在奥运会上夺冠的情境为基础来设计的一道计算题,让学生计算他的速度。通过计算,既可以检验学生对该知识点的掌握程度,还可以间接地培养学生的民族自豪感。

第二章声现象的第四节噪声的危害和控制中,书中的阅读资料向学生说明了面对不同强度的声音,人会有不同的感觉和反应;针对噪声污染,师生讨论交流该如何控制噪声,从而增强学生保护环境的意识。

第三章物态变化的第一节温度中,在引入课题时,通过展示春、夏、秋、冬的不同温度的图片培养学生关心生活、关注社会的意识;同时,在结尾处展示由于温度过高带来的温室效应现象,可以让学生意识到保护环境的重要性,从而树立正确的科学观。

第四章光现象的第二节光的反射中,针对想想议议中描述的黑板反光会"晃"到同学的眼睛的问题,让学生意识到保护环境的重要性。

第五章透镜及其应用的第四节眼睛和眼镜中,教师通过讲解眼睛和眼镜的原理,让学生形成自我保护意识,养成良好的用眼习惯。

第六章质量和密度的第一节质量中,在指导学生学习天平的使用时,教师通过图片展示古代的测量工具——杆秤,来激发学生的民族自豪感。

第九章压强的第二节液体压强中,在学习了液体压强之后,教师向学生介绍该原理在人们生活中的应用,通过展示有关三峡大坝、"蛟龙"号潜水视频,让学生感受我国快速发展的科技,增强爱国情感,树立为中华民族之崛起而读书的决心。

第十五章电流和电路的第二节电流与电路中,在学习了电池后,教师向学生大体介绍了锂电池、镍氢电池、镍镉电池的主要特点,并组织学生对废弃电池的处理情况进行讨论,注重培养学生保护环境和可持续发展的意识。

第十八章电功率的第一节电能与电功中,学生通过学习教材中展示的 1 kW·h 的作用,培养其节约能源的意识。

第二十章电与磁的第一节磁现象与磁场中,开篇就介绍了我国古代四大发明之一——司南,以及我国祖先对各种磁现象的研究与对人类文明的影响,从而激发学生的民族自豪感和爱国主义情怀。

第四节 相关问题与对策

物理学科既有悠久的发展史,又有飞速跃进的现代高科技;既与日常生活紧密联系,又饱含辩证唯物的哲学思想;既有严格求实的科学实验,又有严格准确的逻辑推理。它给物理教学开展德育工作提供了良好的素材。因此,在物理教学过程中,努力挖掘物理学科的德育资源,充分发挥其德育功能,通过提高德育水准来促进课堂教学,使德、智并进,是每一位初中物理教师的职责。

一、当前初中物理教学的德育现状

在学校中开展德育工作是市场经济与信息时代社会的道德文明与人类道德发展需要的反映,是现代德育走向素质教育的体现。教师的职责是教书育人,既要做"经师",又要做"人师"。杜威在《教育中的道德原理》中指出：“道德目的应当普遍存在于一切教学之中，并在一切教学中属于主导地位——无论是什么问题的教学，如果不能做到这一点，一切教育的最终目的在于形成品德这句人尽皆知的话就成了伪善的托词。”[①]课堂教学是进行德育的主渠道。因此，可以从教师、教法、教材、课堂等多个方面进行德育渗透，从而培养学生的道德观念，提高学生的道德判断能力和道德整合能力，教会学生做人，为学生的终生发展奠定基础。

随着新课程的实施，初中物理课程提出了旨在进一步提高学生的科学素养，从知识与技能、过程与方法、情感态度与价值观三个方面培养学生，为学生终身发展、应对现代社会和未来发展的挑战奠定基础。但从当前的教学情况来看，还是摆脱不了传统教学的不足，在具体的教学内容上表现为注重逻辑化、系统化的科学知识讲练，重视科学知识、技能的培养；在教学方式上，崇尚理性，追求规范统一，但是忽视德育目标的达成。比如，2002年清华大学学生刘海洋的“硫酸泼熊”事件，2003年云南大学的“马加爵事件”，都向教育工作者敲响了警钟，引起了人们对教学的反思。

当前，初中物理教学中的德育主要存在以下两个问题。

首先，德育的内容表现为缺乏时代性。随着社会的发展，科技的进步，社会对科技的依赖越来越强，专业化程度越来越高，但同时冲击了传统的道德价值体系，对人们的精神世界、心理活动造成一定的影响。具体表现为脱离学生实际，教育内容空泛而平白，不能引起学生思考的兴趣。

其次，德育的方法缺乏理论指导，带有盲目性。一是，缺乏新课程理论

的指导,表现在对学生的教育方式多为"说教灌输式""贴标签式",向学生传授一些具体而固定的规范等,忽视了学生的主体性、发展性。因此,针对性不强,教育效果差。二是,缺乏德育理论的指导,表现为教育的层次不深,内容不系统,方法不规范,不利于学生整体道德观念的形成。因此,有必要在物理教学中加强德育问题的研究与探讨。

二、初中物理教学开展德育的理论依据和心理学基础

《中学德育大纲》中明确指出:"各学科教学是教师在向学生传授知识的同时进行德育的最经常的途径,对提高学生的政治思想道德素质具有重要的作用。"[①]各科教师要教书育人,为人师表,认真落实本学科的德育任务要求,结合各学科特点,寓德育于各科教学内容和教学过程之中。此外,各学科的教材、教学大纲和教学评估标准要坚持正确的思想导向,而教学主管部门和教研人员要深入教学领域,指导教学工作同德育有机结合。同时,各科教师与全体职工都应在政治、思想、道德方面作学生的表率。

苏霍姆林斯基说:"人的所有各个方面和特征的和谐,都是由某种主要的、首要的东西所决定的……在这个和谐里起决定作用的、主导的成分是道德。"[②]

赫尔巴特指出:"教学如果没有进行道德教育,那么只是一种没有目的的手段。道德教育如果没有教学,那么只是一种失去手段的目的。"[③]

马克思主义道德观认为,生产力和科学技术的前进推动着道德价值

---

① 张仲林.浅谈《中学德育大纲》在班级中的具体落实[J].教学与管理:中学版,1996(5):30.

② 陈庆飞.基于核心素养的中学地理学科教学德育渗透[J].新课程(中学),2017(9):465.

③ 宋思洁.为学科德育正名[J].中国德育,2013,8(19):18-20.

体系的变化。因此，要不断赋予道德具有时代的新内容、新含义。道德不仅仅是人与人、人与社会之间的行为规范的总和，更应该将人和自然的关系也视为道德的范畴。

古希腊教育家亚里士多德提出了要使受教育者的身体、德行和智慧和谐发展的思想；孔子在论成人中提出了知、仁、勇、艺的要求；近代教育家蔡元培提出了德、智、体、美和世界观五种教育的思想；我国现行的教育方针是教育必须为社会主义现代化建设服务，必须与生产劳动相结合，培养德、智、体全面发展的建设者和接班人。

因此，在要求德育改革的今天，重视人发展的全面性、和谐性是当今教育的要求，体现了德育为首的教育思想。而物理教学中的德育就是以物理知识、技能为依托，通过物理教学过程和思想方法的渗透，培养学生的情感态度和价值观念，做到知、情、意、行相统一。

三、初中物理教学遵循的德育理论

（一）杜威的实用主义道德教育理论

杜威指出："道德教育的目标应是各科教学的共同的和首要的目标，只重学术性，不重社会性和道德性的教材不是好教材。"他指出："道德就是学习，就是生长。"①所谓"生长"，既包括肉体上的生长，也包括智慧的生长。其中，最要紧的是精神的观念和知识能力的生长，即智慧的增长。杜威特别强调道德教育的社会性，认为"一切能发展有效地参与社会生活能力的教育，都是道德的教育"。因此，依据杜威的观点，笔者认为，中学物理教材是一部德育的好教材，应深挖其潜在的教育性，做到教书育人。此外，教

---

① 杨荣.杜威德育思想的现代借鉴价值[J].中国成人教育,2007(5):126-128.

材中的德育内容要深化、细化、系统化、规范化，只有这样才有利于学生智慧的生长。同时，多采用自主、合作、探究的教学方式，从而利于学生道德观念的形成。

(二)拉斯、哈明、西蒙等人的价值澄清教育理论

价值澄清学派的基本出发点是，现代青少年生活在一个价值多元的社会中，在各种价值和选择面前，往往无所适从，容易陷入价值混乱。所以教学必须寻求一种新的方法，帮助青少年澄清和形成自己的价值。美国纽约大学教授拉斯、美国南伊利诺斯大学教授哈明、美国马萨诸塞州大学教授西蒙等人认为，传统的道德教育"从来就没有人教会我们把某种价值体系变成我们内心的信念"。同时，在道德教育中，往往会"使许多儿童陷入价值上的混乱，并使他们无法决定应该相信什么"。所以依据价值澄清理论，笔者认为，物理教学中应明确要求学生：第一，树立什么样的道德价值观念；第二，通过师生之间、学生之间道德问题的讨论，使学生理解和区别各种价值观及其异同；第三，选择正确的价值观念去付诸实践。

(三)科尔伯格的道德认知发展理论

美国儿童发展心理学家科尔伯格指出："道德教育的目的是促进儿童自己的道德判断和能力的'自然'发展，让他们用自己的道德判断控制他们的行为。这种规定道德教育目的的引人之处在于促进发展而非教授固定的准则。它帮助儿童在其已有的发展趋势上迈出下一步，而不是以一种额外的模式强加于儿童。"[1]科尔伯格强调在促进道德判断和推理发展的前提下，促进道德判断向道德行为的发展，促进思维与行动的一致。因

---

① 罗俊丽.科尔伯格道德教育理论及其对中国道德教育的启示[J].道德与文明,2008(2):75-78.

此,依据道德认知发展理论,在物理教学中开展德育应注意以下三点:第一,多创设道德两难问题,引起学生大脑道德价值体系的冲突,经过思辨和讨论,发展学生的道德判断能力和整合能力;第二,针对学生思维水平的不齐因材施教,以思维发展和道德判断能力提高为主旨;第三,要引导学生从道德判断能力的提高转变为道德观念的建立,进一步促进道德行为的成熟。

当然,各个流派都对道德观念的培养具有指导意义。但是各种理论都有它们的局限性,只有将这些理论方法综合起来运用到物理教学中,才能更好地培养学生的道德观念。

四、初中物理教学中德育的基本内容

物理学是一门以实验为基础的自然科学。它重视观察和实验,重视理论联系实际。因此,物理实验的操作与物理现象的观察,为培养学生实事求是的科学态度、树立实践是检验真理的唯一标准的观念提供了条件和方法;物理概念的引入、物理规律的得出、物理理论的研究与应用,为培养学生掌握分析问题、解决问题的方法和树立相信科学、应用科学的观念创造了条件;物理实验的有趣、物理现象的释疑、物理规律的应用、物理计算的巧妙、物理科技的前景、物理故事的阅读、物理学家的轶事与物理教具的创制等,都会激发学生的学习兴趣以及求知欲望和追求真理的愿望。

(一)爱国主义教育

1.介绍我国古代文明,增强学生的民族自豪感

在古代的物理学史上,人类取得了许多引人注目的成就,许多研究居世界领先地位,并对古代科学技术的发展作出了杰出的贡献。例如,在战国时期,以我国著名的思想家墨子为代表的墨家学派对物理学的许多领

域进行了可贵的探索,著有《墨经》一书。其中,对力的概念给出了科学的定义,并给出了"力是物体运动状态改变的原因"的科学论断,而且这个论断与近代物理学中力的概念是一致的;对浮力的原理也已有记载,并对物体的沉浮问题给出了物重与浮力平衡的关系,比阿基米德发现浮力定律早 200 年;同时,对杠杆的平衡进行了精辟的论述,而这个论述先于阿基米德发现杠杆平衡条件。此外,《墨经》记载了光的直线传播的观点和世界上最早的小孔成像实验,并讨论了平面镜、凹面镜、凸面镜成像的情况。因此,《墨经》堪称世界上最早的几何光学著作,比欧几里得的光学论著早 100 多年。又如,东汉哲学家王充在《论衡》中记载了世界上最早关于电的知识;宋代科学家沈括在《梦溪笔谈》中指出了地磁偏角的存在,比哥伦布横渡大西洋发现新大陆才观察到的磁偏角要早 400 多年。英国科学家李约瑟在他的《中国科学技术史》的序言中写道:"中国在公元 3 世纪到 13 世纪之间保持了一个西方所望尘莫及的科学知识水平。"[1]不过,我国近代在封建主义、帝国主义的压迫下是落后的。

2.介绍中华人民共和国成立后科学技术的发展和近代物理学家的成就,增强学生的民族自信心

在近代物理学史上,我国物理学家叶企孙于 1921 年测得 $h=(6.556\pm0.009)\times10^{-27}$ 尔格·秒与普朗克恒量现代最准确的数值 $h=6.625\times10^{-27}$ 尔格·秒相差甚少,而且他测得的这一数值,在国际上被引用了十年之久,具有一定的历史价值;吴有训是我国开创近代物理学研究的奠基人之一,于 1924—1926 年在芝加哥大学以实验证实了康普顿效应;赵忠尧在 20 世纪

---

① 刘伟光.我国传统文化中的科学精神与人文精神[J].才智,2013(8):222.

30年代对于正负电子对湮灭辐射的研究比安德逊发现正电子更早；钱学森是火箭导弹航天事业的开拓者，被美国航空工程家冯·卡门称为"火箭技术领域一位最伟大的天才"；钱三强为我国原子能科学事业作出了卓越贡献。早在1946—1947年间，他就在法国发现了铀裂变时有三分裂和四分裂现象。后来，法国物理化学家约里奥·居里在他归国时的鉴定上写道："我仍可以毫不夸张地说，近十年来在我们指导下的这一代科研人员中，钱三强是最优秀的。"此外，我国物理科学家在航天技术、超导体和超导体材料的开发与应用等方面也取得了举世瞩目的成就。

在教学中，结合教材有关章节，陆续穿插介绍我国在物理学方面对世界的杰出贡献的内容，不仅可以激发学生学习物理的兴趣，而且能使学生了解祖国灿烂辉煌的文化和我国物理学工作者在物理学上的卓越成就。同时，每一个中国人都应深信，具有悠久历史的中国物理学一定能迅速赶上乃至超越世界先进水平，中国物理科学家必将为世界科学技术的发展与繁荣作出新的贡献。

3.介绍科学家热爱自己祖国的故事，激励学生为建设祖国而学习

在授课中，要给学生讲钱学森、李四光等科学家的故事，讲述他们在中华人民共和国刚刚成立的时候，毅然决然地放弃了国外优厚的生活，冲破重重阻力，回到祖国怀抱。钱学森为了报效祖国，多次遭遇迫害，被监禁在孤岛上长达五年，在一切书籍被没收的情况下，仍把资料强记在脑子里，终于胜利地回到祖国。在我国西部，一大批科学家、青年知识分子为了我国的航天事业，在荒无人烟的大沙漠上奉献一生，使我国的航天事业得到飞跃发展并居于世界前列，为中华人民共和国成立后的科技发展作出了不可磨灭的贡献。此外，可以给学生讲工程专家詹天佑和桥梁专家

茅以升的故事,使学生懂得科学家不仅有丰富的科学知识,而且有满腔的爱国热情,从而树立民族自信心和自豪感,借以激发学生的爱国主义思想。

(二)辩证唯物主义教育

1.物理学史是一部唯物主义与唯心主义斗争的历史,蕴含着丰富的辩证唯物主义内容

物理学的发展史告诉人们,人类对物理概念和物理规律的认识是在生产实践和科学实验中逐渐形成与发展起来的,认识是物质的产物,不是唯心论所说的是思维的产物。比如,物理学家对光的本性的认识经历了一个曲折发展、螺旋上升的过程,使"否定之否定规律"得到了充分体现。光的本性是波粒二象性,实际上就是矛盾的对立统一性。从对光的本性的认识的过程中可以看出,物理学的发展是一个继承与突破交互作用的辩证过程,既包含着进化式的量的积累,又包含着飞跃式的质的变革。实际上,物理学的每一个重大突破都是以积累和继承为前提的,同时,包含着对旧观念和旧理论的批判与扬弃,是集体智慧的结晶。

教师在向学生介绍物理学史时渗透辩证唯物主义思想,有助于培养学生辩证唯物主义世界观,使学生逐渐学会运用马克思主义观点、方法分析处理问题,从而把学生塑造成一个自觉的辩证唯物主义者。

2.在讲授物理定律、定理等知识时,对学生进行唯物主义辩证法教育

每一个物理概念、定律、原理都是对物理事实的本质属性和内在联系的概括、总结和升华,是主观与客观的统一。因此,物理教师不仅要讲清楚物理学的概念、定律和原理,而且要让学生掌握正确的思考问题的方法,从而学会马克思主义辩证唯物主义的立场观点和方法。比如,在讲光的衍

射时,光的直进规律和光的衍射规律是物理上质的不同。这个质变是由障碍物或孔的尺寸这个量变引起的——当障碍物或孔的尺寸跟光波波长相差不多时,光就会发生明显的衍射,孔后所应照亮的面积远大于光按直线传播所应照亮的面积,从而说明各种事物的量都有一定限度,量变超过了这个限度,事物的质就会改变,而没有一定的量变,就不可能发生质变。这正是自然界事物发展的普遍规律——量变与质变规律。

又如,在上复习课时,教师要善于发掘教材内在的统一性,把纷繁复杂的现象、概念、公式、定律、原理等物理知识,在为数不多的几条基本原理的指挥调度下,组成一个井然有序、简单明了的物理体系讲给学生,促进学生产生认识上的飞跃。这样,通过正确的讲授方法,在潜移默化中让学生逐步树立马克思主义的世界观。

3.在传授物理思想和研究方法时,对学生进行辩证唯物主义教育

物理是整个自然科学和现代化技术发展的基础,其中包含很多科学的思想和研究方法,如运动的思想、守恒的思想。在教学中,教师可以充分挖掘这些素材,对学生进行唯物主义辩证法教育。

比如,教师可以通过分子运动论中物质是由大量分子组成的以及原子物理中原子结构的教学,使学生对客观世界的物质性有深入的认识;在讲授运动学时,选取不同的参考系描述同一运动其结果并不相同,充分体现"运动是绝对的,静止是相对的"这一唯物主义辩证法思想;而万有引力定律揭示了宇宙中天体运动的奥秘,对此教师可以用它联系人们对宇宙认识过程中出现的地心说、日心说等学说,对学生进行教育,使学生正确地认识事物发展的艰辛。此外,在物理学中还存在着一种守恒的思想,如能量守恒、电荷量守恒。在讲授这些知识时,要注意向学生渗透这种思想,

让学生认识到守恒是自然界中普遍存在的规律。让学生树立这种思想,可以加深学生对知识的理解。

(三)科学人生观、价值观教育

科学家从事科学研究的过程是一种特殊的社会文化活动,而许多科学家的一生都致力于科学研究,且表现出对人的价值和人的理想的极大重视。此外,对人文精神的执着追求,处处重视人的价值,孜孜不倦地追求社会的和谐发展,是科学精神和人文精神结合的楷模。所以在教学中,教师要以此为契机,对学生进行价值观、人生观的教育。

世界上许多物理学家为追求、坚持、捍卫真理而不断斗争,甚至付出生命。为了宣扬日心说,伽利略等人不畏强暴,坚持真理,直至受到教会的不断迫害。在宣判结束时,他还在说:"地球还是在动呀!"牛顿则大胆地将地面上的物体间的相互作用推广到天体,提出了具有划时代意义的万有引力定律。第谷从堆满屋子的记录纸中发现了别人没有注意到的天穹的千变万化;他的学生开普勒从这堆密密麻麻的星图中总结出了开普勒三定律。法拉第对电磁感应现象的研究也是十年磨一剑,最终发现了电磁感应定律。居里夫妇为了寻找放射性物质,在简陋的棚屋里,冒着生命危险,从成吨的铀矿渣中分离其含量仅占百万分之一的新元素。爱因斯坦虽然在第二次世界大战时期写信给当时的美国总统罗斯福,说服罗斯福建造原子弹,以加快消灭德国纳粹。但第二次世界大战后,他又从人类良知和社会责任感出发,积极从事阻止核战争的各项事务,建议各国和平利用核能,不要把核能用于战争。这些举不胜举的科学事例,使学生在学到科学知识的同时,思想亦不断受到熏陶,为其今后从事科学事业打下了良好的思想基础。

五、初中物理教学开展德育的途径和方法

(一)提高自身素质,做好品德示范

教师要以自身良好的师德教育人,以文明的习惯引导人,以严谨的作风熏陶人,以和蔼的态度吸引人,言传身教,乐为人师。要做到既教书又育人,就应该清除"课内教书,课外育人""只管考分高低,其他一概不管"等错误认识。此外,每一个学生都希望他的物理教师是一位积极上进、为人正派、满腔热情、认真负责的好教师,而且每一个学生都希望在一位师德高尚、学业精湛的物理教师的教育和熏陶下学习物理知识。教师要为学生树立良好的榜样,因为教师的示范作用是最好的教育,榜样的力量是无穷的。

(二)挖掘教材中的德育教育因素,编制具体章节的德育目标

初中物理教师要深刻理解与掌握《中学物理教学大纲》和《中学德育大纲》两个大纲中对德育的要求,要挖掘出教材中德育的内在因素,以便把它转化为课堂教育的实践。此外,在编制每节课的知识、能力技能目标时,应同时编制德育目标。教师应根据物理教学目标中德育目标的要求和教材中的德育内容,收集有关资料,编制好每节课的德育目标,并落实在每节课的教学过程中。

(三)在课堂教学中有机结合,渗透德育

课堂教育是素质教育的主阵地。将德育内容与知识内容、能力培养三者有机地结合起来,其方法是多种多样的,主要有以下几种。

1.潜移默化

在进行辩证唯物主义教育时,不空洞地讲解哲学原理,而是将哲学原理寓知识的讲授之中。例如,在讲电场、磁场时,不大讲世界的物质性,而

要讲清场的物质性。还有在讲力的概念时,可不讲施力物体与受力物体的对立统一,但要讲清三点:力是离不开物体的;施力物体和受力物体是同时存在、同时消失的;在研究对象变化时,施力物体和受力物体可以相互转化。

2.采用不同的教学方式

根据不同的教学内容与德育素材,选用不同的教学方式进行教学。对于科学方法,要结合知识内容给予传授;对于我国古代、现代物理与科技成就以及物理学家追求真理、无私奉献的精神,则要通过适当的讲授进行教学;在传授诸如噪声的防止、能源开发和利用、光的本质等德育内容含量较高的课程时,可以让学生进行讨论,突出学生的主体意识和能动性,使其在讨论中受到教育;对于一些规律发现课,可以采用合作或探究的课堂教学方式,突出学生的主体作用,培养学生的合作能力和探究能力,体验科学探究的过程与方法,激励学生勇于探索新知,感受科学探究的艰辛;习题训练课是物理教学中巩固知识和培养能力的重要一环,因而教师在进行习题训练时,可以通过一题多解、一题多变、一题多议、多题一解的变式训练,培养学生善于思考、自觉探索的习惯和方法,不断扩大知识的广度和深度。

3.运用实验

教师的演示实验和学生的动手实验是对学生进行真理的客观性教育的最有力的手段,教师要认真规范地抓好实验教学。针对新教材实验较多的特点,可以让每一个学生写好实验报告并进行评分,培养学生尊重事实、实事求是的观点;还可以让学生从认识论的高度去体会科学家认识过程的规律性。此外,可以通过实验方法的设计、实验操作的设计、实验现象的理解、实验结果的分析,培养学生辩证唯物主义的精神,即勇于探索,大胆猜想,不拘泥于常规,提倡创新。

4.应用现代信息技术

教师应充分利用现代信息技术和多媒体设备丰富课堂德育,可以下载一些音频、视频材料,创设情境,丰富教学。

(四)德育教育要做到课堂与课外相结合

除了课堂教学之外,还可以在课外活动中对学生进行熏陶和感染,达到育人的目的。课外的重点是让学生做好研究性学习在学科中的渗透,通过搞好研究性课题的工作,使一大批学生在活动中培养自我教育的能力,同时,促进学生的自我评价,并在对照中深化自我,确定有社会意义和个人价值双重意义的集体目标。此外,在研究性学习的活动中,可以增进学生之间的友谊,培养他们勇于探索、不断创新的精神和合作精神,沟通师生的关系,最大限度地发挥德育功能。

六、初中物理教学开展德育应注意的几个问题

初中阶段是学生形成世界观、人生观、价值观的关键时期。在这一时期,学生思维活跃,易接受新鲜事物。因此,教师抓住这个有利时机,开展德育很有必要,但要注意以下四个问题。

第一,一定要从教材的内在思想性出发,结合教材内容和时代要求,有针对性地进行渗透,切忌漫无边际,也不能空洞地说教。

第二,要求教师具有辩证唯物主义的立场、观点、方法,处理好教材的德育与智育的关系,注意自身的言行,使言传与身教相辅相成。同时,对学生进行的德育教育内容,自己应首先达到要求,注意言传身教。

第三,教师在教学中应注意围绕课堂教学积极创造条件,适时适度地

进行渗透,注意课内与课外相结合。

第四,要注意德育渗透的整体性和立体性。

苏联教育家马卡连柯说:"对一个人不能一部分一部分地进行教育。"因此,对学生的教育,要考虑各具体德育目标的联系,选择合适的方法、途径,发挥整体作用。比如,可以使学校教育、家庭教育和社会教育有机结合,形成立体德育网络。这是当前德育发展乃至整个教育发展的趋势。在形成立体性德育网络教育思想的指导下,要充分发挥学校教育的优势,抓好学科德育教育渗透。如此,学校才能够培养和塑造出时代所要求的具有新的素质、新的精神面貌的一代新人。

总之,学生的道德观念不是自发形成的,需要教师的精心培养和教育。因此,教师要加强进行德育教育的自觉性,认识到进行德育教育的重要性,充分发挥自身学科的德育功能,认真钻研教材,挖掘教材。同时,在课内和课外进行德育教育,帮助学生树立正确的人生观、价值观,培养他们的爱国热情和刻苦钻研、不屈不挠、勇于探索的优秀品质。

第四章　创新思维的启发与培养

在初中物理课程中,学生们能够接触到比较基础的物理知识,形成对物理学科的初级认识。因此,初中阶段是培养学生创新思维的重要阶段。随着新课程改革的推行,教学目标越来越强调创新思维的培养。探寻和研究培养初中物理学中的创新思维已经成为教育工作者的重要任务。

在物理教学过程中,教师的正确引导能够在很大程度上激发学生进行创新的兴趣。而在传统的教学方式当中,教师只是简单地把物理知识传输给学生。但随着社会的不断发展,我国教育必须逐渐改变这种教学方式。物理学科与人们的生活联系紧密,教师在激发学生创新兴趣的时候,可以结合生活实际进行。具体来说,激发学生创新兴趣的主要方式包括三点:第一,帮助初中学生复习已经学过的知识,夯实物理知识基础。因为"吃透"物理知识是学生进行创新的基础,只有完全理解物理知识,学生才有进行创新的能力。第二,在讲述物理知识的过程中,教师应该配合习题,让学生学习如何利用物理公式与物理理论等。第三,初中学生对故事的兴趣比较浓厚,故事能够极大地引起学生的兴趣,所以物理教师可以利用故事引起学生的学习兴趣和创新兴趣。例如,教师在带领学生学习物质的液化、凝固、升华、凝华等物态变化之前,应该先帮助学生复习旧课,即物质的三态——固态、气态、液态;同时,帮助学生复习温度测量的步骤、技巧与注意事项。在复习完旧课之后,学生能够更好地理解三种物态。因此,当教师讲授新课时，学生能够很快地理解，不会出现困惑。如果教师不引导学生复习旧课，那么在学习物态变化时，学生很可能已经忘记了固态、气态、液态具有什么特征。如果学生在学习过程中具有较高的兴趣和好奇心，那么教师可以引导学生做一做书上的练习题；如果发现学生的学习情绪并不高涨，那么可以讲述一些小故事。这些授课流程能够帮助学生扎实地掌握物理基础知识，同时，对于学生进行创新亦大有裨益。

想象力是学生进行创新的基础能力。纵观物理学科中具有创新成果的物理学家的成长经历，发现他们都进行过大胆的猜测，可见大胆的猜测对创新何等重要。在授课过程中，初中物理教师要注意给学生提供宽松的课堂环境，鼓励学生进行联想和想象，让学生大胆地提出问题，克服学生的恐惧心理，鼓励学生进行探索。首先，初中物理教师要改变自己的心态，把初中物理课堂中师生关系改善为合作型的关系。教师不要以主宰者的心态和方式与学生相处，而应以引导和沟通的方式与学生合作，营造宽松的课堂环境，鼓励学生进行探索，共同完成物理知识的传授和学习。例如，在学习光的性质与透镜时，教师在讲授完光的折射、反射、漫反射等基础知识之后，会带领学生学习凹透镜、凸透镜、平面镜的成像原理。此时，教师不要直接把凹透镜、凸透镜、平面镜的成像原理告诉学生，而应提出一些问题，如问学生对凹透镜、凸透镜、平面镜的成像过程和成像原理是怎么认识的，一些学生可能会说是因为光的直射，一些学生会认为是光的反射，也有一些同学会分不同情况来理解凹透镜、凸透镜、平面镜的成像过程。这时，教师应该鼓励学生说出自己的看法，不论对或错，都应给予鼓励。学生说出自己的看法之后，教师再带领学生探究凹透镜、凸透镜、平面镜的成像过程和成像原理。

实验是物理学的支撑,可以说没有实验的物理是苍白的。因此,教师在物理课中一定不能够忽视实验的作用。相对于教材,初中学生对实验更加感兴趣。物理实验是吸引初中学生注意力和提升初中学生创新思维的重要部分,所以教师应巧妙地运用物理实验的作用。物理与生活密切相关,生活中的大部分现象都可以用物理知识来解释。教师可以利用生活中的现象和容易取得的物品,带领学生进行实验。生活中的实验大多生动有趣,对于激发学生的创新思维具有积极影响。例如,教师在带领学生学习力的知识时,可以利用力的知识来解释生活中的很多现象,很多物品可供学生选择进行物理实验。比如,教师可以让学生左右手用力相击,学生会觉得左手和右手都很疼,借此教师能够生动地向学生解释力的作用是相互的。生活中此类的例子还有很多,教师应该鼓励学生不断地探索和发现。此外,教师作为课堂的主导者,应该正确认识学生创新思维的重要性,并采用正确的方式培养初中学生的创新思维和创新能力;初中学生也应该认识到创新思维和创新意识的重要性,在学习物理基础知识的过程中,不断探索,不断创新,发现不一样的东西。

第一节 创新思维在初中物理教学中的意义

一、创新思维的认识论意义

传统的认识论与思维科学的一个共同的不足就在于没有把二者深度地结合起来。主体的认识活动是一个复杂的系统过程,具有多层次、多环节的活动内容。而人类认识活动发展的内在本质与核心在于思维创新。思维创新是主体认识活动发展的内在逻辑前提、动力机制和内在尺度。把思维创新置入认识论视域进行系统深入的研究,对于深化认识活动的能动性研究、内在机制研究和拓展认识论研究的深度领域,具有深远的意义。

近年来,我国认识论研究取得了许多成果,出现了许多新的理论研究方向和理论生长点,蕴含着认识论发展的突破。从其微观层面来看,我国哲学认识论正从传统的一般认识论向思维科学与认知科学包括人工智能、心理学机制等领域进行拓展。这展示了哲学认识论研究正向其深度或内涵空间方面的发展,开拓了哲学认识论研究的深层次视域。思维创新已成为近年来哲学认识论研究的重要前沿领域之一。因此,不难理解,探讨思维创新的认识论意义,对于推动我国思维创新的认识论研究是十分必要的。

(一)概念

思维学研究可以说从来就属于认识论研究范畴。在很多情况下,人们可以把思维简单地等同于认识来理解。因为人的认识过程本质上就是一个思维过程。认识论作为研究人的认识本质及其发展过程的哲学理论,无疑包括研究人的思维运动。

但任何概念的理解与运用在不同的语境或理论框架中是有差异的。从严格意义上来看,人们认为思维与认识是有差异的。思维概念更侧重于主体角度的表达,即反映了主体内在头脑的意识存在;而认识更侧重于主体与客体互动关系的表达,即反映了主体的主观意识对客体对象的功能把握。或者说,思维更突出主体认识活动过程的内在层次与核心,而认识则反映了主体认识活动的整体过程与全貌。对于思维与认识这两个概念的差异性,可以通过认识的广义与狭义两种方式来表达,即狭义的认识与思维是同一概念,而广义的认识概念则包括思维活动在内。此外,思维作为人类精神活动的特殊现象,其不同学科的研究意义也是不同的。脑生理学把思维作为人脑生理结构的特殊功能来研究,力图揭示思维活动所依赖的生理结构基础;认识论的思维研究则把思维置于整个认识活动过程中,力图揭示思维发生过程的实践基础、主客观矛盾及其社会环境等认识论内容。

简而言之,思维是人类认识活动的核心、内在层次或重要的内在环节。从哲学角度研究人的认识活动过程,就必须深入研究人的内在思维活动。思维研究是认识论研究的重要组成部分。所以在拓展我国哲学认识论研究领域之际,必须重视对思维的理论研究。

我国传统的哲学认识论对思维的深入研究是不够的。长期以来,我国哲学认识论研究局限于一般笼统的抽象层面,即局限于从实践——认识的外观浅层面来研究认识从感性到理性这两个阶段的分析,如实践的本质与特性、包括物质性工具在内的中介要素及其功能、感性认识与理性认识的各自特点及其关系、认识的真理性检验标准,而对人的内在思维活动要素、结构、运动机制与规律尚未真正涉及,缺乏系统而深入的研究。可以说,长期以来,思维一直没有真正进入哲学认识论研究视域,这是传统哲学认识论研究的不足。现代思维科学深化了人们对主体思维活动内在结构、功能特性与运动机制等问题的认识,为人们拓展哲学认识论研究视域与深入研究人类认识活动的内在思维机制提供了重要基础。但现代思维学的研究主要停留于具体学科学层面而没有真正上升到哲学认识论层面,这是现代思维学研究的不足。这同时表明,从哲学认识论视域来系统地深入研究人的思维活动,不仅可能,而且必要。

人的认识活动是一个复杂的系统过程。它具有多层次、多环节的活动内容。人的认识活动结构可以分为两个不同维度的层次：一是它与对象客体相关联的层面，反映了主体以观念形态把握外部客体的外向型认识向度；二是它与主体自我相关联的内在思维结构层面，反映了主体以内在的思维方式建构观念的内倾型认识向度。由此表明，人的认识活动整体过程可以分为两个不同的层次，即内在层次与外在层次。虽然这两个层面都属于主体的主观活动范畴，但这并不否定它们在同一活动范畴内有层次的差异性，正如任何同质的事物可以有其差异的层次一样。在人的整体认识活动过程中，这两个层面是密不可分的，或者说是同一活动过程中的两个不同方面或环节。人的内部思维活动是人的整体性认识活动的内在层次或深层次的结构。人的思维运动是人的整体性认识活动的内在机制与思维根据。人的思维运动不仅形成了人的现实的认识活动过程，而且主体的思维运动方式还会直接影响或制约着主体把握外部对象的认识活动范围与方向。由此不难理解，研究人的思维活动不能离开哲学认识论的研究视域。只有把人的思维活动置于哲学认识论的背景之下，从人的整个认识活动过程中去研究人的内在思维活动，才能更完整、深刻地把握它的运动机制及其发生的系列条件。从传统的认识论理论框架中把思维细划出来而作为一个特定的系统对象或层次来进行深入研究，既有利于深化思维本身的研究，更有利于深化人的认识活动整体结构研究。

人的认识活动无疑是随着实践活动的变化而发展的。认识的发展过程体现为主体通过实践的方式并借助特定的认识工具而在观念上把握外部对象客体本质的层次上的超越。但必须指出的是，人的认识活动的发展不仅直接依赖于实践活动基础，而且直接依赖于主体自身内在的思维运动机制。主体内在的思维运动是其把握外部对象客体的认识活动发展的内在机制与原因。或者说,主体内在的思维创新运动是主体认识活动发展的自身根据与机制。没有主体的思维创新,就不可能现实地展示和实现人的认识活动发展。主体的认识活动发展的内在本质就在于思维创新。总之,人们可以从以下三个方面来深入理解。

1.思维创新是主体认识活动发展的内在逻辑前提

如前面所述,人的认识活动包括两个密切相关的层面,而思维活动是主体认识活动过程中的内在层次。从哲学认识论意义来讲,认识活动作为主体在实践基础上并借助一定的物质中介而以观念的方式去把握外部对象客体的全过程,其活动的发生首先是以主体内在的思维运动为逻辑前提的。主体必须首先要在内在的思维层面展开其特定的活动,才能外化为或展示为主体在实践基础上所发生的并借助特定的认识工具而对外部对象客体进行观念把握的认识活动。这种认识活动过程可以具体地展示为对特定的外部对象客体进行外向型的观念指向运动。如前所述,虽然主体的内在思维运动与其整体的认识活动同属于主体的主观精神活动范畴,并包含在其主体认识活动整体的全过程之中, 但这不能否定二者层次上的差异性。但作为主体认识活动的内在层次或核心,思维创新无疑是其认识活动创新发展的逻辑基础与前提条件。如果没有主体内在的思维创新活动,那么主体那种在实践基础上所发生的借助特定的认识工具而在观念上把握外部对象客体本质的全过程的认识活动之发展显然是不可能的。

2.思维创新是主体认识活动发展的内在动力机制

虽然整个人的认识发展活动之全过程从根本上来说最终由实践活动来推动, 但这种实践方式的推动从某种意义上来说还只是人的认识发展活动的外部动力或外在条件。人的认识活动之发展过程还依赖于它自身的内在动力或条件,即内在的思维运动。从人的认识发展的实践动因来说,思维运动主要来自外部对象客体的客观作用和社会实践需要;但从人的认识活动内在思维活动之动因来说,则显得很复杂。一般来说,人的认识活动作为主体能动的以观念方式把握外部对象客体的活动过程是一种自觉的有目的性的过程,或者说是一种有意识的过程,是主体能自觉意识到的逻辑性程序化过程。而人的内在思维运动过程的要素和机制是很复杂的,甚至渗透着许多非理性的思维因素。例如,现代脑生理学、心理学和思维科学都表明,人的思维活动过程本质上是显意识与潜意识相贯通的整体过程。这种潜意识领域的要素运动虽然不能被自我所自觉地意识到,但客观上确实参与了人的思维运动的整体过程。它与人的显意识层面要素的相互矛盾运动,能激发人的思维运动,形成人的思维活动机制,从而进一步启动人的认识活动,形成以观念方式把握外部对象客体本质的现实认识活动的内在动力或根据。因此,人的认识活动之发展动因不仅要从外在的客观实践活动中去寻找,而且更应该从人的内在思维运动机制中去理解和把握。只有人的内在思维活动方式发生了创新性变化,才能真正实现人的认识活动全过程的创新发展。

3.思维创新是主体认识活动发展的内在尺度

人的认识活动之变化发展是一个具有特定方向和范围的过程。即沿着什么样的方向去发展,在多大程度上或范围内发生变化。一方面固然与人的实践活动方式有着密切的关联,但另一方面也与主体内在思维创新运动过程有着直接的内在关系。这正如人的内在思维活动方式的变革会直接制约着人的认识活动全过程一样,主体的思维创新方式及其程度会决定着主体的认识活动变化发展的方向及其范围和程度。人总是按照自己内在的思维方式来理解或认识事物，从而会进一步调整或改变认识事物的方式、方向及范围。因此，从某种意义上可以说，主体内在的思维创新活动方式成为制约或规范主体认识活动之现实发展方向的内在尺度。

简而言之，主体的认识活动发展的内在本质与核心在于思维创新。因此，要研究人的认识活动的发展过程，必须深入研究主体的内在思维活动。

（二）历史沿革

思维科学在我国近年来的研究取得了很多有价值的成果，但由于没有与认识论研究深度地结合起来，所以限制了其研究视域。人们认为，把思维置于哲学认识论视域进行深度研究，不仅对于深化思维科学理论本身具有重要价值，而且对于深化马克思主义哲学认识论研究具有重要意义。

近年来，我国的马克思主义哲学认识论研究取得了丰硕的理论研究成果。从与思维科学研究相关意义来说，成果主要体现为三大基本方面的研究。

首先，开展了认识图式论的系列研究。我国哲学界自 20 世纪 80 年代中期以来，特别重视对人的认识发生过程的研究，这方面的研究成果集中表现为认识活动的图式论研究。许多学者对瑞士儿童心理学家皮亚杰的认识发生论产生了兴趣，并对人的认识活动过程中的图式结构进行了较深入的研究。他们认为，主体的认识活动之发生的内在原因就在于主体认识活动的图式建构运动。也就是说，主体的认识活动之形成和发展从其内在机制来说，就在于主体存在着一个内在的认知图式结构。这种内在的认知图式结构在许多学者看来是一种由外在实践活动经验所内化而形成的相对稳定的知识结构，是主体认识活动发生的重要内在机制。认识活动的图式论研究，无疑深化了我国认识活动的内在层次研究，拓展了哲学认识论研究的领域。

其次，开展了认识活动系统结构的系列研究。不少学者认为，传统的认识论对人的认识活动的考察过于笼统抽象和简单，仅仅从实践—认识相互关联的层面上对认识活动过程作一般性的描述，而没有对认识活动本身作系统且具体细致的研究。他们认为，认识活动作为一种复杂的过程，本质上是一种系统化活动，具有自身活动过程的具体内涵，是一个有认识活动主体、客体和中介等具体的多层次、多要素、多环节的系统化过程。其中，认识活动主体又具有自身活动要素、层次及其环节。在认识活动主体结构中，语言符号及其概念系统对于认识活动具有重要的功能作用。学界关于认识活动系统结构论研究，实现了对认识活动研究的视角转型，即超越了传统认识论在单一层面上对认识活动进行孤立的一般性描述的研究局限，而把主体认识活动置于系统论视域进行研究，从而可以把握认识活动过程中复杂且具体的多层次、多方面、多环节的系统关系。

最后，开展了社会认识论的系列研究。一些学者认为，以德国哲学家康德、黑格尔为代表的传统认识论自近代以来，只注重从个体角度来研究人的认识活动过程，这是传统认识论研究的一个明显的缺陷。人的一切活动都具有社会性，都是在社会交往活动中发生的，而人的认识活动也不例外。因此，应该重视人的认识活动发生的社会活动机制。这些学者较深入系统地研究了人的认识活动的社会性，开始了一系列社会认识活动研究，如社会本体论、社会理解论、社会评价论和社会认识进化论。人们认为，社会认识论研究改变了传统认识论研究的视角,超越了传统认识论研究的个体局限,开拓了现代认识论研究的视野,实现了认识论研究的一个重要视角转向,即把人的认识活动置于广阔的社会活动视域进行全面的深入考察,这无疑是很有意义的。

虽然在认识论研究领域取得了上述丰硕的理论成果,为人们在新的历史条件下深化认识论的研究奠定了很好的理论基础,但是不难看到,以上研究领域及其研究成果都存在着一个共同的遗憾或不足,即没有结合现代思维科学研究成果来进行,或者说没有把现代思维科学研究成果置于上述认识论研究的视域内进行考察,以便把人的思维活动研究与人的整个认识活动过程研究深度地结合起来,把现代思维科学研究与现代认识论研究有机地结合起来。如前所述,人的内在思维活动是人的整个认识活动过程中的核心层面或环节,脱离了人的认识活动的思维研究与脱离了人的思维活动的认识活动考察,都存在着同样的缺陷。因此,人们认为,在新的历史条件下,应该在继承与总结理论成果的基础上,把人的思维活动研究与人的整个认识活动过程研究深度地结合起来,把现代思维科学与现代认识论研究有机地结合起来,即把人的思维活动置于哲学认识论的研究视域内而进行深入系统的考察。人的思维创新活动研究同样也不例外,即必须把它置于哲学认识论研究视域内进行深度分析。这样不仅有利于思维科学本身研究的发展,而且有利于认识论本身的深入分析。因此,对思维创新进行认识论的考察具有重要的认识论意义。总之,人们可以从以下几个主要方面进行深入理解。

1. 深化认识活动的能动性研究

众所周知,马克思主义哲学认识论是能动的革命的反映论。在实践的基础上强调主体的认识活动能动性，是马克思主义认识论的重要特征。虽然康德和黑格尔都对主体认识活动的能动性有过较深入系统的分析，但他们的认识论都有一个根本缺陷，那就是脱离了主体的实践活动考察，而陷入了唯心主义泥坑。因此，他们所讲的认识活动能动性不是主体认识活动的真正的现实能动性。而马克思、恩格斯把人的实践活动引入认识论，以实践的观点来考察人的认识活动，从而实现了认识论的革命，使人的认识活动能动性获得了真正现实的基础。然而，必须指出的是，人们应该在新的历史条件下，以实践为基础，深化认识活动的能动性研究，即深入研究主体认识能动活动的内在思维机制。限于历史的局限性，虽然康德、黑格尔在唯心主义基础上对主体的概念、理性范畴等主观活动的能动性有过深入论述，但缺乏对人的思维活动机制的具体而系统的科学探讨。

新的历史条件为人们在认识论视域对人的认识活动内在思维机制的研究奠定了重要基础。而人本质上是一种具有创造精神的能动性的生命存在物，并且人的生命存在无疑是通过实践活动方式来实现的。但从逻辑的关系意义来说，人的生命存在的能动性就根源于他的思维创造能动性。正如马克思所指出的，人"具有有意识的生命活动……有意识的生命活动把人同动物的生命活动直接区别开来。正是由于这一点，人才是类的存在物"。①从某种意义来说，人与动物的本质区别就在于人是一种有着思维意识活动的生命性存在。正是人的这种思维意识活动的创造性，赋予了其现实活动的创造性，从而与动物的本能活动区别开来。马克思深刻地指出："动物只生产自身，而人在生产整个自然界……动物只是按照它所属的那

---

① 赵秉峰.马克思主体性思想的基本内涵及其当代价值[J].理论观察,2016(3):9-10.

个种的尺度和需要来建造，而人却懂得按照任何一个种的尺度来进行生产，并且懂得怎样处处都把内在的尺度运用到对象中去。因此，人也按照美的规律来建造。"①而人之所以能使他的现实生命活动与动物的本能活动区别开来，并不在于他们活动的现实的物质客观性，而在于人内在的有创造性的思维意识活动。"蜘蛛的活动与织工的活动相似，蜜蜂建筑蜂房的本领使人间的许多建筑师感到惭愧。但是最蹩脚的建筑师从一开始就比最灵巧的蜜蜂高明的地方，是他在用蜂蜡建筑蜂房以前，已经在自己的头脑中把它建成了。劳动过程结束时得到的结果，在这个过程开始时就已经在劳动者的表象中存在着，即已经观念地存在着。他不仅使自然物发生形式变化，他还在自然物中实现自己的目的。"②这就是说，人的思维意识活动的创造性是人的现实创造活动的内在根据。或者说，思维创新正是主体实现自己本质力量对象化或外化的实践活动的内在动因、动机或直接根据。

　　人的思维意识活动的创造性最能体现人的能动性活动的本质。而人的思维创新作为主体活动的内在动机或动因，可以从两个方面得以展示：一是从认识活动层面来说，它是主体整个认识活动过程发生的直接的内在动因；二是从其现实实践活动来说，它是人的实践活动发生的内在主观条件。如前所述，就其前者来看，主体的整个认识活动过程可分为两个层面，而作为其内在环节或核心层次的思维创新活动，无疑成为其整个认识活动创造过程直接的内在动因或机制；就其后者来说，人的实践活动作为一种由多因素、多方面、多环节所构成的复杂过程，它本身就包含着主体

---

① 李海霞.探析马克思的实践思维方式[J].今日湖北：下旬刊，2015(6)：149.
② 牛欣芳.论动机和效果[J].东岳论丛，1981(5)：46–51,57.

的思维意识活动环节。正是因为主体的实践活动内在地包含着主体主观思维活动环节，所以才赋予了其实践活动的目的性、创造性等能动性特征，从而使"把内在的尺度运用到对象中去"，"在自然物中实现自己的目的"。

辩证唯物主义认识论作为一种科学的能动的反映论，必须深刻地揭示和体现认识活动的能动性本质，即对主体自身实践活动的内在思维机制进行深入具体的揭示，从而使以实践活动为基础的马克思主义认识论获得更为科学的深刻基础。因此，在认识论视域中系统地深化思维创新活动研究，有利于深刻揭示人的认识活动之能动的内在机制，从而更深刻地体现辩证唯物主义认识论的本质特征。

2.拓展认识论研究的深度领域

理论研究的层次或维度应该随着人们认识活动能力的发展而不断深化，科学理论研究领域也同样随着人们认识能力的提高而不断得以细化。这既是科学理论研究发展自身的逻辑必然，也是反映其发展程度的重要标志。从现代认识论发展来看，人们近年来拓展了认知图式论、认识活动系统结构论和社会认识论等领域，并取得了丰硕成果，但不难看出尚有一些有待于进一步深化研究的问题。例如，没有从认识论视域中去具体深入地研究人的思维创新活动，不能不说是一种缺陷或不足。钱学森曾经在谈到思维科学与认识论的关系时指出："思维科学发展了。这里说的认识论也将大大发展深化，绝不限于经典的认识论了。经典认识论没有包括人脑活动的细节，因而没有新的将要发展思维科学的基础。停止在思辨的阶段，局限性比较大。"[①]在钱学森看来，传统认识论由于没有深入到思维科

---

① 钱学森.现代科学的结构——再论科学技术体系学[J].哲学研究,1982(3):19-22.

学领域进行深入研究而具有局限性,那么随着思维科学领域的深化研究,必然会促进认识论研究的向前发展。如前所述,人的整个认识活动过程与其内在的思维活动是密切相关的,研究人的整个认识活动不能缺乏对其内在思维创新活动的深度分析。因此,把作为人的认识活动发展过程中重要的内在环节的思维创新活动细化出来,将之作为一个相对独立的研究对象而在认识论视域中进行系统的深入研究,无疑是在深度上拓展了认识论研究领域,深化了人们研究人的认识活动新视域。

3.深化认识活动发展的内在机制研究

虽然学界在认识论研究领域有了上述许多新的拓展和成果,但人们认为仍存在着有待去进一步深化的问题。例如,就认知图式论研究来说,虽然它的研究涉及了范畴、概念、知识和语言符号等因素结构的研究,并将这些因素结构的研究置于与外部环境的同化和顺应的关系中进行,深化了认识活动发生的认知机制,但人们认为这与思维创新研究的维度及其结构还是有些差异的。认知图式论的研究更侧重于以同化与顺应的方式探讨主体内在认知结构与主体实践环境相互作用的关系,而思维创新活动的研究更侧重于从思维活动自身内部的要素及其结构的创新运动机制来进行考察,从而更突出主体认识活动自身内在的创造机制特性。不仅其内在的构成要素及运动的具体机制与认知图式有所差异,而且其研究的维度和视域也是不同的。因此,有必要结合认知图式论研究成果去深入研究人的思维创新活动。这无疑可以进一步深化主体认识活动内在机制研究。就认识活动的系统结构论研究来说,虽然它克服了传统认识论局限于从一般角度对认识活动过程进行描述性分析的缺陷,将认识活动过程细化为一个诸如认识主体、认识客体和认识中介等多方面、多环节所构成的活动系统来进行考察,拓展了认识论研究的视域,但人们认为这种考察从某种意义上讲,仍停留于对认识活动系统一般层面的分析,尚未深入到主体内在的思维运动层面进行深度研究。事物系统的结构要素是多元层次的,而构成系统组成部分的诸要素本身也是一个复杂多元的系统,即母系统中的子系统。对系统要素的子系统进行深入、系统、具体的把握,本身是深化对事物系统内部结构的认识,对于深化系统的全面认识是十分重要的。因此,人们认为,如果结合认识活动系统论研究成果进一步深入研究其内在的思维创新运动,那么无疑深化了认识活动系统的内在运动机制研究。

二、初中物理与创新思维

物理课是一门贴近生活又应用于生活的学科。当一道道源于生活的抽象问题摆在你面前时,尽管已经绞尽脑汁,但仍想不出答案,这便是物理学科带给好多人的感受。

这就要求教师在教学方法上有所改变,促使学生由被动学习转为自主学习,努力培养他们主动学习与自主探究的意识。物理学科本身是比较抽象的。因此,教师更应该注意教学方式的多样性,要以物理知识为载体,培养学生的学习兴趣,让学生养成自主思考的习惯。在物理教学中,这些是培养学生创新思维能力的必备条件。

(一)培养学生创新思维的重要性

随着社会的不断发展,具有创新思维的人能够从容地应对多变的市场环境,抢占商机。那么,在中学时代,如何通过对物理学科的学习让学生培养起创新思维能力,不仅是教师要关注的事情,而且是国家和社会应关注的问题。

（二）如何培养创新思维

1.鼓励学生自主探究,培养学生的创新能力

教材上的探究实验是指针对一些重要的定律和原理，让学生进行探究并得出结论。但在实际教学中,有的教师替学生设计好了实验步骤,甚至做成演示实验。如此一来,学生成了旁观者。这种方式不利于学生创新能力的培养。因此,要鼓励学生动脑、动手、动口,充分发挥学生在探究过程中的主体和中心地位，让学生亲身经历实验过程，对未知结论进行探索，激发学生的思维状态,认识到这些物理实验反映的物理本质,从而认识并形成正确的物理规律,培养学生的创新意识。

2.注重课外活动中学生创新思维能力的培养

事实证明,要培养出创新人才,就必须充分体现出实践的魅力。要让学生通过自己的实践摸索出一套发现问题、研究问题、解决问题的方法。这是培养创新思维能力的关键。初中物理课外实践活动是指在课堂之外,有目的地、有计划地、有组织地安排各种物理教学活动。这是物理教学工作计划的有机组成部分,其内容极其丰富,且与现代生活、科学技术有密切的联系。因此,它不仅能为学生提供丰富的知识,为学生建立认识概念规律奠定一定的基础,为学生巩固、深化和灵活运用知识创设新的学习阵地,还能从各领域开阔学生的知识面,激发学生积极学习的动力。虽然课外活动是以课堂教学为基础的,但又不完全受教学大纲的限制。因为它要求面向大多数学生,却不要求每一个学生从事一样的活动,而是从各方面为学生提供学习、实践和创造的机会,使学生根据自己的兴趣、特长来选择适合自己发展的活动,从而在活动过程中充分发挥思维能动性,创造出新的产品,如科技小论文、科技作品、小发明,使他们在感受到成功喜悦的

同时,进一步锻炼创新思维。

3.依据学生实际情况,因材施教

教育的目的在于针对学生的实际情况因材施教,不断提升学生水平,缩小学生之间的差距,从而使学生的能力得到培养和提升。这就要求教师在教学中,一方面要努力使全体学生达到教学计划和课程标准规定的最基本的教育目标和教学要求,另一方面则应创造条件,调动学生学习的积极性和主动性,让学生自己积极主动地开动思维,举一反三,加深其对所学知识和内容的理解,并在这种自我开拓的过程中使自己的学习能力得到锻炼和提高。

所以教师在物理教学中,应认真贯彻因材施教的原则,注意研究学生的学习基础、实际水平、心理特征和认知规律,从学生的实际水平出发,设法提高学生的自信心和学习物理的兴趣,调动学生学习物理的积极性和主动性,使学生能够积极主动地获得知识和提高能力。

在教学中,教师要启发学生积极开动思维,养成独立思考的能力和习惯,掌握正确的学习方法和养成良好的学习习惯。同时,在教学过程中,讲解不求过细,要留给学生充分的独立思考的时间,鼓励学生独立地钻研问题和解决问题。此外,要教育学生自己归纳所学到的知识和方法,经过独立思考,达到融会贯通,形成正确的认知结构,提高自学能力。教师的责任是教会学生学习,而不是代替学生学习。

第二节 创新思维在初中物理
教学中的启发与培养

近年来,随着素质教育的全面推进,培养学生的创新思维能力已成为学科教育的重要目标。初中物理这门学科具有较强的创新性和实践性,对于学生创新思维能力的培养有着得天独厚的条件。因此,在初中物理教学过程中,教师应创新教学方法,发挥学生的主体作用,引导其积极思考和探究,着重培养学生的创新思维能力,以全面提升学生的物理综合素养和综合素质。

目前,科学技术持续发展,对于社会各领域来说,在发展需求方面,呈现出逐步提升的态势。尤其是物理知识,在社会持续发展中起到了根基性作用。现阶段普遍面临着课程方面的改革,而要想真正实现较为良好的初中物理教育,在初中物理教学开展的过程中,迫切需要创新思维。只有这样,在新时期背景下,才能真正实现较为良好的人才教育。

现阶段,我国大力提倡课程方面改革,为未来社会发展提供有力基础。在初中物理教学过程中,需要不断加强创新思维能力的探究。只有这样,才能满足新时期的人才要求,提升学生的物理素养。而对于新课程改革来说,不仅需要教材整合,还需要进行教学手段的创新,需要彻底打破传统方法,注重加强技能渗透。

创新思维能力的培养是新课程改革的重要内容,是素质教育要求下必须实现的教育目标,是全面落实素质教育的表现,有利于促进学生的全面发展。同时,学生对于物理知识的学习,是对自然现象和规律的探索。在这一过程中,培养学生的创新性思维能力,有助于深化学生对物理知识的理解与应用,促进学生物理思维能力的提升,从而为学生后期的物理学习打下坚实的基础。另外,培养学生的创新思维能力是时代发展的要求。科学技术是第一生产力,而科学技术的发展需要创新型人才作为保障。因此,培养创新型人才成为学校教育的主要任务。学生只有具备创新思维能力,才能顺应时代发展,在未来复杂多变的人才竞争中脱颖而出。

一、借助现代化手段,积极组建新型的教学方式

面对当前新课程改革,教师需要注重加强理念方法的创新。为了达到优质的教学目的,应加强教学模式合理建构。只有以新型教学模式为依托,才能充分建构方法理论和策略,同时,在知识经济背景下,才能真正在世界观方面彼此有机协调。新型教学模式一方面应涵盖合理课堂授课,另一方面须涉及融洽师生关系。而在进行传统教学的过程中,被动特征较为鲜明,在很大程度上讲,课堂环境过于单调乏味。在师生关系方面,往往较为局限于传统定位。学生在课堂之上往往被动地进行学习,"填鸭式"方法占据主导。教师的课堂行为,在开放式沟通方面与多元化知识建构方面往往会有所不足。

对于新型教学模式,要想实现科学有效建构,在民主意识方面,则需要注重加强学生培养。无论是课程设置还是话语引导,都需要充分遵循平等民主原则,如此,学生的自我见解才能得以有效凸显。借助于开放式情境,课堂氛围才能够更加活跃。但要想真正实现新型环境建设,一方面教师应该加强充分引导,另一方面应针对信息反馈方式加大开放式点评。尤其是关于不正确认知结构,需要借助实际案例,对学生予以引导与纠正。因此,初中物理教师应合理利用 PPT 等,注重加强引导学生的思维误区,

进行科学有效分析,从根本上加强认识结构的完善。

比如,在学习物态变化的过程中,有些学生难以真正掌握升华等相关概念,容易出现混淆等方面的问题。物态究竟如何变化,如何进行放热与吸热,关于这方面的理解,学生存在困难。此时,教师可借助PPT或者其他多媒体,对动态变化过程进行科学呈现,从而促进学生掌握。而对于学生来说,他们亦对该过程究竟如何发生充满了好奇,这有利于实现创造性思维。

二、充分渗透特殊性思维,注重加强多元化探究

通常来说,在传统物理教学中,常规思维训练占据主导,但是非常规思维的引导普遍不足。对于物理来说,有时候恰恰需要非常规思维,因为非常规思维能够为物理创新思维培养打下坚实的基础。因此,在进行物理解题的过程中,如果学生能够通过非常规思维进行思考,将有利于实现高效解题。而对于非常规思维,一般涉及逆向思维方法或者假设思维诸多方面。但在解决物理问题的过程中,要想真正实现较为良好的功效,一般需要充分借助常规思维,并对这种模式予以科学、有效的检验。由此可见,通过运用非常规思维,一方面能促进新思维的发展,另一方面可以对已有思维模式进行不断完善,而学生原有物理认知结构也能得到巩固并不断完善。

比如,在做电学中探究串、并联电路的电流特点实验的过程中,笔者有意地在实验器材中放置两个电阻相差较大的灯泡,其中一个看起来似乎不亮,但各处的电流表是有示数的。很多学生认为这样的电路是不正常的,对于为什么会出现这样的现象无法理解;对于串联电路,有些学生甚至认为亮的灯泡电流大。学生在解释这样的问题时,会思考串、并联的电路的连接特点及电路中是否出现了故障等问题。在这一过程中,可以帮助学生超越事情的界限,培养学生勇于探索的冒险精神。

又如,在进行练习使用电压表的实验中,可以放置一个坏灯泡,这样学生会看到灯泡不发光而电压表有示数。对比常规的电压表使用练习,这会让学生深刻地体会到有电压可以无电流,从而打破学生有电压必定有电流的常规错误想法。同时,学生会在解决问题的过程中,从事物的因果关系上寻找电压、电流的关系,大胆设想,在杂乱的情境中寻找解决问题的办法。这样的教学利于培养学生的冒险精神。

上述所举的非常规实验过程有助于学生在质疑中寻找答案,关注事物之间的联系,与常规的实验相比,非常规的实验方法更有利于培养学生勇于探索的精神。

三、在冲突物理模型下,力求冲击常规思维

美国教育心理学家布鲁纳认为,人们同周围世界的所有相互作用都涉及对与现有类别有关的刺激输入进行分类。如果刺激输入与人们已有的类别全然无关,那么它们是不能被加工的。即使刚学物理的学生,头脑中对物理问题的了解也不是空白的,而是早已印上了之前的信息输入。这些"前科学概念"中当然包含了理解和误解,这时就需要教师精心设计与该知识有关的实验和教学教案,引导学生进行仔细观察、分析、比较,透过种种非本质的表象看清实质性的问题,激发学生的探索意识,进而拓展创新思维。

物理与人们的生活息息相关。一些物理知识,学生可能在日常生活中遇到过,头脑中可能形成了对该问题的认知。但这些认知可能是正确的,也可能是错误的。基于此,教师应进行合理设计,将学生已经掌握的物理知识与教学内容、教学目标相联系,创设概念冲突情境,引导学生进一步观察和分析物理现象,保证学生不被原有的思维定式所局限,透过物理现

象发现其本质,借助已有知识获取新知识。比如,在学习平面镜成像时,为了使学生对成像原理有一个清晰的认知,教师准备了两支相同大小的蜡烛,并在平面镜前对其进行移动,组织学生进行平面镜成像实验,最后经过测量让学生发现,其实蜡烛和平面镜里显示的像的大小是一致的。此时,教师接着提问:"为什么太阳看上去那么小?"从而让学生领悟到是视觉错觉的缘故。这一教学过程拓展了学生的创新思维,为后续的物理学习打下了良好的基础。

对于冲突物理模型来说,通过对其进行科学、有效的建构,能够引导学生自发思考。尤其是对于初中物理,要想真正实现知识体系的不断完善,在认识结构方面,教师应不断纠正。如此,在冲突物理模型下,通过不断加强建构,可以打破常规性思维,形成一定冲击,从而真正有利于学生思维的激发。

比如,在学生学习力的合成时,如果一味地运用传统、片面的思维,就会认为在拉物体的过程中,一根线会比两根线易断。但如果改变两根线的夹角,后者更容易出现断裂。这样,在学生认知结构方面,就会出现完全颠覆可认知情况,从而刺激广大学生,让他们能够透过创新思维对物理知识予以重新认识。如此,不仅能够加深学生对于合理科学的理解,而且能够基于根本培养学生进行独立思考的习惯,尤其是在新时期下,有利于创新人才的建设,并为其打下较为坚实的思维基础。

综上所述,只有有效落实初中物理教学,学生才能充分认识规律。因此,在初中物理教学开展的过程中,教师要注重引导学生,培养其创新思维,并不断加强探究。无论是在教学手段方面还是在实施内容方面,都应力求改变传统教育方式,注重深化技能渗透,培养学生情感。只有这样,才能提高学生的物理素养。

四、借助物理实验的探究性，引发学生大胆猜想

实验是初中物理教学的重要内容。传统的物理实验教学以演示实验为主，学生对物理知识的学习往往停留在物理现象这一层面上，无法深入理解物理现象的本质。这种教学模式难以实现对学生创新思维能力培养的目的。因此，教师应引导学生自己动手进行实验。在这一过程中，学生对物理现象进行自主的分析和研究，大胆猜想，充分发挥自身发现者和探索者的作用，积极主动地探索物理世界的奥秘。例如，在进行测量定值电阻的阻值实验时，在学生分组完成用电流表和电压表测量定值电阻的阻值后，教师可引导学生进一步探究，小组谈论、分析是否可以采用其他方法对定值电阻的阻值进行测量，要求小组自行进行实验设计、选择实验器材、制订实验步骤、总结实验结果并加以论证，最后分组展示，由教师和学生点评各小组的实验方案。如此，学生的参与热情能够得到最大限度的激发，进而大胆分析，积极探究，提出采用"伏伏法"和"安安法"对定值电阻的阻值进行测量。在这一过程中，学生不仅可以体会到探究的乐趣，也能获得成功的体验，增强其对物理学习的信心。

教师在设计实验时，应努力创设一种有利于学生独立思考的情境，将学生始终置于探索者和发现者的位置。比如，将许多物理课移到实验室去上，就可将验证性实验改为探索性实验。同时，教师应指导学生充分利用身边的一些简单材料开展低成本实验，主动地探索未知世界。当创造和发现伴随着学生学习过程时，学习将会充满乐趣，学生将会产生主动学习的欲望，发挥创新思维的强大动力。

例如，在学习比热时，教师可以启发学生提出猜想——相同质量的不

同物质的水、煤油同时加热,对温度升高有三种预测:水比煤油升得快,水比煤油升得慢,二者相同。对于到底如何,请学生做实验,自己寻找答案。学生猜测的过程就是思维的散发过程,再经过一定的实践验证,从而完成整个创新思维的开发。

又如,在学习牛顿第一定律时,学生看到小车从斜面上的同一高度滚下后,分别在不同表面上滑行不同的距离,然后对这一现象进行分析,得到"阻力越小,小车滑行距离越远"的结论。这时,教师应引导学生开拓思维去思考:"若水平面绝对光滑,那么小车的运动会出现什么结果?"由此,推导出牛顿第一定律。这样的思考过程对学生创新思维能力与逻辑推理能力的培养都十分有益。

另外,教师可以让学生自己动脑、动手改进实验,对实验进行反复设计、修改、完善。这样,不仅能有效地强化学生对原理的理解,还可以培养他们的创新思维能力。例如,在探究欧姆定律时,实验电路图中原先是没有滑动变阻器的,但后来做实验时为什么要串上一个滑动变阻器?对此,让学生充分地进行讨论,完善实验步骤,寻找完成实验的最佳途径。

五、借助提问式教学,引发学生的探究欲望

在初中物理教学过程中,教师巧妙地运用提问,向学生提出探索性问题,可以激发学生的探究欲,引发学生对物理现象进行猜想和想象,从而培养学生的创新思维能力。教师应对教材知识进行全面梳理,结合知识重点合理设计问题,提高问题的精准性和简练性,制造课堂教学中学生的学习兴趣点,引导学生多方面、多角度、多层次地思考问题的解决方案。

比如,在学习惯性时,教师向学生展示如下场景:端着水杯跑步前进,突然停下,却无法立即停止。教师然后提出问题:"水为什么会溢出来呢?"

在学生回答后,教师接着又提问:"将一个盛满水的玻璃杯握住,当其由静止变为向左运动时,水会朝着哪个方向溢出呢?""当向左运动的水杯突然停止运动时,水会朝着哪个方向溢出呢?"这一系列问题的提出,集中了学生的注意力,也使新课导入环节顺利实施,充分地调动了学生的探究热情,有效地锻炼了学生的思维。

六、指导观察,培养学生敏锐的观察力

敏锐的观察力是创造性思维,是预备。可以说,没有观察就没有发现,更不会有创造。观察是最基本的科学研究方法,是信息输入的通道,是思维探索的大门。科学观察不仅要通过眼睛看,而且要调动耳朵、手等感觉器官的参与,还要进行积极的思考。学生的观察能力是在学习过程中实现的。在课堂中,尤其是在物理这门以实验为基础的学科中,教师指导学生学会观察更为重要,因为观察现象是探究过程得以实现的前提。适时引导学生根据自己的观察展开丰富的想象,是让学生获得物理发现、锻炼物理思维的有效途径。其中,想象不是胡思乱想,一定要有迅速摆脱现象表面干扰的敏锐的洞察能力,使想象成为知识飞跃的联结。

例如,在学习声音的产生与传播时,在探究之前,教师先让学生猜想声音究竟是怎样产生的,使学生明确探究目的、内容,再根据猜想设计方案,引导学生选择合理的实验器材,验证自己的实验方案;在验证中,指导学生注重观察所产生的现象,将科学的观察方法渗透给学生。这样,既可以拓宽学生思维的空间,又能够培养学生敏锐的观察能力。

敏锐的观察力是创新思维的前提和基础。在初中物理教学过程中,教师应注重培养学生敏锐的观察力,充分调动学生的触觉、听觉、视觉等多种感官探究物理现象,为学生开启创新思维的大门。所以在课堂教学中,

教师可借助教材内容引导学生大胆想象,指导学生通过物理实验的表象探究其深层次的物理规律,自主探究和思考,多观察、多反思、多提问,逐渐养成善于观察的习惯,形成敏锐的观察力。

比如,在学习温度计的使用时,教师可以结合实验目标引导学生带着目的去观察物理现象,提高学生观察的定向性。因此,在教学中,教师应引导学生将注意力集中到液柱的变化上,让学生分析温度计液柱变化的主要原因。这样一来,学生对实验的观察就有了观察目标,然后带着目标去观察并分组讨论,结合之前所学的物理知识与生活常识,分析物理现象的原因,最终得出结论:利用液体热胀冷缩的原理,温度计内液体在受热条件下出现膨胀且体积会增大,从而导致液面上升。同时,教师应引导学生注意观察的顺序,增强学生的对比意识,提高学生观察思维的灵活性。

七、开展生活化的教学方式,丰富学生的创新实践

物理与人们的生活联系密切,日常生活中有很多的物理现象。教师在组织教学时,应采用生活化的教学模式,结合学生的日常生活,创设生活化的教学情境,提高学生的学习兴趣和探究欲望,并通过合作研究的方式,提高学生的创新思维能力,丰富学生的创新实践。

比如,在学习能源与可持续发展时,教师可以组织课外实践活动,将物理知识与环境保护联系起来,组织学生以小组为单位调查周边工厂或农村环境的污染情况,并提出相应的治理措施。通过实践活动,不仅可以锻炼学生的实际操作能力,活跃学生的思维,物理教学还能够突破教材和课堂教学的束缚,将物理课堂拓展到更为宽广的领域。

第三节　创新思维在初中物理中的实用性

一、自制小制作在初中物理教学中的作用

自制小制作有以下作用:激发学生学习兴趣;给学生提供丰富的感性材料;增强演示效果,完善教学活动;能有效地激发学生的创造能力,增强创新意识;培养学生的科学态度和勤俭意识;能理论联系实际,让物理走进生活,让生活走向物理;能提高教师的业务水平,实现师生素质的和谐同步发展。

实验是学习物理的基础,是物理教学的重要内容、方法和手段,所有物理实验的开展都离不开合适的实验器材。随着教学仪器的配备与实验教学活动的开展,教学仪器日臻完善,为初中物理教学提供了便利条件。但是,一方面,教学仪器不可能一应俱全,特别是在某些落后的乡级农村中学,教学仪器尚不能很好地满足教学需要;另一方面,经常使用成套仪器进行教学会使学生失去新鲜感和对物理产生高深莫测的神秘感,从而影响学生学习物理的兴趣和信心,阻碍学生创新思维能力的发展和动手操作能力的提高。自制小制作有它特殊的优点与独到的好处。那么自制小制作在初中物理教学中究竟有哪些作用,已成为初中物理实验教学研究的重要内容。

(一)激发学生学习兴趣

兴趣是做好一件事情的关键。如果学生对物理学科产生了兴趣,就会产生求知欲,增强学习的积极性和主动性,形成巨大的学习动力。杨振宁曾说:"成功的真正秘诀是兴趣。"初中阶段,学生们大多好奇、好动、好

玩,有着极强的创造力和求知欲。如果教师能够鼓励学生自己动手制作小制作,将大大激发他们学习物理的兴趣和创新意识。因此,教师应结合教材内容,多引导和鼓励学生。

比如,在学习大气压强时,教师可以表演一个魔术(其实就是一个物理小实验)作为导入。过程如下:用一个玻璃杯装满水,然后把一张纸盖在杯口上,稳住纸片把玻璃杯倒置过来后移开手,纸片不会掉下,水也不会流出。看到这里,学生们感觉很神奇,很想知道为什么。此时,教师可告诉大家等学习了这节课后就会明白,并且能解释其原因,从而调动学生学习的积极性。

自制小制作所用的材料大多数来自学生的身边,如一个杯子、一个乒乓球、一把梳子、一张纸都可以成为自制小制作的原材料。使用这些学生熟悉的生活材料制作的小制作,产生物理现象,探索物理规律,让学生从生活的环境中发现新知,学生会倍感亲切,产生强烈的探求欲望和学习兴趣,好像真理的发现者就是他们,从而不再觉得物理理论可望而不可即,研究物理并不神秘。这样,学生学习物理的兴趣就会被激起,学好物理的信心也就会树立起来,学生在课堂上不再拘谨,开始敢于大胆发言,使课堂气氛逐渐活跃起来,从而调动学生学习物理的积极主动性。特别是学困生,在有过成功的体验后,就会对物理有积极的学习兴趣,变得爱学、好学,从而学得更好。

(二)给学生提供丰富的感性材料

观察和实验是物理产生与发展的基础,物理实验在物理教学中的作用是不言而喻的。自制小制作可以有针对性地进行演示。例如,学生平时很少有使用压强计的机会,但通过自制压强计的演示,可以使学生了解压强计的原理和使用方法。

此外，自制小制作还能针对学生的疑难问题，设计有引导作用的实验。有这样一道题："浮在盆中的小塑料盒内有一金属块，若把金属块从小盒中拿出来投入水中，问盆中的水面高度如何变化。"如果这个问题用数学方法演示给学生看，那么虽然学生也能接受教师的解答，但并不直观；如果取一简单的仪器，设计一个实验来演示，那么问题就很容易讲清楚。又如，有些学生对"同种液体产生的压强大小只决定于深度，而与容器的横截面大小无关"不易理解，教师可以用两个尽量相同的气球，都装有水，其中一个气球接粗玻璃管，另一个气球接一根细玻璃管，在玻璃管中灌水；通过比较，可以看出气球膨胀的大小与玻璃中水的高度有关，而与玻璃管的粗细无关。

（三）增强演示效果，完善教学活动

自制小制作一般都是教师针对现有实验器材之不足而设计制作的，实验结果更明显、更直观，学生更容易观察到。麦克斯韦说："一次演示实验所使用的材料越简单，学生越熟悉，那么学生就越想透彻地获得所验证的结果。"①虽然教育事业的发展与教育投入的增长使得各校的教学仪器日臻完善，但适时使用自制小制作能增强演示效果，起到意想不到的作用。例如，在演示证明大气压存在的马德堡半球实验时，教师可以补充演示这样一个实验：取一个大萝卜，中间拦腰一切，取其带根的一半，中间挖空，然后将其用力按在一个洁净的平底盘子里；这时，拎起萝卜根就会连盘子一起带起，用很大的力才能将它们分开。因为所用的材料极为简单

① 杜小伟.自制教具在初中物理教学中的作用[J].试题与研究：教学论坛,2012(16)：8.

（半个萝卜与一个盘子），所以学生深信不疑，迫不及待想弄清其中原因。此时，教师可以趁机分析引导，使学生真正明确地认识到大气压的存在。这样可以收到良好的教学效果。

（四）能有效地激发学生的创造能力，增强创新意识

初中生好观察、爱动手，再加上自制小制作所用的材料大多来自学生的生活实际，容易寻找，所以教师演示使用后，学生会产生自己动手做一做的欲望。此时教师应予以激发引导，使学生产生"如何才能做得更好"的创造动机，激励学生发明创新，想方设法使小制作更加完美、适用。这对激发学生的创造性思维，引导学生用物理学的观点重新认识自己周围环境中的事物和现象等方面都有重要的启迪作用。例如，在学习流体压强与流速的关系时，可以和学生一起做几个相关实验。其中，做完朝两张纸中间吹气，纸向中间靠拢的实验后，有的学生居然想到只用一张纸也能达到实验目的。这个简单的自制小制作实验不仅可以开阔学生的思维，动手寻找合适的材料，而且可以培养学生学会分析、处理问题的能力，对学生创造能力的培养是十分必要的。

（五）培养学生的科学态度和勤俭意识

物理小制作是用来做物理实验，帮助学生接受物理知识的辅助工具。它的制作必须符合物理原理和科学理论，即小制作必须要能反映出所要学习的物理现象，帮助学生理解所学的物理理论；同时，它的制作必须遵循一定的科学理论。这就要求学生在自制小制作的过程中，能够把物理知识很好地应用于实践，然后总结经验，检验并检查自制小制作的合理性、科学性与不足。通过来回、反复反馈，既可以应用理论解决实际问题，又能用实践证明理论的正确，从而培养学生正确对待知识的

科学态度。

在完成小制作的过程中,还要引导学生注意如何变"废"为"宝",利用生活中的一些废弃物,如小铁丝、矿泉水瓶、海绵、塑料制作出各种各样的小制作。这样既可以节约资金、降低教育成本,又可以培养学生养成勤俭节约、勤劳俭朴的优良品质,间接地对学生进行品德教育。

(六)理论联系实际,让物理走进生活,让生活走向物理

实验教学可以在课上,也可以在课下;可以使用实验室所配备的器材,也可以使用自制小制作,甚至可以使用人们日常生活中的现有物品。比如,用两本相同的书做摩擦力实验,用铅笔和小刀做压强实验,用高一点的矿泉水瓶做液体压强与深度关系的实验,用汽水瓶做大气压实验,用小药瓶做物体的浮沉实验,用水和玻璃做光的色散实验。对于这些器材,学生很熟悉,这利于他们明白物理就在身边,物理与生活联系非常紧密。因此,要尽可能地选用学生所熟悉的简单的常见的材料做物理实验,同时,重视学生的小制作、小发明,肯定他们创造、创新的思路和方法,最大限度地激发他们的创新意识。教师应结合教材内容,多引导和鼓励学生自己或者和其他同学合作设计、动手做课外小实验。课外小实验自由度大,学生可以依照自己的意志改变条件,控制实验的进程,深刻感知实验现象。当然,通过课外小实验,还能养成学生观察的习惯,培养良好的观察品质,掌握观察方法,提高观察能力,激发他们的创新意识。

(七)提高教师的业务水平,实现师生素质的和谐同步发展

"自制小制作是教师的基本功,自制小制作能力是教学能力的重要组成部分。自制小制作是教学资源的重要渠道,是提高教师创新能力与培养

学生实践能力和创新精神的主要途径。"①教师自制小制作是在深入理解教材、充分了解学生、精心备课的过程中发现现有实验仪器的不足,从而萌发的一种教学方法的转变。教师在自制小制作的过程中,需要考虑很多因素,如设计、取材及小制作结构。在制作与思考过程中,可以提高和完善教师的专业素养,体现教师的创造性和主动性。同时,教师用自己做的小制作来授课,针对性强,能有效地突破教学上的重、难点,把知识点讲透,学生也容易理解。所以教师经常制作小制作,可以提高自身的业务水平,实现师生素质的和谐同步发展。

总之,自制小制作天地广阔,大有可为。它与学生的学习、生活密切相关。师生共同动手制作小制作,既可以锻炼学生的实验动手能力,又能够培养学生爱科学、学科学的优秀品质,还可以开阔眼界,活跃思维,培养学生的创新精神和创新能力,对推进新课程改革的深入开展和素质教育的提高有积极的推动作用,值得广大师生大力开展。

二、创新实验与自制教学仪器在初中物理教学中的意义和重要作用

各学校实验室中的仪器大多是传统的验证物理定律和规律的仪器设备,很难适应现在的物理教学。因此,在现在的初中物理教学过程中,教师应根据教学内容与问题加强自制教学仪器与探究,创新实验教学,去发现物理生活问题的过程与规律,从而更好地提高物理教学。

(一)为什么要自制教学仪器与探究,创新实验

首先,在最近的物理教材的编写体系和教学改革实施方案中,重点考

---

① 汉武清.浅谈自制教具在实验教学中的作用[J].教育革新,2012(4):29.

察的是学生的观察能力、分析能力、判断能力、动手能力。该方案注重生活实际中所出现的现象和问题,以及让学生进行探究与分析而得出结果的问题。初中物理教学体系改革后,大部分的题型都是日常生活中的自然现象问题,而自然现象问题涉及的面很广,学生见到的自然现象知识相对贫乏,对物理知识的微观现象不够了解,导致学生出现学习物理知识与解答问题时有困惑。因此,教师在初中物理教学中必须重视物理实验教学。只有这样,才能使学生从根本上改变这一现象。当今的物理实验不单为教学服务,还渗透到教学当中,是决定物理教学成败的关键所在。

其次,如今,社会、学校、家长与学生更为关注学习成绩,往往忽视了实验教学在应试教育中的重要作用,导致了实验与实验教学在当今大面积范围内无人管和无人问津的滑坡趋势。正是由于这样或那样的错误认识,教师和学生没有正确评价物理实验教学在应试教育与学生认识自然现象中的作用;加之教师和学生阅历不足,有些物理现象没有体验过,使得教师在给学生解答物理问题时,因对个别问题不够了解,只是根据试题的答案给学生解答,没有细心分析,给了学生错误的信息。

最后,教育体制的改革与深化,使初中物理教学的题型出现了人们从来没有感知和体验到的物理现象,使大部分教师对学生解题引导与分析出现了无从下手的情况。加之,有些初中学校物理实验室的教学仪器与设备的配制是传统的用来验证物理实验与教学理论知识的仪器和设备,无法对每一题型所涉及的物理现象进行验证,导致教师只能靠试题答案给出解答。但有时教师很难分辨出对错,更何况是学生。

例如,如图 4-1 所示,沙漠中有一个沙丘,当水平方向的风不断由左向右吹过沙丘时,沙丘会( )运动。

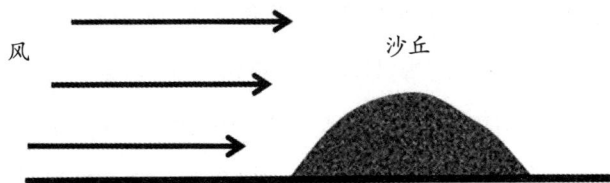

图 4-1 例题

A.慢慢向左移动   B.慢慢向右移动

C.仍停在原处   D.无法确定

答案为 A。

本例题思路分析:风从左吹来,被沙丘阻挡后沿沙丘向上运动,导致沙丘左侧空气流速大,右侧空气流速小;由于流体流速越大的地方压强越小,所以沙丘受到空气向左的压力,会慢慢向左移动。但笔者对这一例题的思路分析产生了疑问,于是根据本题的条件于 2011 年自制仪器(流速与压强的关系以及观察和分析流体流线的运动方向原理演示器)进行探究,发现通过实验所得出的现象与例题的思路分析答案并非同一情况。通过对实验现象的分析,在迎风面,流线沿着坡面流向坡顶,而在背风面出现好多旋转方向不同的旋风,最后形成柱涡现象。同时,笔者在网上查阅资料,发现与其所做的实验现象相同。但是教师不能用探究的结果去引导学生正确分析,只是停留在原来的答案上。

最后,通过实验教学,不但可以加深学生对物理知识的理解和体验,而且能帮助学生感受和体会他们从来没有遇到的物理自然现象。同时,能在实验操作的过程中,促使学生分析、观察、探究每一个物理现象的本质,加深学生对物理现象的认识,以提高学生分析、观察思维动手的能力。还能在实验过程中,使学生无形地发现新知识与新问题,达到人才培养的目的。

(二)怎样才能搞好自制教学仪器和创新实验与实验教学

首先,要搞好实验与实验教学不是一句空话,需要社会、学校、家长、师生、实验工作者共同来关注实验与实验教学在当今教育体制中的作用,从而认识实验与实验教学的重要性,以促进实验与实验教学的全面开展。

其次,教师在实验室用传统的方法做实验已经不适应当今的教育改革与实验教学,学生也已经感受到用现有的实验仪器与设备来验证一些物理定律、规律和实验现象,远不能解决如今教材中出现的物理现象问题。这使学生出现困惑与迷茫,在心理上产生了压力,缺乏信心,不愿意做实验。鉴于此,教师必须带着问题引导学生去设计,创新探究某一物理现象的相关问题,使学生观察、分析、认识这一物理现象的本质,从而获得物理知识的理解并从中体会实验教学的乐趣。教师根据各学校的现有仪器与设备远不能完成这样的实验教学开展,因此,要大力发动师生自制教具。

再次,要想更好地创新实验教学与自制教学仪器或改进教学仪器,必须在日常生活中和平时的解题过程中对所遇到的问题进行思考,还必须有自己的自制教具的指导思想。这样才能更好地自制物理教具。此外,有了这些思想还不够,必须不断地思考、分析和操作,反复改进,从而达到想要的结果。物理实验现象的变化是随着物理实验条件的变化而变化的。例如,在测量冰水混合物的温度时,大多数教师只是把小冰块放入水中等一会后测量它们的温度,发现它们的温度不是0℃,而是4℃。出现这一现象的问题是教师没有仔细地用物理知识去分析这一现象的条件与本质,从而出现与理论不符的情况。出现这一问题的原因是,教师没有考虑到水的密度、水的温度的特殊性以及其不是热的良导体这些因素。要使这一实验成功,教师必须改变实验条件,将冰块变为冰沫。

最后,自制教具、创新探究实验教学,是当今教育体制改革的大方向。它不但符合素质教育,而且能培养学生的分析能力、思维能力、创新意识、发现新知识的能力与意识,更能减轻学生的学业负担。比如,在学习声源振动快慢频率与音调时,因为教师只对学生讲授音调的变化与声源振动快慢相关的知识点,所以学生不能运用所学的知识去解决与分析所有的问题,往往是见过一种题,只会做这一种题,当题型变化后就不会做了。那么,为什么会出现这一问题呢?是因为教师没有很好地探究和创新实验,去比较声源的振动快慢由什么来决定这一核心问题。如果教师自制教具,将同一种类的几个瓶子装上深度相同的水,然后敲各个瓶子的快慢不同,那么就能得出结果。具体操作如下:给各个瓶子装上不同深度的水,用同一快慢敲瓶子,让学生听声音,或用不同的快慢敲音叉让学生听声音,从而得出音调、频率、声源振动快慢的变化是由物体或物质(即物理变化)而决定的,与外力的快慢变化无关。由此,学生能够很容易地根据物体是否发生物理变化而得出音调是否发生变化,从而减轻学生的学业负担。

(三)存在的问题与建议

如前文所述,自制物理实验教具、创新探究物理实验教学在当今的应试教育和素质教育中的作用与意义是深远的。但要大范围地开展这一工作,还存在着许多的问题。

首先,自制教具与创新实验探究教学需要社会的重视、领导的大力支持、大量的资金、时间投入、优秀的实验工作人员的爱好与才能。

其次,社会、学校、家长、学生评价学校教育质量的好坏,是用短时间内关注学生分数好坏为标准来衡量的,而不是看学校长远地对学生各方面的知识、技能、创新能力等一系列的发展目标的,所以自制教具与创新探究教育教学很难有效地开展。

笔者建议在农村学校优先开展自制教具与创新探究教学,以提高学生的分析能力,开拓学生的思维,从而提高学生的综合素质,最终实现创新探究教育教学的目标。

第四节 相关教学问题的反思

物理是自然科学的重要组成部分,物理的研究成果和研究方法在自然科学的各个领域内都起着重要的作用。不仅如此,物理还对培养学生的创造力和独立的思维能力具有重要的意义。在新的时代背景下,人们需要的正是这种具有很强的创造能力和独立思维能力的综合型素质人才,而中学阶段作为学习物理的重要时期,每一位中学物理教学工作者都肩负着重要的责任。因此,初中物理教师为了更好地提高自身的教学水平,应该不断地对教学方法进行反思和创新。

一、初中物理教学中存在的问题

(一)过于强调教师的主导作用,而忽视学生的主体地位

在传统教学中,教师往往认为自己是课堂的主体,多采用"满堂灌"的教学方式。然而,这与现代的教学理念是格格不入的。现代的教学理念是以学生为主体的,师生的地位是平等的。需要注意的是,学生是学习的主体,教师应以引导者的姿态倡导学生自主学习、主动探索,让学生享受学习的过程、重视学习的过程,体验重塑知识形成过程带来的乐趣。由于物理课堂普遍沉闷、枯燥,所以教师应在尊重学生主体的基础上选择物理教学活动,尽可能地选择学生喜闻乐见的方式。比如,教师可以为学生多留

些"悬念",激发学生的学习兴趣,让学生自主探索答案,少给些"框架"来框住学生的发散思维能力、拓展能力,真正让学生成为学习的主人翁。

(二)过于强调基础知识,而轻视对学生的思维、情感与价值观的培养

在物理教学中,基础知识固然重要,但是也要有个度。教授学生物理,不是为了让他们单纯地学习知识,而是希望通过学习基础知识,培养学生思考问题时严密的思维逻辑能力以及对待问题严谨的态度,促使学生形成正确的价值观,从而对其学习和生活均起到一定的积极作用。这才是学生学习基础知识的真正目的。因此,教师要懂得在教授知识的同时,重视对学生的思维、情感与价值观的培养。

(三)现代化的多媒体技术使得教师过于重视教学形式,而忽略教学本质

随着科学技术的不断发展,以多媒体为主的现代化教育手段在教学中的地位越来越突出。多媒体在为教育带来便利的同时,出现了很多问题。例如,教师过多地依赖多媒体课件,盲目地追求多媒体教学,在课堂上从头到尾都使用多媒体课件,教师只是充当一个解说员的角色,其"传道受业解惑"的职责没有真正地落到实处。此外,多媒体课件的制作需要花费较长的时间,耗费精力较大,而教师的时间和精力是有限的。如果耗费大量的时间和精力在制作多媒体课件上,那么势必会影响教师对教材的深入挖掘与理解,影响课堂的教学效果。多媒体课件使许多教师省去了传统教学中的板书时间,无论是内容还是形式都较之传统教学更丰富多样,但是一味地使用多媒体进行教学,会使教师的授课过程形同播放电影,学生对知识的学习成了"走马观花",无法深入地理解知识点,对一些重要概

念的认识似是而非,进而使得整个课堂的效率大大降低,无法将多媒体的益处真正地落到实处。

(四)师生之间的互动过于僵硬

师生互动应以人为本,以培养学生的对话能力、探究能力、创新能力为目的,同时,在互动的过程中,通过富有特色的活动使得学生对所学知识点有更深刻的认识。然而,有些教师只是单纯地为了满足课程标准的要求而设计一些师生互动的活动,考虑并不周全,多为流于形式的互动,失去了真正的教学意义;或是大众化的"一问一答"式的师生互动,使得学生提不起兴趣,无法营造良好的教学氛围,达到预期的效果。这成了物理教学课堂中的一项重要问题。

(五)物理实验环节不被重视,其作用得不到发挥

实践是检验真理的唯一标准,真理的最终目的是服务于实践,而物理是需要理论和实践双管齐下的一门学科,二者互相依赖,缺一不可。然而,在现实的物理教学当中,不少教师将主要精力投入到对基础知识的学习与对习题的练习上,忽略了物理教学中的重要的环节——实验。有趣的实验不仅能够激发学生的求知欲望,而且在教师演示实验的过程中,可以培养学生的观察能力。学生在动手实验的时候,会尽自己的所能设计出更多的实验方案,从而培养其创造性思维的能力。但若在物理教学环节中忽略实验这一环节,势必会使教学效果大打折扣。

二、解决课堂中出现的问题的措施

(一)教师树立正确的教学观念,坚持学生的主体地位,让学生成为教学活动的主角

要想确立学生在学习中的主体地位,首先,教师就要树立正确的教学

观念,给予学生足够的时间和空间,让学生去自我发现与自我探索,享受学习的乐趣,加深对知识点的印象。比如,在实验教学的过程中,在讲授完课程标准的课程以后,可以留给学生一些时间,让他们根据自己的喜好做一些课后的小实验,还可以让学生自由结组,进行探索。这样既能锻炼学生的动手能力,又能培养学生的合作精神。其次,教师要懂得如何对学生进行一些方法上的引导,既要让学生知道如何学习,又能让学生懂得结合自身的实际,提高自主学习的能力,养成良好的学习习惯。例如,教师在布置作业的时候,可以留一些引导性的预习思考题让学生自主思考。当教师讲授这一内容时,学生更容易接受,能够提出一些自己独到的见解,在养成良好的学习习惯的同时,培养学生的观察能力、创造能力。最后,教师要创建一种民主、和谐、平等的课堂氛围,这对于实现学生的主体地位是十分必要的。教师要懂得尊重学生、关心学生,只有在这样的环境下,学生的人格与价值观才能健康地发展。这也是实现学生主体地位的一个重要渠道。

(二)教师应在教授基础知识和培养学生思维、情感与价值观中找到平衡

虽然物理是一门自然学科,但是物理知识中蕴藏的哲理是十分深刻的。基础知识的学习要重视,学生思维、情感和价值观的培养也要重视,可以将二者融会贯通,即在教授基础知识的过程中,逐步培养学生的思维、情感和价值观。例如,在学习力的作用是相互的这一基本物理知识点时,可以联想到"在现实生活中,人与人之间的尊重是相互的,友爱是相互的"这一道理。在一个集体中,只有所有的成员尽自己的所能尊重他人、关心他人,才能更多地获得他人对自己的尊重与关心,整个集体才会产生极大

的凝聚力;同时,生活在集体中的人会感到幸福和自豪,使这个集体发挥出更大的潜力,取得意想不到的好成绩。通过这样的方式,既能让学生更好地理解所学的知识点,又能使学生树立正确的价值观,有助于学生健全人格的发展。

(三)正确看待现代化多媒体教学技术,让多媒体技术更好地为教学实践服务

多媒体教学手段作为一种先进的教学手段,具有便捷、直观等优点。若能避免本书上述的那些误区,将多媒体技术有机地结合到实践教学工作中,势必会为教学工作作出巨大的贡献。因此,要想让多媒体技术更好地服务于教学工作,首先,必须要对多媒体技术有清醒的认识,避免使用的盲目性,如在课堂上不要过分地依赖多媒体课件,可以采用传统教学和多媒体教学相结合的方法,使二者取长补短,互为补充,引起学生兴趣的同时提高课堂效率。其次,教师要提高制作课件技术的能力,突出制作课件的重点内容,根据现代社会的发展推陈出新,从而开拓学生的视野,扩大其知识面。最后,也是最为根本的一点,教师要加强教学基本功的训练,更好地开展多媒体教学,从而提高教学质量。

(四)做到开放式互动教学

开放式互动教学是建立在以人为本的基础上,有针对性地抓住物理中最基本的知识主干,对物理中的重点和难点部分以及一些知识误区,在师生、生生之间进行探究式与开放式的互动。这样开放式的互动教学不仅有利于调动学生的学习积极性,活跃课堂气氛,而且能体现出课堂上的一种民主、平等的精神。因此,要做到互动开放式教学,教师就应该从营造平等、和谐的课堂氛围入手,通过不断探索,创建一些有效的互动形式。例

如，在物理实验教学结束以后，教师可以给学生留一些开放性的问题，如本实验有哪些不足，该如何改进，通过实验你能了解到什么，这一知识点在生活的哪些方面有所体现。这些问题设计既可以让学生将知识融入生活中，又能开拓学生的思维，从而达到师生、生生之间的真正互动。

（五）重视物理实验教学，发挥其作用

在物理教学中，可以采用理论与实践相结合的方法，即常规的课堂教学和实验教学相结合。教师通过设计一些有趣的实验，利用学生的好奇心理，激发起学生的求知欲望，培养学生的观察能力。与此同时，给学生留出一些时间，让学生展开合理想象，设计实验方案，培养学生的创新能力。更为重要的是，在一堂实验课结束后，教师要注意总结本堂课的知识精髓，帮助学生巩固知识点。实验对学生辩证思维的形成具有很大的作用。实验可以促进学生用科学的思想方法去看待问题，有助于学生科学世界观的形成。

三、初中物理教学方法的创新

（一）将情境教学法融入物理教学当中

所谓情境教学法，是指在教学过程中，教师有目的地引入或创设具有一定情绪色彩的以形象为主体的生动具体的场景，以引起学生一定的态度体验，从而帮助学生理解教材，并使学生的心理机能得到发展的教学方法。在物理教学中融入情境教学法，可以将一些晦涩难懂的物理问题，通过融入一定的生活情境，将难懂的问题生活化，让学生通过情境观察思考问题，这样能更加有利于学生对问题的理解。在这一过程中，教师通过揭示知识发生的过程，最大限度地调动学生的主动性和参与感，从而激发学生的求知欲，提高学生的学习效率，让学生享受情境法学习带来的乐趣。

例如,在学习物体的沉浮条件时,教师可以分别向学生演示一块木头浸入水中与一块铁浸入水中,以及一块石蜡浸入到水和酒精混合的液体中。通过运用现实生活中的东西来解释这一物理现象,可以使学生加深对这一知识点的理解;通过这种实验,可以触发学生的探索意向,有利于学生自觉形成发现问题和提出问题的良好学习习惯。

(二)将分层教学法融入物理教学当中

分层教学法,顾名思义是指根据教学大纲的要求,从不同学生的实际出发,规定不同层次的要求,从而进行不同层次的教学,给予学生不同层次的辅导,组织不同层次的检测,进而使各类学生都能提高学习物理的兴趣,既不会造成好的更好、差的更差的局面,也不会使那些不擅长物理的学生产生更大的抵触情绪。因此,做到分层教学,首先,要深入学生的群体中,了解学生之间的差异以及他们物理知识的深度、广度以及优点、缺点,根据他们的特点进行分层。特别要注意的是,在进行学生分层的时候,要照顾到学生的情绪,尊重学生的人格。其次,要有针对性地将教学目标分层,低层次的学生达到基础的课程标准要求,中层次的学生要具备分析较为复杂问题的能力,高层次的学生要提高对自身的要求,在学习基础知识的基础上,提高自身的创新能力与各方面的综合素质。这样的分层教学法不仅能让所有的学生达到课程的基本要求,而且能培养个体学生的发展,是一种一举两得的举措。

对于初中物理的教学现状,的确有很多值得人们商榷改进的地方。因此,一线初中物理教师应不断地对自己的教学行为进行反思,以提高课堂效率与培养学生的综合素质为出发点,切实地做到明确学生的主体地位,采用现代化教学与传统教学相结合的教学形式,进行开放式的互动教学,重视物理实验教学的作用,在完善学生基础知识的基础上,逐步加强对学生思维、情感与价值观的培养。同时,要学会在物理教学中融入情境教学法、分层教学法等先进的教学方法,提高学生的主动性和参与性。总之,教师要一切以学生的发展为目的,顺应时代的潮流,不断改进初中的物理教学方法,为培养更多的综合型素质人才而努力。

第五章 实验教学方式的改良与优化

新课程指出,物理课程应促进学生自主学习,让学生积极参与,乐于探究,勇于实验,勤于思考;同时,通过多样的教学方式,帮助学生学习物理知识和技能,培养学生科学探究能力,使学生逐步形成科学态度和科学精神。因此,物理实验教学方法迫切需要改革。

目前,在应试教育的影响下,物理实验教学难以发挥它应有的作用。许多教师认为,做实验不如看实验(录像),看实验(录像)不如讲实验。教师很少动手做实验,不愿花时间从事实验教学,实验只被作为收集数据、验证理论、应付考试的工具。长此以往,学生实验形成了教师讲、学生做与教师示范、学生模仿的教学,学生成为被动的接受者,以至于学生很少提问题。同时,不少学生重结果而轻过程,为了得到期望的结果修改实验数据,没有养成实事求是的科学态度,没有学会解决问题的科学方法,学生的主体地位远没有得到重视,学生缺乏主动探究的欲望和热情,忽视了实验对学生科学思维方法和创新能力的培养。以下,笔者将围绕物理实验教学方式的改良与优化展开探索。

第一节　初中物理实验在物理教学中的意义

对于初中生来说,物理是一门新的课程,是研究生活实际现象的一门学科,更是一门实验科学。初中生正处在兴趣的发展时期,怀有强烈的好奇心,对于物理实验课特别感兴趣。

美国物理学家帕格尔斯指出:"没有实验的物理理论是空洞的, 没有理论的实验是盲目的。"[①]我国物理学家丁肇中指出:"实验可以推翻理论,而理论永远无法推翻实验。"[②]科学家们发现自然规律的全部过程,绝大多数都是从身边的自然现象开始引出猜想,然后设计实验并进行探究,通过认真观察和分析实验现象,总结出其中蕴含的自然规律。物理教学若离开了观察和实验,就成了无源之水、无本之木。因此,加强实验教学,进行物理实验教学改革,是实施新课程计划的必要途径。

在物理学中,每个概念的建立与每个定律的发现都是建立在坚实的实验基础之上的。实验在物理学的发展中具有重大的意义,起着巨大的推动作用。实验不仅可以赋予物理学科思想与内容,而且能极大地促进物理学的发展。当然,在物理学发展的同时,物理实验自身也在不断地向前发展。因此,在学科教育中,要搞好物理教学,必须抓好实验教学。物理实验是研究物理学的重要方法和手段,所以加强实验教学,不仅可以提高物理教学效果,还可以提高学生的实验素质,有助于培养学生的创造性学习能力。

[①②] 唐晓衡.以学生为中心的物理实验教学[J].中学生数理化:学研版,2015(1):22-23.

初中物理实验包括演示实验、学生分组实验和课外小实验,它们都是很好的素材。只要教师做实施素质教育的有心人,对它们加以合理的应用,一定会在教学中收到良好的效果。

一、物理实验能更好地激发学生学习物理的兴趣

俗话说:"兴趣是最好的老师。"兴趣是推动人认识活动行为的重要动机。在课堂上,如果学生怀有兴趣,便会抱有积极的态度,以愉快的心情参与课堂教学活动,从而体验学习的乐趣。物理实验是激发学生学习物理积极性的重要手段。教育心理学研究表明,学生一旦对某一事物产生兴趣,便会产生探究反响,此时兴趣就会转化为情感。情感是心灵的窗口,能激发学生认识的形成和发展,是思想物化的重要条件;兴趣有利于激发学生学习物理的积极性,而这种由兴趣转化的积极性具有动力、导向、强化三大功能,完全符合学生心理。因此,在物理实验教学中,教师应十分重视学生学习兴趣的培养和学习情感的激发。

对物理概念的理解是学习物理的重要前提,所以教师每教一个新的物理概念,都要尽量通过实验去激发学生探究的欲望。

俄国文学泰斗托尔斯泰曾说:"成功的教学所需要的不是强制,而是激发学生的兴趣。"[①]物理学是一门以观察和实验为基础的自然科学,与现实生活联系最密切。因此,在教学中教师应充分发挥物理学实验的作用,把教材中的一些实验进行合理的改进、创新与巧妙设计。这不仅可以带给学生视觉上的冲击,还可以让学生亲身参与。这样,课堂气氛就能更加活跃,也能拉近学生和物理的距离,进一步激发学生的学习兴趣,为学好物

---

① 王文光.高效课堂教学之我见[J].科技资讯,2012(22):189.

理打下良好的基础。现代教育心理学认为,学习兴趣是积极探求知识的一种带有情绪色彩的意向活动。所以只有当学习者本身对学习发生浓厚兴趣时,才能使整个学习主动起来,从而提高学习效率。

　　培养兴趣的途径有很多。从学生角度来看,应注意到物理是与日常生活、生产、现代科技密切联系、息息相关的。在人们的身边,有很多蕴含物理知识的物理现象。比如,说话时,声带振动在空气中形成声波,声波传到耳朵引起鼓膜振动,产生听觉;喝开水、喝饮料、钢笔吸墨水时,大气压帮了忙;走路时,脚与地面间的静摩擦力帮了忙,行走过程就是由一个个倾倒动作连贯而成;淘米时,除去米中的杂物,利用了浮力知识;一根直的筷子斜插入水中,看上去筷子在水面处变弯折;闪电的形成。有意识地在生活中观察物理现象,发现现象背后的物理知识,将物理知识应用到实际中,使人们明确:原来物理与人们生活联系这样密切、这样有用。如此,可以大大地激发学生学习物理的兴趣。从教师角度来看,应通过学生熟悉的生动的实际事例与形象的直观实验,组织学生进行实验操作,引入物理概念和规律,使学生感受到物理与日常生活密切相关。同时,结合教材内容向学生介绍物理发展史、进展情况以及在现代化建设中的广泛应用,使学生了解物理的用处,明确今天的学习是为了明天的应用。此外,可以根据教材内容,经常地、有选择地向学生介绍一些形象生动的物理典故、趣闻轶事和中外物理学家探索物理世界奥妙的故事;根据教学需要和学生的智力发展水平,提出一些趣味性、思考性强的问题。教师从这些方面下功夫,可以激发学生学习物理的兴趣。

　　例如,在学习导体的电阻时,教师可以事先根据导体电阻跟导体温度有关的原理制作一个教具;然后,把两节干电池放到盒子里不让学生看见;再把一个小灯泡和一小玻璃条用导线串联起来,接在盒内的电池上。一上课,教师便问学生:"大家见过酒精灯点亮灯泡吗?"全班学生回答:"没有。"接着,教师用酒精灯去加热小玻璃条,让学生认真观察,几秒钟后,灯泡亮了。这时班内"沸腾"了,然后教师导入新课。用这样一个有趣的实验设计,可以激发学生的学习热情,让学生在一种轻松愉快的情境中学到知识。

在物理教学中,如果没有这些实验的引入,学生听起来不但枯燥无味,思维理解活动亦不如实验效果好。

二、教师切实重视演示实验,能有效提高课堂教学质量

物理是一门以实验为基础的学科,是以形象来传播知识的。而实验又是学习物理的重要方法。因此,要达到在新课程模式下强调以学生为本,就离不开实验的支持。然而,在现在的教学活动中,有的教师忽略了演示实验的重要性和必要性,抱着可做可不做的态度教学。即使在重视实验教学的课堂教学活动中,有许多的演示实验要么没有做成功或者出现"意外",要么成功了但效果突显不出来,要么有效果但学生看不清,要么学生看清了但看不懂,致使整节课的教学效果不理想或者有瑕疵。因此,有必要对演示实验如何完成得更好、如何使学生看得清与看得明白作进一步研究。

课堂演示实验是初中物理实验教学的重要组成部分,不仅是建立物理概念和规律、理解和掌握物理知识不可缺少的环节,还能培养学生的观察能力、思维能力、探索精神以及良好的学习方法,也是变应试教育为素质教育、提高人才科学素质的重要手段之一。因此,研究演示实验的有效性不仅对课堂的教学,也对人才的培养具有重要意义。

物理教学注重理论联系实际,教师应充分利用演示实验再现物理情境,这是提高课堂教学质量的关键。鸡蛋、盐、水、玻璃杯是日常生活的必需品,可以用来做惯性、压强、浮力、浮沉条件等实验。比如,惯性实验中,在装有水的杯子上放一片塑料片,把鸡蛋放在塑料片上,然后用塑料尺猛弹塑料片,之后看到塑料片在水平方向上受力飞走,而鸡蛋在水平方向上几乎不受力,因为惯性而静止,又在重力作用下落入杯中。在此实验中,鸡蛋在水平方向上并不是不受力,而是所受的力相对很小,可忽略不计。又如,在做压强实验时,把鸡蛋握在手中,使劲握也难以破碎,但手拿鸡蛋在碗边轻轻一敲即破。这说明鸡蛋紧握在手中时,受力面积大,压强小;而在碗边轻敲时,受力面积小,压强大。由此可见,压力的作用效果不仅跟压力大小有关,还跟受力面积有关。再如,在做浮沉实验时,将一只鸡蛋放入浓盐水中,然后缓缓倒入清水稀释、搅拌;随着盐水的不断稀释,鸡蛋排开液体的体积随着增大,由漂浮状态慢慢变成悬浮状态,最终沉入杯底。这说明浸在液体中物体的上浮和下沉,决定于它所受浮力和重力的合力。此外,为说明大气压的存在,还可设计瓶吞和瓶吐鸡蛋以及纸片托水等生动有趣的实验。

总之,教师要做好演示实验,使之既贴近学生生活,又能解决缺乏实验器材的难题,更能活跃课堂,提高教学质量。

三、学生做好分组实验,能提高学生的创新思维和实践操作能力

新课程改革后,初中物理实验活动开展的目标主要是为了激发学生学习科学的兴趣,提高学生的科学素养;通过实验活动培养学生的实验技能,使学生学会科学研究的工作方法。

初中物理实验教学新课程改革要求:在课堂教学中,学生是主体,教师是主导。从这里可以看出,在整个课堂教学中起主要作用的还是教师,教师的教学思想和教学方向决定了整个教学计划和学生的学习效果。因此,要想提高初中物理实验教学的效率,就需要提高教师对物理实验教学的重视程度。只有教师充分重视物理实验教学,才能在物理课堂教学中重视学生的实验方式、实验内容和实验结果,最终提高学生的物理实验能力。

课前准备工作要充分,毕竟一堂课只有45分钟。如果教师在课前准备得不充分,把学生带到实验室才开始准备分组和实验器材等,那么势必会占用学生做物理实验的时间。因此,教师在开始物理实验教学前一定要准备充分。教师应当根据实验教学内容,在课前就准备好相关的器材,并在课前先对学生进行分组,明确每个小组的成员和实验位置。这样,学生在实验课程开展的过程中就可以按照教师课前的准备,有序地进入实验室进行物理实验,从而提高实验课程的效率。

重视实验效果。教师进行物理实验的目的是为了提高学生对物理知识的理解能力,让学生将相关的物理概念、定律和理论内化为自己的知识,提高学生学习物理的兴趣。因此,在物理实验教学中,教师不能走过场,应当注重学生对物理实验的了解程度,重视学生的反馈信息,充分了解学生是否完全掌握实验与对实验结果的看法。

重视问题反馈。在物理实验教学中,学生在进行物理实验时不一定能够百分之百成功,这就需要教师多关注学生在实验过程中的问题反馈,充分了解学生在物理实验中存在的问题,及时引导学生解决这些问题。总之,在物理分组实验教学中,教师应当采用各种方法来不断提高物理实验的效果。教师在分组的过程中,应当充分考虑学生的个性化需求,将个性相同或者相近的学生分成一组,有利于学生在实验过程中有效合作以及积极讨论。此外,物理实验既是严谨的又是科学的。所以教师在初中物理实验教学中,应当以新课程改革为目标,尊重学生的个性发展,培养学生的物理实验操作能力、创新能力和探索能力,激发学生的学习兴趣,提高课堂教学效率,全面提高学生素质,为国家培养优秀的人才。

根据教育心理学的观点,课堂教学的目的不在于教师完成某种过程,而在于通过某种活动促使学生在行为上发生某些重要的变化,如在学生身上引起的认识上、理解上、技能上、态度上的变化。初中物理分组实验多以测量性、验证性和实用性三种方式为主。因此,要提高学生分组实验的教学效果,就必须使学生真正进入角色,手、眼、脑并用,进行有目的的探究活动。如果学生通过主动参与教学,在教师的积极指导下获得物理知识,那么印象就会更加深刻,增强他们的学习动机。例如,在演示串、并联电路的连接实验时,教师将其设计成学生的探究性实验,并采用启发式教学。首先,设置情境:如何利用桌上现有的器材连接成一个电路,使两个小灯泡同时发光,并提示连接的方法可能不止一种。其次,学生利用器材自己探究进行连接电路的实验,然后结合串、并联电路中电流、电压以及各用电器间的关系,不断地设置问题情境。最后,结束学生实验后,教师组织学生通过讨论自己总结串、并联电路的特点,并进行一些电路识别的专题练习,进一步巩固所学到的知识。

四、课外实验可以丰富学生的课余生活,让学生反复品味深刻的物理原理

课外小实验就是用一些极其简易的器材来进行的实验,既能就地取材、化废为宝，又能放手让学生利用课余时间自己动手，在做中学，提高他们独立实验的能力，使其充分参与实验的全过程，仔细观察和体会知识产生与发展的来龙去脉，反复品味深刻的物理原理。例如，可以根据光的多次反射制作万花筒，把彩色碎纸屑或彩色玻璃弹子放在由三面镜子组成的万花筒内连续多次反射，形成无数的碎屑或弹子虚像，组成一幅幅彩色图案。

开展物理课外实验设计，其根本目的在于将物理知识的讲解和学生的课余时间有机地结合在一起，充分地发掘学生的物理学习潜力，促进初中物理教学效率的提升。在这样的背景下，为了有效地发挥出课外实验在初中物理教学中的运用效果，教师应充分地结合学生的物理学习实际特点，并在结合初中物理知识内容的基础上，不断总结研究相应的物理课外实验方法，进而提高初中物理教学效率，有针对性地帮助学生在参与课外实验的过程中形成自身的物理思维，为学生科学思维意识的提升打下坚实的基础。

课外实验的开展其实并不难，只要教师在教学过程中多帮助、多提倡学生做课外小实验，鼓励那些对实验有兴趣的学生勤动脑、多动手，日积月累，就可以独立研制出一系列属于自己的基本仪器和设备。只要这些学生能充分利用这些物质资源，就能逐步养成良好的思维方式和操作技能，最终实现自己提出实验课题，自己设计实验过程，自己观察现象、分析数据，自己记录实验结果，自己总结实验中的问题，自己提出新的改革方案，自己总结实验结论，自己实现从感性认识上升到理性认识的过程。

课外实验在初中物理教学的运用过程中，教师要以学生的实际需求作为进行课外实验设计的核心原则，持续性地激发学生的主观能动性，发挥出课外实验应有的教学效果。与此同时,要求课外实验在初中物理教学的运用策略研究过程之中,另辟蹊径地进行教学策略的优化,促进初中物理教学效率的提升。

例如,在学习声音时,物理教师可以根据发声的基本原理,让学生在家中自己动手进行操作(让学生寻找一个杯子,分别采用敲击发声、摩擦发声、倒水发声的方式),并让学生进行对于发声问题的深度思考,进而在学生自主动手、自主思考的基础上,有效地提升学生的学习积极性和兴趣度,发挥出课外实验在初中物理教学中运用的优势和效果。

为了保证课外实验在初中物理教学中运用策略的应用效率,教师在进行课外实验的规划过程中,需要充分地结合初中物理知识的具体知识点分布构造,对课外实验在初中物理教学中的运用方式进行合理的规划设计。

例如,在学习摩擦力时,教师可以利用课外实验来进行教学内容的规划,布置学生进行"筷子提米"的实验,让学生自己通过动手做实验,发现摩擦力的存在。通过这样的教学方式,充分保证学生形成对初中物理知识的认知。

综上所述,实验教学的开展可以体现物理是以观察和实验为基础的课程,能够激发学生学习物理的积极性,培养学生的观察能力和思维能力,培养学生动手操作能力和科学探索精神,丰富学生的课余生活。

第二节　初中物理实验教学的现状与改良方向

物理是一门以实验为基础的学科。实验教学既是物理教学的基础,也是提高学生科学素养的一种主要渠道和有效手段。近几年来,各级政府和教育行政部门投入了大量的财力配备和更新了实验仪器与电教设备,为初中实验教学奠定了坚实的物质基础。但有的学校由于长期受应试教育思想的影响和现实条件的制约,其物理实验处于"讲起来重要,做起来次要,考起来少要"的状态,导致实验教学成为初中物理教学的薄弱环节。同时,"以讲代做,以演示代分组"的教学方式仍然存在,实验室和仪器设备使用率低下,造成教育资源浪费。

一、初中物理实验教学的现状

(一)教师思想观念落后

面对新课程改革,部分教师不是主动参与,积极探究,迎接挑战,而是被动应付,没有紧迫感。在实验教学中,受传统教学思想的严重影响,教师只是对书本的实验内容负责,开出实验内容,写出实验指导书,而学生只满足于按部就班地完成实验内容,写出实验报告。传统的实验主要以书本为主,以传授理论知识和实验技能为主要指导,教学方法基本以验证、模拟为主,学生实验时"依葫芦画瓢",缺少想象创新的空间。

此外,思想观念落后同时表现在,新教材中列出了许多小实验和"想想议议",而在教学过程中,教师没有对这些小实验引起重视,认为这些学生一看就明白的小实验没必要做。久而久之,使得学生对一些小实验没有掌握,对某些小实验没见过,甚至有些都没听说过。而这些小实验是大实验的基础。

苏霍姆林斯基说:"学生的聪明才智来自他们的手指尖。"这句话揭示了动手实验的重要性。同时,学生动手操作是激发学习兴趣、发挥创造性的有益活动。比如,小实验"你能制霜吗?"能让学生动手实践,既可以提高学生学习物理的兴趣,又能够明白"霜"的成因,可谓一举两得。

(二)实验教法单一

在物理实验教学中,教师往往采用准备仪器、做实验、观察现象、归纳出结论的步骤进行,而没有以学生的实际(认知水平、学习习惯等)与教材特点去设计教法,不注重情境的创设,没有引发思维的积极性。毕竟,学起于思,思源于疑。比如,以"物体吸收热量,温度是否升高"来激发学生强烈的求知欲望,然后通过实验,会收到较好的效果。同时,"煮小鱼""纸盒烧开水"等生动有趣的实验,能使学生的注意力高度集中,让新奇的现象出乎他们的意料之外,使他们的兴趣大增,创造知识的饥饿感,去发现其中的奥秘,加强他们思维能力的培养。

此外,教法单一还体现在,物理实验教学中,往往忽视电教媒体在实验教学中的应用,视觉效果差。而电教媒体可通过图、文、声、像将实验的过程清晰地再现于学生面前,大大提高实验效果。比如,在学习分子动理论的初步知识时,由于扩散现象是物体内分子无规则运动引起的,而对这种微观世界的运动,人们无法直接用肉眼观察到,所以通过计算机软件,结合多媒体技术,可以将分子的这种运动科学、直观地显示出来,让学生易于理解和掌握。

(三)实验教学模式老化

在分组探究实验中,教材一改传统实验的编写方法,不把实验目的、原理、仪器、操作步骤和注意事项等都明确列出,而给学生留有足够的发展创造空间。但教师在每次的实验教学时,还是要花相当长的时间给学生一一列出并讲清楚,然后再让学生依据现成的实验步骤动手操作。这种做法根本达不到学生自主学习、合作学习、探究学习的目的,违背了教材编写的意图和初衷,学生的实验探究能力亦得不到提高。

物理实验是充分调动学生各种感官的一个综合学习过程。因此,必须通过有效刺激去强化实验教学的启发性,努力使实验过程中出现的现象或结果激励学生进行深入的思考。由于物理实验对于被动接受间接经验的学习者来说,其本身就具有一定的趣味性、新颖性和很强的启发性,所以新颖的现象会吸引并诱导学生在进行仔细观察、操作的同时,更积极地去深省和回味。但是,学生实验中又有一大部分是测量性和验证性的实验。因此,为了防止学生在实验中不爱动脑或不求甚解,仅仅满足于简单机械操作的倾向,就需要教师在增强实验的启发方面费心思。

物理是自然科学的重要分支,物理教学不仅应注重知识的传授和能力的训练,还要把物理实验和教学内容紧密联系在一起,重视对学生学习愿望、探究科学能力、科学创新意识的引导和培养。在物理教学实验中,课堂教学应较多地采用学生边学边实验的教学模式,这样就能进一步推动物理教材和实验器材结合在一起的改革。因此,要指导学生善于从生活中发现自己感兴趣的课题,可以由自己选择,也可以从同伴互相交流中选择,还可以由教师划定范围,学生从中选择。此外,在实验过程中,还存在很多组织方式,如个人独立探究方式、小组合作探究方式、班级整体探究方式、跨班级或年级探究方式。

随着我国经济的高速发展和我国义务教育的发展与完善,新课程教学改革成了当今时代的主流,对教师提出了全新的要求和挑战,而且以教师为主、学生为辅的旧教学模式已跟不上时代的步伐。为了让自己的教学模式能符合时代的要求,打造优质高效教学模式刻不容缓。那么,以物理实验教学模式为例,如何让自己的物理实验教学模式受到学生的喜爱,同时获得高效的教学效果呢?自由、合作、探究的实验教学模式应时而生。然而,如何实现学生自主、合作、探究学习呢?可以通过自主、合作、探究学习理念下的"四导"实验教学模式来贯穿整个实验教学过程,帮助学生主动建构初中物理实验相关的知识体系,同时,引起学生对实验的兴趣。

物理实验常常是一个系统工作。从实验的计划到实验器材的预备,从进行实验到记录实验数据,这些过程对所有的初中学生来说,都是非常重要的经历。实验教学的模式可以让学生更好地理解物理知识,帮助学生掌握实验的过程、结果和原理。因此,在进行实验教学的过程中,教师要按照相关标准与要求,通过实验教学来向学生讲书本知识,使难以用语言讲授的知识更浅显易懂。这样一种教学模式不但可以培养学生的动手能力,还可以改进学生的思维方式,培养学生的探究精神。

总之,物理实验教学是初中物理教学的非常重要的组成部分。随着新一轮基础教育改革不断深化,由于传统的实验教学模式教学方式单一,教学观念落后,实验设施落后,已经无法适应新课程改革的要求,所以初中物理实验的传统教学模式需要向新的方向转变。鉴于此,转变与创新初中物理教学模式已成为广大教育工作者的关注重点。

(四)教学效果不落实

由于实验练习图形较多,编排困难,解答难度大,讲解费时费力,多数教师对实验练习选编的数量偏少,导致部分学生只会背理论,不会解答相应的练习,而且当习题发生变式时,更是束手无策。因此,认真研究近年来的中考试题不难发现,实验试题的难度普遍比其他类型试题的难度略小,但学生得分率普遍较低。其根本原因就是平时教师不重视实验教学和实验练习的选编,学生动手操作实验的机会少,相应练习做得少,两弱并存,学生当然得不了高分。

部分初中物理教师对物理实验在教学中所起的作用认识不够,思想观念比较陈旧保守,存在一种"做实验不如讲实验,讲实验不如背实验"的荒谬想法。因此,在初中物理教学中,不能很好地指导学生开展探究实验,不会深挖教材中实验本身的价值,更谈不上加强物理实验的创新。同时,随着现代信息技术的不断普及,有相当一部分教师过分地夸大多媒体模拟物理实验的作用和功能,以视频替代实验,以题海战术训练学生的实验技能和探究能力。如此,学生暂时的物理学习成绩可能有所进步,但长此以往,学生的学习兴趣就会丧失,导致学生的学习积极性不高和学习效果不明显。所以教师要充分地认识到"耳闻易忘,目睹为实,躬亲则明"的内涵和本质。只要教师用心做好初中物理教材中的每一个实验教学,就一定会提高物理实验教学的有效性。

在初中物理教学中,教师选择有效的物理教学情境,不仅能充分激发学生学习物理的兴趣,也能调动学生的学习主动性与参与性,培养学生实事求是的科学态度,提高学生分析解决问题的能力。而物理情境的创设不仅要有真实、直观、形象、生动等特点,还应该具有针对性,为本节课的教学内容服务。此外,物理情境创设的内容可以是日常生活常识、新闻资料等。例如,在学习动能、势能、机械能时,首先用 PPT 展示新闻资料:一铁路职工"中弹"晕倒——1990 年 5 月 29 日 6 时,从沈阳开往上海的 195 次列车经过上海铁路分局管辖的沪宁线 103K 区段时,突然从列车左翼车厢飞出一个馒头,不偏不倚正好打在当班上海铁路分局苏州工务段某职工的鼻梁上,当场将其击昏。教师提问:"为什么小小的馒头能把人击昏? 谁能说说其中的道理呢?"通过新闻资料的呈现,可以激发学生的求知欲,充分调动学生的积极情绪,为学生用心做好分组实验创设好物理情境。而学生通过新闻资料来猜想影响动能大小的一个因素是物体的速度,之后通过分组实验来验证。以此,便于学生更好地理解和掌握知识,提高学生分析问题和解决问题的能力,本节课的教学目标也可以水到渠成地达到,为提高初中物理实验教学的有效性打好基础。

演示实验作为物理实验教学的一种手段,不仅能激发学生的学习兴趣,而且能培养学生的科学探究能力,但存在可见度差,学生比较被动,不利于学生对实验现象的认识和理解等缺点。为了改变这种被动的状况,教师在实验教学中可以将一部分演示实验改成学生分组探索性实验,突出培养学生的创新思维,让学生在小组合作实验中获取知识,增长见识。例如,在给学生讲解液体密度计时,可以用分组实验来代替演示实验,以培养学生的动手创新能力。第一,想一想,用鸡蛋来充当密度计有什么问题? 用什么方案可以解决这些问题? 第二,用一支空墨水笔芯代替鸡蛋,怎样才能让笔芯竖直地漂浮在液体中? 第三,怎样在空墨水笔芯上标注液体密度的数值? 第四,想一想,如何使自制密度计上两条刻度线间的距离大一些,以使测量结果更准确? 第五,在自制密度计标注刻度值后,看一看密度计的刻度线分布是否均匀? 有什么特点? 教师通过设计分组实验中的一系列问题,让学生经历实验设计与动手的过程,认识技术的意义,培养技术的素养。这看似简单,但制作过程并不简单,动手能力强的学生或理论思维能力强的学生都能发挥自己的优势,充分认识到"小小密度计,大有学问",以提高学生运用所学的知识分析问题和解决问题的能力,对提高物理实验教学的有效性大有帮助。此外,教师在平时教学中可以不断尝试,将一些演示实验变为学生实验,这也是变"学科学"为"做科学"。因此,初中物理教学不应只局限于物理理论知识的教学,更应注重提高学生的科学素养。

二、优化实验教学的对策

(一)转变教育观念

无论是学生家长,还是学校的领导、教师和学生,都要明确课程改革的意义、目的和要求,领会素质教育的真谛,从单纯追求"学校升学率高,学生考高分"的教学短期效应中转变过来,关注学生整体素质的提高,关注学生的全面发展和终生发展。同时,给广大物理教师营造一个宽松、广阔的工作空间,让他们能自由地投身于物理实验教学改革中,大胆地探索创新实验教学方法。只有这样,物理实验教学才能取得应有的教学效果,才能造就出社会需要的创新型人才。

在传统应试教育思想的影响下,一线物理教师过分地看重学生对物理基本知识的掌握,导致很多学生看不到物理学习的价值,沦为考试的机器。为了改变这一现象,也为了发挥物理课程的价值,在课程改革下,教师要转变教育教学观念,通过多种活动的组织来培养学生的科学观念。

实验是物理教学中的重要组成部分,也是培养学生科学观念、锻炼学生操作能力的有效活动环节。但是在应试教育下的实验教学中,教师采取的都是"背实验"的方法,导致绝大多数学生根本看不到实验的存在价值,参与的积极性自然会降低。所以为了帮助学生形成科学的观念,也为了发挥实验的价值,使学生在动手操作和体验中感受知识的形成过程,锻炼学生的实验能力,在教学时,教师要鼓励学生动手操作,以确保学生在实验中形成严谨的科学态度。

例如,在学习"科学探究:电流做功与哪些因素有关"时,为了展现实验的魅力和价值,也为了帮助学生树立正确的科学观念,在本节课的教学中,笔者首先引导学生对电流做功的影响因素给出假设,如与电压、电流的大小因素有关,之后再组织学生自主选择相关的实验器材,进行实验探究,如研究电流做功与电压有关时,学生可以选择"开关、电池组、小灯泡、电压表",而教师引导学生自主连接电路,自主根据电压表示数的变化来分析电流做功是否与电压有关。这样不仅能够强化学生对相关知识的理解,加深学生的印象,而且能够帮助学生树立起真正的科学观念。

开放是相对于封闭来说的。开放的环境不仅能够发散学生思维,提高学生对知识的灵活应用能力,而且对学生科学观念的形成有着密切的联系。所以在初中物理教学时,教师要通过开放题的思考和练习以及开放问题的讨论等来营造良好的学习环境,进而为学生综合学习能力的提高做好保障性工作。

例如,在某实验中,教师给学生提供了下面的一些实验器材,如小矿石和盐水、细铜线、不规则但厚度均匀的金属板、细线、铅笔、烧杯、水槽(有水)、刻度尺、弹簧秤、铅笔,要求学生自选器材和物品,完成一项实验(用天平、弹簧秤测质量除外),并写出实验目的、实验所用器材、实验主要步骤、被测物理量的表达式。

这是一道开放性试题,在解答时,教师要鼓励学生大胆地进行猜想和实验设计,切记不能因为题目比较难而放弃解答,要引导和鼓励学生克服困难进行解答,以培养学生的科学素养,使学生在知识灵活应用中掌握基本的物理知识,锻炼能力。

总之,在素质教育下,教师要有意识地凸显学生的课堂主体性,要通过组织多种活动来培养学生的科学观念,使学生在主动求知、主动探究中养成终身学习的意识。

(二)加强演示实验教学

物理演示实验具有形象、真实、生动、有趣的特点,能为学生在形成物理概念、得出物理规律之前营造出生动活泼的物理情境,便于学生明确知识的产生过程,理解应用知识。

常说"百闻不如一见,百看不如一做"。长期的教学实践经验告诉人们,对于那些物理成绩优秀的学生来说,他们对物理现象和物理过程都具有很强的悟性,这种悟性源于他们对日常生活丰富的感性认识。但对物理学习有障碍的人来说,其最大的障碍并不在于智力因素,而在于缺少对日常生活的用心观察,同时,头脑中缺乏感性经验,这些感性经验恰恰是物理思维的基础。

因此,物理教师要尽一切可能在课堂上为学生展现更丰富、更多彩的物理现象和生活情境,用好教材中的各种实验。

1.调动学生学习的积极性

物理实验具有真实、生动的特点,尤其对初中学生具有很强的吸引力,特别是一些新、奇、趣、险的实验现象常常出乎他们的意料,使他们兴趣盎然。这样就极易唤起他们的好奇心,激发他们的求知欲望,引起他们的直觉兴趣。

　　例如,在学习沸点与压强的关系时,教师可以做这样一个小实验:将一个装有水的烧瓶放在酒精灯的火焰上加热,直至沸腾,然后将烧瓶移开,迅速将塞子塞紧并将烧瓶倒转过来。此时,学生会观察到烧瓶中的水已不再沸腾。这时教师再将一杯冷水浇在烧瓶的底部,学生会惊奇地发现烧瓶内已停止沸腾的水竟然重新沸腾起来了。教师做完这个小实验后提问:"你们知道这是为什么吗? ""为什么冷水浇过的水可以继续沸腾呢? "此时,学生会对所观察到的现象产生强烈的兴趣,迫切想要知道现象产生的原因。

　　又如,在学习大气压时,首先演示母子管实验。在大试管中注入水,将略小的试管放入大试管水中,然后提问:"若手拿大试管倒置,小试管如何? "绝大多数学生认为小试管会受重力而掉下。接着做实验,学生惊奇地发现小试管不但没有掉下,反而在滴下水的同时缓缓上升。对此,学生感到疑惑不解。这时教师恰当地提问:"是什么使得试管缓缓上升的呢? "以此,来激发学生对知识的渴求,并告诉学生:"学习了大气压的知识以后,我们就能够知道其中的道理了。"

　　由此可见,一个有趣的实验可以激发学生的兴趣,使学生在整堂课中都能精力旺盛,集中注意力。

　　2.解决疑难问题

　　在学习物理的过程中,要认识物理概念和物理规律,首先,必须有一定的感性认识。通常从生活中得到的感性材料,本质与非本质的因素交融在一起,难以使学生获得清化、纯化的感性材料。运用演示实验可以突出事物间的本质联系,使学生对物理概念与规律有透彻的理解。

　　例如,在学习摩擦力概念的过程中,许多学生都有过这样的错误认识："摩擦力是阻碍物体运动的力""摩擦力总是与物体的运动方向相反"。为了纠正学生的这一错误认识,教师可演示如下实验:用手握住一个瓶子,然后匀速向上拎起,引导学生分析瓶子在被拎起的过程中的受力情况,得到与"摩擦力总是阻碍物体运动""摩擦力与物体的运动方向相反"相互矛盾的结论。如此,学生在解决矛盾的过程中,错误认识会转变为正确认识,表面的认识就会转化为本质的认识。

又如,在进行液化概念的教学时,可插入两个演示实验。首先,准备一瓶冰冻矿泉水,用抹布擦干净后展示在学生面前。以此,立即唤醒学生生活中的经历和脑中已有疑问:"过一会儿,瓶外会有水珠出现?""瓶外为什么会有水珠出现?"这样,学生很快地就进入教师设置的物理情境中,教师可趁机提问:"瓶外的水珠从哪里来?"经过师生的讨论、分析,学生确定"水珠不是从瓶内渗出来的""水珠从空气中来"。此时,教师进一步追问:"水珠是怎么从空气中变来的?"然后,演示下面的实验——同时加热两只盛有温水的烧杯,并引导复习与分析:"杯中的水有没有发生物态变化?"学生答:"有,蒸发。"教师又问:"人眼为什么看不见水面上方的水蒸气?"取两块玻璃片,一片在火上烤热,另一片不烤,然后两片分别放在烧杯上片刻,待热玻璃片上生成了明显的水珠,而冷玻璃片上没有生成水珠时,把两块玻璃片同时展示给学生看,并问:"水珠是怎么来的?""是水蒸气遇冷凝结成的小水珠吗?"随后,学生观察到拿走玻璃片的杯口上方有"白气"出现,那么"白气"是什么呢?据分析与讨论,得出"白气"是水蒸气遇冷凝结成的小水滴。此时,刚才冰冻矿泉水瓶壁外已出现大量的水珠,学生心中的谜底与"水"俱来。实验后,接着进行归纳、应用……这样,学生不仅可以清晰地形成"液化"的概念,而且能够较容易地联系生活实际解释有关现象,并在实验的引导下进行一系列观察、思考、分析、归纳,真正体验揭示自然界谜底的乐趣。实践证明,这样教学后,学生可以对"雾""露"以及早晨、晚上池塘上方的"白气"等现象分析,解释得轻松而又准确。

学生学习的知识虽然是前人经过实践总结出来的,又是经过实践证明正确的,但对学生来说,如果这些现象或结论与他们以往的认识或经验不符,或者这些现象对于他们而言很陌生并且难以理解,那么学生的心里就会抱着怀疑的态度。在这种情况下,教师应尽量以最直观的再现形式展示这些现象,消除学生心中的疑虑。只有这样,才能使学生更好地接受和应用这些知识。

例如,对于光的色散现象,虽然学生在生活中经常看到彩虹,但对如何形成这一现象的过程仍然非常好奇。因此,在光的色散现象这一节,一定要用棱镜对白光进行色散,这样学生才会确定相信白光中有如此丰富多彩成分,进而了解光谱中的颜色是如何排列和渐变的。

当学生头脑中已有的前错误物理概念与物理概念、规律相抵触或矛盾时,在教师的讲解下,学生在表面上能够接受正确的观念,但认知上还没有形成新的图式(认识结构)。因此,学生在解释现象、分析问题时,容易不自觉地运用到原来的前错误物理观念,这时需要强烈的刺激打破旧认识结构的平衡。即使教材已列出演示实验,但还是有必要补充惊奇的演示实验,以加强和反复刺激,让新建立的图式得到强化和巩固。

3.巩固复习和延伸

例如,在学习变阻器时,考虑到学生的接受能力有限,没有强调滑动变阻器的使用注意事项,即使用前应将滑片置于阻值最大位置,但笔者在课的最后设计了一个实验环节——让学生观察在变阻器阻值逐渐减小的过程中灯泡的亮度逐渐增大，直到灯泡被烧坏，然后在不改变电路的情况下换用新灯泡，闭合开关的同时灯泡随即又烧坏。如此，可以给学生留下很深的印象，为后面的学习埋下伏笔，同时，给学生留有一定的思考空间。

演示实验是教师利用课堂时间为学生演示，在操作的同时引导学生对实验进行观察、思考和分析的一种物理实验教学方式。在传统的课堂教学中，演示实验通常是教师演示，学生观看，但对于很多实验，学生根本看不清，特别是坐在教室后边的学生。这在不同程度上限制和阻碍了学生智能与潜能的发展，直接影响学生实验心理素质的提高。所以在演示实验中，应积极引导学生观察、猜想、分析、归纳与总结，甚至在实验操作上让学生积极参与，充分了解实验的内容，多次重复，加深印象，巩固记忆。

例如，在学习浮力时，为了揭示浮力产生的原因是水的向上和向下的压强差对物体造成的压力差，笔者设计了如下浮力消失和产生的对比实验：把一蜡块的底面紧压在平底玻璃器皿的底面，使二者紧密接触，然后缓慢地向容器中注水，使整个蜡块都浸没在水中，观察到蜡块并不浮起；如果将蜡块与器皿底的接触处推开一道小缝，让水浸入，那么蜡块很快就会浮起来。通过对比，学生对浮力产生的根本原因的理解就具体而深刻了。

学生对自然界的事物怀有好奇心，对还不懂的现象总喜欢问几个为什么，教师应该爱护学生的这种精神，可以和学生一起设计实验，组织他们观察现象，引导他们积极思考，并通过设计物理实验进行思维能力的培养。

例如，在学习声音的特性时，为突破音调和响度的区别这一难点，笔者让学生自己设计钢尺振动发声的对照实验，通过反复摸索和交流探究出规范的实验过程：先使钢尺伸出桌边不同的长度，用相同的力敲击，注意听到声音的不同；再使钢尺伸出桌边相同的长度，用大小不同的力敲击，注意听到声音的不同。这样可以使学生较好地区分音调和响度的不同，并且留下极为深刻的印象。

又如，在分析电路故障的问题时，笔者总是给学生创造条件，让他们自己设计实验进行验证。这样可以解决好多疑难问题，如电流表与用电器、导线并联的短路问题，电压表与用电器串联的短路问题，利用电流表和电压表、导线等器材检验故障电路的问题，以及只有电流表或电压表如何测电阻的问题。通过实际操作和观察，给学生深刻的印象，从而突破学习中的难点。

人教版初中物理教材中安排的演示实验有很多，而且习题和综合实践活动中也设置了许多的实验，这些实验有的侧重操作，有的侧重设计，有的侧重对物理知识的理解和应用，各有特点和作用。这些实验符合初中学生的心理特点和知识水平，一方面简单易做，学生可以自己取材并动手实验，充分发挥了学生学习物理的积极性和主动性；另一方面紧密配合教材，让学生既动手又动脑筋，从中领悟学习物理的方法，进一步理解和应用所学的物理知识，促进他们的智能融洽结合与和谐发展。

搞好初中物理演示实验的教学，教师是关键。首先，教师应根据教材和整个体系，按照各个实验的不同特点和作用进行分类，分别提出不同的教学要求，包括实验的组织形式、时间安排和效果检查等，要做到心中有数。对于设备不太复杂、材料容易收集、操作比较简单的实验，可以让学生自己去做；对于比较复杂的实验，特别是小制作和设计实验，教师要认真备课，保证一次成功。总之，物理课堂演示实验要与学生的分组实验有机地结合起来,努力培养学生的基本实验能力,如学生使用仪器的能力、各种物理量的测量能力、分析与归纳总结的能力。

实践证明,成功的演示实验是展现物理教学魅力最有效的手段。它能化枯燥为生动,化抽象为具体,化平淡为神奇,既可以提高课堂教学的效率,又能培养学生课外自觉学习物理的习惯。当今社会大力提倡素质教育,在物理教学中实施素质教育,演示实验起着不可估量的作用。只要教师能在演示实验中突出科学探究,体现以学生为主体的教育理念,就一定会得到满意的课堂教学效果。

(三)丰富学生的分组探究实验

分组实验主要有测量性、验证性和探究性三类。心理学研究表明:"人的动作记忆效率比语言文字记忆效率要高好几倍。"因此,要提高学生分组实验的教学效果,就必须给学生提供更多的动手实验的机会,让学生真正进入角色,做到手、眼、脑并用,在实验中学会思考、学会动手、学会分析、学会合作。

笔者在调查过程中发现,很多教师为了节省课堂教学时间,常常在分组实验之前就把学生所用的实验仪器、实验材料等工具准备妥当,实验报告也采取统一的格式提前印刷好,学生的主要任务就是根据教师所给的实验步骤按部就班地进行实验。这样单一化的实验模式虽然能够在一定程度上节省教学时间,却严重地限制了学生的思维空间,让学生无法根据自己的想象进行实验,更没有深入思考实验中遇到的问题和解决办法,无法达到物理分组实验教学的目的。

初中物理分组实验教学安排的教学时间有限,这要求学生最好能够进行课前预习,了解实验目的、实验器材、实验注意事项等,如此才能够迅速地进入物理实验状态,达到最佳的实验效果。但事实上,很多学生在实验前没有进行充足的准备工作,往往是等到课堂上按照教师的指示直接操作,甚至一边看书一边进行物理实验,这样严重地影响了实验效率和效果。

初中学生尚处于心智不成熟的阶段,甚至有很多学生处于叛逆期,他们没有认识到物理实验对他们学习物理知识的重要性。在物理实验课上,他们没有认真对待每个实验任务,常常出现学生拿着实验仪器玩、实验结束时照抄别人的实验结果的情况。这样不但影响自己的实验,也影响整个课堂的学习进度。

对于目前初中物理分组实验教学中存在的问题,教师应该给予足够的重视,采取科学合理的教学策略来解决这些问题。只有妥善解决了这些问题,才能够保证学生可以通过物理实验教学来提高自身的实践能力和创新能力。

此外,物理教师应该不断提高自身素质,让学生能够在教师的吸引下逐渐爱上物理,对物理学习产生浓厚的兴趣。同时,教师应该利用好课余时间,提高自身的实验技能,多亲自动手做实验,从而在学生遇到问题时能够及时给予正确的指导。

例如,在做凸透镜成像实验时,当蜡烛处于二倍焦距的位置时,在光屏上的成像往往不容易准确地判断出是否和原来的物体一样大。这个时候就需要教师在一次次实验中找到解决的办法,成功地为学生展示正常的成像效果。

在学生课前预习的基础上,针对某个知识提出问题,根据生活经验进行猜想和假设,然后分组讨论实验所需要的器材和设计的步骤,按照初中学生的思维特点让他们经历科学探究的各个环节,让每个学生积极参与到探究过程中来。

例如,在探究压力的作用效果实验中,先观察脚陷沼泽地的图片并提出问题:用自己的两个食指分别压住铅笔的两端,体验手指受压后不同的感觉,然后加大力,体验手指的感觉有什么不同。同时,在此基础上进行猜想,再观察书上的图,思考选择合理的器材,分小组讨论实验方案,但设计实验步骤时要注意控制变量法的应用,然后请学生上台展示讨论的结论,其他学生进行补充评价。这样既可以调动学生的思维,又能够让每个学生都充分参与,作好动手操作前的准备。

正常的实验教学流程是学生通过自习掌握整个实验的思路和模式,必要的时候要在教师的引导下进行实验。对于有些问题,如果学生讨论后仍没能解决,就需要教师对实验中的一些环节和注意事项进行必要的讲解。

例如,在进行物质比热容的实验时,基于以往的经历,学生一定会认为比热容是一个非常抽象难懂的物理概念,同时,会对与之有关的实验产生畏惧质疑的心理。这个时候,需要教师在实验前给学生进行一定的讲解,消除学生的恐惧,从而加深学生对比热容这一概念的理解和把握。

通过实验收集到证据后,可以分组交流收集到的证据,也可以交流各自实验过程中所遇到的问题和困惑,还可以比较各自的数据,讨论误差存在的原因和如何在实验中减少误差,从而进一步深化物理概念的建立过程,激发学生的思维,提高实验的效果,让学生的探究活动变得更加有效。

传统的实验模式已经让学生厌倦,为了提高物理实验教学效率,教师应该不断创新实验模式。例如,教师可以在实验过程中开展"看谁做得好"的评比活动。这样的活动往往能激励学生更认真地对待实验,让学生更加积极主动地投身于物理知识的探索过程,大大地提高实验课的教学质量。

综上所述,高效地开展初中物理实验教学,需要教师和学生的共同努力。教师不仅要提高自身的专业素质,还应该加强与学生之间的沟通交流。另外,还要让学生相互讨论交流,进行展示,通过学生积极参与来培养学生对物理的兴趣,同时,尽量丰富实验教学,提高物理实验教学的效果与质量。

(四)充分发挥小实验的作用

现行教材编写的小实验具有取材容易、贴近生活、直观明了、便于操作的特点,不仅能加深学生对所学知识的理解,而且能极大地提高学生学习物理的兴趣,锻炼学生动手制作的能力和独立操作能力,进而开发学生的智力。

小实验可以让学生体会亲自动手、亲自实践的乐趣,激发学生学习物理的兴趣,认识到物理知识在实践中的应用,增强他们学好物理的信心。比如,在学习大气压强时引入引人入胜的小实验,更能激发学生的学习兴趣与热情。为此,在引入大气压强概念之前,将学生分成几个学习小组,要求学生完成四个小实验。实验一:先把一只小烧杯杯口朝下放在酒精灯上略加热一会儿,再把一只吹入一定量空气的气球放在烧杯口,发现气球牢牢地把杯子吸起来了。实验二:把浸过酒精的棉花用火柴点燃后,投入事先准备好的空瓶中,用剥了皮的熟鸡蛋封住瓶口,稍后,鸡蛋被吞入瓶内。实验三:将茶杯中装满水,盖上硬纸片倒置过来发现水和纸片都不下落。实验四:给底部扎有几个小孔的空可乐瓶里灌水,在把可乐瓶提出水面之前问学生:"水会流出吗?"取出可乐瓶,通过控制瓶盖使水一会儿流出来,一会儿又不流出来。通过这些小实验,既能激发学生的兴趣和好奇心，又能使学生获得丰富多彩的感性认识，从实验现象的特征出发提出物理概念——大气压强，进而引导学生讨论现象和结果，让学生在生动活泼的情境之下建立起物理概念。

在平时的教学中，笔者经常利用一些随手可做的小实验来进行教学。比如，用"土电话"的游戏，使学生在学习的同时体会到合作的快乐；用"手影""纸锅烧水"的游戏，使学生体会到魔术的神奇；用"瓶口吞蛋""叉鱼"的游戏，让学生感受到大自然的魅力；让两个学生"模拟平面镜成像"，使他们感悟到科学的严谨；用"拔河比赛"的游戏，使学生明白拔河比赛实际上比的是什么。此外，笔者还让学生在课后用蜡笔或彩笔做颜料的混合实验，用一盆水和一面平面镜做光的色散实验，用密度不均匀的糖水来观察"海市蜃楼"，用放大镜会聚太阳光点燃火柴等实验来激发学生的学科情感，调动学生学习的积极性、主动性。由于学生学习物理的兴趣非常浓厚，所以在课后，学生进行了许多小制作，如自制了"蜡烛跷跷板""潜水艇模型""水果电池""潜望镜"。学生在实验中发现每一个实验的成功都来之不易，每一个实验都会给他们带来新的收获，都会有新的发现，极大地激发了他们学习物理的兴趣。

每个小实验都包含着相关的物理知识，所以小实验的实施过程就是对知识的再现和再学习的过程。通过一些课上、课下的小实验，学生能够更进一步加深理解物理知识与物理规律，提高学习效率。

比如，在学习声音的产生和传播后，让学生触摸自己的咽喉，体会声音是由物体振动发出的；两手相握，体会力是物体对物体的作用；通过硬币"跳高"比赛、机翼模型实验、软吸管竖起向上吹乒乓球、自制喷雾器等实验，体会流体的压强与流速的关系；通过生熟鸡蛋的旋转、拍掉身上的灰尘、套紧钢笔帽、投递书本等实验，认识与理解惯性；让学生用两个弹簧秤互拉来认识作用力与反作用力的关系，从而走出鸡蛋碰石头、石头对鸡蛋的力大于鸡蛋对石头的力的认识误区；让学生课后在空气中和水中分别托一下铁块，认识到在水中下沉的物体也会受到浮力；通过吊着的苹果能否打到鼻子的小实验，理解能量守恒定律；讲大气压时，用两个吸盘模拟马德堡半球实验，又将吸盘吸在黑板上，让学生感受垂直向外拉（克服大气压力）和水平滑动（克服摩擦力）所用力的区别，从而认识到大气压强很大；在变阻器教学之后，要求学生做自制滑动变阻器来控制小灯泡的亮度的小实验，以此加深学生对滑动变阻器原理的理解，有的学生还设计出了能将灯泡完全调灭的电路，更好地理解了部分短路的规律；通过制作音调可变的哨子，可以让学生明白音调与振动快慢（空气柱长度和粗细）的关系；通过自制"不倒翁"，来理解稳度与重心高度以及底面积大小的关系，明白"不倒翁"不倒之谜；在做筷子提米的实验时，学生不太好把握，有的学生将实验进行了改进，改用纸杯、细沙、粗糙木棒（一次性筷子）很好地完成了这个实验，更进一步地理解了摩擦力与压力和粗糙程度的关系。

小实验和小制作不仅可以提高学生的动手、动脑能力，还可以有效地帮助学生巩固所学知识，突破学习中的难点，消除学生对知识的模糊或错误认识，加深学生对物理规律的理解。

观察能力是实验操作中最基本的能力。比如，让学生观察指甲剪上有哪些杠杆；观察家里用具和交通工具在哪些地方应用了摩擦，分别用到了哪类简单机械；观察各种家用电器，了解它们的额定功率；观察家庭电路和组成；观察灯丝粗细，比较它们电阻的大小。通过观察性的实验，不仅可以培养学生的观察能力,而且可以加强教材知识与实际生活的联系,真正做到物理与生活的很好结合。

一些测量类的小实验,如测量自己的功率、测量自己站立时对地面的压强、测量大气压的大小、利用电能表测小灯泡的电功率(也可测实际电压)等小实验,既可以培养学生对实验原理和测量仪器以及操作过程的正确把握,也可以培养学生分析问题和解决问题的能力。有许多学生在测出大气压后,还分析了产生误差的多个原因;测量电功率时,还计算出了实际电压。

通过小实验"自己会平衡的木棒"和"巧找薄板的重心",不仅可以复习重心和重力方向等概念,还可以使学生学会用悬挂法和支撑法(其实都是利用二力平衡)求不规则物体的重心,搞清楚"顶碗""走钢丝"等杂技技巧的道理。通过这些小实验,可以增强学生知识的迁移能力、实际应用能力以及操作技能。

另外,探究保温瓶的保温性能、观察家用冰箱每天消耗的电功等实验需要进行持续的观察、对比。它对培养学生的观察力、注意力、耐心、毅力等优良品质是很有作用的。特别是探究单摆周期与哪些因素有关这个实验,不仅可以锻炼学生的耐心和操作技能,还可以让学生更进一步理解科学方法(累积法、控制变量法)在探究活动中的运用。

小实验可以培养学生的实验习惯、科学态度和科学方法以及勇于探索的精神,从而提高学生的观察能力、实际动手能力,同时,对实验操作技能的提高也起到了重要作用。

在课外实验中没有现成的器材,所以就需要学生在实验过程中寻求性能相似的替代品,促使学生动手、动脑。这必将激发学生潜在的创造能力,培养其创新精神。同时,实验过程中出现的问题一般也只能自己解决,进而增强学生的自主探究学习能力。

比如,学生用远视镜、近视镜的镜片分别替代凸透镜(装水的圆形酒瓶亦可)和凹透镜,用外面标有刻度的玻璃罐头瓶或玻璃杯替代量筒,用自制小天平甚至是测体重的电子秤测质量,用自制橡皮筋测力计或拉力计测重力,用玩具小车替代牛顿第一定律的小车,用废旧的牙膏皮做浮沉实验,用眼药水瓶和橡皮管做浮沉子,用自制的水气压计测量大气压……通过学生动脑、动手制作并做好一些小实验,培养学生观察思考与动手创新的能力。

当知识积累到一定程度,可以让学生用不同的器材探究同一个物理问题或用一个器材设计不同的探究实验。

比如,在探究力的作用效果与哪些因素有关时,可以设计出哪几种实验方案? 要测一个土豆的密度,可以想到哪些方法? 在缺少天平或量筒的情况下,可以想出哪些替代的方法? 学生除了设计出等质量替代法和等体积替代法之外,还想到了等密度替代法(即悬浮时,$\rho_{物} = \rho_{液}$)。密度计测量液体密度采用的原理是 $\rho_{液} = F_{浮} / V_{排} g = G / V_{排} g = m / V_{排}$,其中控制 m 相等(让密度计或其他物体分别漂浮于水和液体中),根据 $V_{排}$ 的比例和 $\rho_{水}$ 得出 $\rho_{液}$。而学生在家测酱油密度时,由于用到的漂浮物是塑料瓶盖,$V_{排}$ 的区别很小,测量误差太大,所以学生就采用了 $V_{排}$ 一定,改变 $F_{浮}$(即 m,在塑料瓶盖里添加米粒)的办法测出了酱油密度,方法简便易行,而且应用的原理不变,只是将控制的变量发生了变化,这实际上就是一种创新思维的体现。

又如,利用注射器,你能做哪些实验? 给你一个鸡蛋,你可以做哪些实验?给你一支削好的长铅笔,你能设计哪些物理小实验?(可探究压强的大小与受力面积的大小的关系;可得出力的作用是相互的;用细铁丝绕在铅笔的一端或用图钉压入铅笔的一端,制成密度计来测量液体的密度;取出铅笔,增加铁丝匝数,使铅笔悬浮以至下沉,来探究物体浮沉的条件;铅笔芯粉末可起润滑作用;可用铅笔分别观察光的折射、反射和直线传播;用笔芯做成滑动变阻器,控制灯泡的亮暗;把漆包线绕在铅笔上制成螺线管,探究电流的磁效应;将铅笔沿斜面滚下,速度很快,将其沿斜面竖起滑下,速度很慢甚至不能滑下,或者手掌贴住桌面移动和隔着铅笔移动,说明滚动摩擦比滑动摩擦小得多;将铅笔一端放在口中,轻轻敲笔杆几下,再用牙齿咬住笔杆,轻敲笔杆几下,感受骨传导比空气传声效果好,等等)在这些小实验的设计与操作过程中,学生的创新思维和创新能力都得到了很好的培养。

教师在平时的教学中,应多鼓励学生利用身边随手可得的材料进行实验探究活动和各种物理小实验。这样不仅能培养学生的兴趣,加深学生对物理知识的理解,而且可以让学生从实验探究过程中体验科学过程,领悟研究方法,学会科学思维,提高操作技能和创新能力。

(五)对学生开放实验室

在教学中发现哪一届都有少数学生不满足于课堂上所接触到的实验,表现为动手欲望高,动手能力强。因此,教师可以利用课外活动或星期天时间开放实验室,并安排专门的辅导教师给学生提供动手实验的机会,指导他们进行设计性、探究性、创造性实验。同时,组织创新实验展演活动,为他们展示才华提供平台。

进入 21 世纪,国家更加注重创新能力的培养,提倡素质教育。而实验教学不仅可以培养学生的动手能力和创造能力,而且可以培养学生实事求是的精神、严谨周密的思维习惯和团结协作的精神。因此,在开放的实验室中,学生可以更好地利用实验室的设备,根据自己的需要或爱好有选择地进行实验。此外,在实验室中,学生可以通过自己动手,观察实验现象,分析实验数据,总结实验结果,从中获得知识和技能,培养动手能力与分析解决问题的能力。其实,学生在实验室观察、分析、总结的过程是一个积极地发挥主观能动性的再创造过程,能影响人的思维方法。同时,可充分调动学生的学习积极性,而且实验内容和方法都吸引着学生,使学生在实验教学活动中成为学习的主体。

素质教育是一种理念、一种教育思想。它本身不能直接作用于教学活动,必须依托有效的载体,把素质教育这一理念贯穿于教学活动中,这样才能真正有效地实施素质教育。因此,可以开放实验室给学生创造自主地进行实验活动的环境,使学生有独立思考、自由发挥、自主学习的时间和空间,从而调动和激发学生学习的主动性与积极性,提高他们实际的能力,培养科学的意识和思维,逐步形成自己的知识体系和能力体系,进而在知识、能力等方面得到全面的发展。

实验室对学生开放,能够最大限度地发挥实验室的资源效益,为学生提供自主发展和实践锻炼的空间,通过学生亲自做实验,培养他们对科学知识的向往,激发他们科学探究的能力。

开放实验室可以给学生留下形象的记忆,便于分析解题。同时,通过动手实验,可以增加学生对实验原理的理解、对实验过程的熟悉、对实验步骤的明晰、对实验细节的把握,有利于实验题的解答。

开放实验室可以补充课堂实验教学的不足,提高实验教学质量。因为在课堂教学中,学生的分组实验时间集中,在教师的统一调配下完成,自主时间少,探究方式受到局限。所以为了弥补课堂实验教学的不足,通过开放实验室,学生可以对所学实验进行再做或者新的探究,从而基本消除因课堂实验教学的不足而引发的问题。

初中学生正处于成长发育的阶段,应该特别注意劳逸结合。毕竟,有的学生整天"泡"在书堆里,长期过度紧张,影响正常学习。而开放实验室的内容形式多样,学生既可以做实验,也可以讨论问题,有助于消除疲劳,使大脑保持最佳状态。同时,通过开放实验室活动,可以缓解学生中考复习的压力,有助于增强学生的记忆力和理解力。

此外,通过开放实验室活动的开展,可以使初中学生在面对试卷中的实验题时游刃有余、触类旁通,最重要的是能够锻炼学生的多种能力。比如,有部分学有余力的学生在探究实验的同时,对实验提出了改进的措施。这样,学生参与其中,可以提高他们对学习物理的兴趣。又如,有部分学生在家中自制物理教具和用家中现有的材料自行完成一些探究小实验,这样不仅可以让学生在"做中学",还可以促进学生的自主学习,为初中为期两年的物理学习画上一个圆满的句号。

总之,初中开放物理实验室不仅对推进素质教育有帮助,而且对应试教育也起到了事半功倍的作用,有一举两得的效果。开放初中物理实验室可以提高初中学生的动手、探究和创新能力,学生能做到在理解的基础上灵活地解答实验题,所以受到了全体师生和家长的一致好评。

(六)建立科学有效的评价机制

首先,是对教师的评价。学校可以给理科教师每周增加一节课时计酬工作量,肯定理科教师准备实验器材、设计实验方案的劳动付出;还可以安排实验研讨课,发挥集体的智慧,不断优化实验教学。其次,要建立健全的对学生实验操作能力的考查方案,促进学生积极参与动手实验,保障实验教学取得更好的效果。

1.更新评价观念,奠定评价基础

在以往的初中物理实验教学中,教师大多只采用单一的教师评价,而且相应的评价内容也不够全面,过度重视纸笔测试,忽视了其他方面的考查,影响了教学评价效果。其一,评价观念不科学。部分物理教师认为,中考物理学科不会考查学生的动手操作能力,只需要使学生背过物理实验步骤和结果与现象即可,如此影响了学生的实验学习效果。其二,教学目标不明确,存在过度重视结论而忽视过程的行为。有的物理教师不愿意花费大量的时间和精力来设计实验,在培养学生实验能力方面缺乏计划性。其三,在物理实验教学的过程中,有的教师包办一切实验教学方案,只让学生进行简单的观看、模仿,没有点拨他们动脑,进而影响实践动手能力。其四,实验教学方式单一。当前的初中物理教师所采用的教学方式主要是引导学生按照教材中有关实验的步骤来进行操作,学生缺乏学习的自主能动性,影响了他们学习的效果。

为了提升物理实验教学,教师应当树立科学、合理的现代教学评价观念,尤其是要着重做好以下四个方面的评价转变工作:第一,积极转变物理实验的评价功能,主要是从甄别和选拔功能向促进学生全面发展转变,对学生的进步加以促进;第二,要能够突破实验评价内容的转变,从单纯重视初中物理知识评价向提升学生全面素质方向转变;第三,要做到评价方法和形式的转变,促使评价从重视笔试向多元评价方式转变;第四,要实现评价主体的转变,促使学生从被动评价客体向学生参与评价工作方向转变。

2.创新评价方式,增强评价效果

理论上讲,不同的物理实验有着不同的知识强化和教学评价功能。比如,有的物理实验可以对学生的实验操作能力进行测量,有的物理实验可以对学生的探究能力进行测量,有的物理实验可以对学生搜集、调查和分析资料进行测定,有的物理实验可以对学生分析信息的能力进行测定。因此,为了增强物理实验教学评价的效果,物理教师应注意创新评价方式。除了传统的纸笔测试评价方式之外,还要进行实验操作评价等多元的评价方式。实验操作评价实际上要求教师结合物理教学目标来进行命题,引导学生按照试题要求来进行实验操作测试。除了注重实验操作之外,还要注意辅以口试来全面测试学生的实验操作技能。另外,要借助书面和实验操作相结合的评价方式,来充分发挥纸笔测试评价与动手实验操作评价二者的优势,以增强实验教学评价的有效性。

3.建构评价目标,明确评价内容

新课程对初中物理实验教学提出了许多描述性的教学目标。因此,为了更加全面地评价实验教学的有效性,初中物理教师必须先将这些描述性的教学目标具体化,确保构成完善的教学目标体系;同时,要顺应新课程标准的有关规定和要求,结合学生实际的学习情况来设定符合初中物理实验教学的评价目标。归纳起来,可以将初中物理实验教学目标划分成如下三个目标。

(1)认知领域目标

通过物理实验操作,使学生了解和掌握有关的物理实验知识并可以将其应用于其他方面。

（2）技能领域目标

要使学生了解和掌握物理实验的基本操作过程和方法,确保学生可以合理地选择实验仪器;要严格按照规定的实验要求和流程来进行实验操作;要排除物理实验故障并在做完实验之后掌握复原实验器材的方法;要准确分析有关实验误差;要自主掌握实验设计方法等。

（3）情感领域目标

要通过初中物理实验的学习和探究来激发学生参与实验的兴趣,确保他们可以形成坚韧不拔、实事求是的科学态度。

另外,除了需要建立初中物理实验教学目标之外,还需要明确初中物理评价目标,具体包括表述实验原理、选取实验器材、设计和编排实验步骤、处理和分析实验数据与结论、分析实验误差、总结实验方法和经验等。

总之,教学评价作为初中物理实验教学的重要组成部分,是指导物理教师开展课程授课的重要依据,也是使教师明确学生学习情况的重要手段。因此,为了提升初中物理实验教学评价水平,确保其可以顺应新课程的各项要求和标准,物理教师应注意更新教学评价观念,建构科学、合理的评价目标,还要注意选择合理的评价方式来增强实验教学的评价效果。

第三节　初中物理实验教学的创新

作为初中物理教学的一项关键内容,物理实验教学可以对学生实验素质的培养起到很大的促进作用,能够帮助学生更加清楚、直观地了解物理知识,把握实验探究的方法,形成物理知识探索规律。随着教学体制的改革,创新初中物理实验教学显得尤为重要,是教学发展的必然需求。通过探究初中物理实验教学的创新,可以进一步提高教学质量,指导实践教学,为相关研究提供参考意见。

建立在实验基础上的初中物理实验教学主要指的是利用实验的方式,让学生通过自己的观察和动手操作,在实践过程中学习物理知识,获取实践经验和体验,形成系统化的物理知识结构,分析物理实验的本质。从教学方式上来看,物理实验属于一种教学手段,可以丰富物理教学内容,对提高物理教学质量有很大的作用,是体现物理知识的重要途径,也对学生的物理学习情感目标的实现具有非常重要的意义。学生进行物理实验不仅可以加深学生对知识的理解,还能纠正学生错误的认知,发散学生的思维,提高学生对物理实验学习的积极性,促进学生智力和能力的发展。

在新课程标准实施的过程中,传统的物理实验教学方式已经不能满足当前教学形势的变化,应转变和更新传统的物理实验教学理念,树立以学生为主体的教学模式。教师在实验过程中,只是发挥引导者和辅导者的作用,要积极地鼓励学生参与到实验教学过程中,在实践中发现问题、分析问题与解决问题,积累物理实验学习经验。

一、创新初中物理实验教学的思路

(一)添加教材外的物理实验,增加实验项目

物理实验教学通常涉及的都是教材中典型的实验,而开展实验教学仅仅停留在教材实验的层面上,根本无法实现教学目标,这就要求增加物理实验教学的项目。因此,可以从物理教学课程出发,根据教学大纲合理地选取一些课外物理实验,尽量贴近实际生活,帮助学生形成举一反三的思维,充分发挥实验教学的作用。同时,在进行课外实验的过程中,可以利

用实验室器材,还可以让学生自制实验器材,丰富实验用具。这样,可以在锻炼学生动手能力的同时激发他们的探索精神,培养他们克服困难、坚持不懈的实验精神。锻炼学生的感性认知是开展物理实验教学的关键目标,而通过完成多种物理实验,有利于学生对身边事物的研究和观察,为学生终身的物理学习奠定了基础。

随着目前我国新课程改革的不断深入,在初中物理教学过程中,不仅要求学生掌握相关的物理知识,而且要注重培养学生的创新能力。因此,在实际物理教学过程中,要注重充分地开发、应用物理课外实验,不断地转变教学模式,全面提升学生的综合素质。此外,初中物理课外实验可以将物理知识和实际生活建立有效的联系,通过实验可以将一些抽象、枯燥的物理知识变得立体、丰富、有趣,让学生在一定程度上对实验本质的了解、基础方法的掌握和物理规律都有一定的认识,培养学生对待科学的态度,还可以有效地提升学生的物质基础知识和技能,提升我国初中物理教学质量。

1.初中物理课外实验的开发

(1)初中物理课外实验的开发标准

在初中物理教学中,实验的作用和意义已经很清晰。因此,在初中物理教学过程中,教师要注重给学生提供更多丰富有趣的实验、图片和视频等材料,有效地提高学生对物理学习的兴趣和积极性,让学生能够主动地去学习和探索。物理课外实验同样是学生学习的一种方式。教师在实际开发过程中,要注重不断地提升学生的学习积极性,帮助学生更好地通过实验去思考、发现新的物理知识。在实际的课外实验开发过程中,应保证实验的器材简单易得,有明确的实验步骤、实验对象,而且实际的实验过程有一定的意义和趣味性,能够准确地反映一些物理原理。当然,还要充分地考虑实验的安全性和实验成功的概率等问题。

(2)初中物理课外实验的开发路径

教师在开发初中物理课外实验时,可以将日常教学中的一些难点问题进行开发,作为学生的课外实验项目。比如,在学习物质的三态与温度的测量时,很多学生对于气体热胀冷缩和液体热胀冷缩中哪种物质更明显不够了解,因为很多学生对于实际的生活经验较为缺乏,只能够靠死记硬背的方式来记忆。教师可以让学生通过自己回家组装简易的温度计,用手捂的方式准确地观察到哪种物质更明显,这样的方式可以有效地巩固学生的物理知识。而对于初中物理课外实验的开发,需要教师有效地结合实际教学情况,注重在平时多积累、多思考、多整理。另外,在初中物理的课外实验开发中,教师可以将实际课堂教学中的一些演示实验拓展成为学生的课外实验。这样可以有效地解决实际课堂教学时间不够和演示实验不深刻的问题。

2.初中物理课外实验的应用实践

(1)观察体验型课外实验的应用实践

初中物理实验的种类较多,而对于观察体验型的课外实验,一般是在实际教学之前开展的。因此,在实验之前,教师要注重对一些必要的知识点进行铺垫,对实际实验的背景和设计思路进行详细的介绍。同时,要注重养成学生对实验现象进行仔细观察和思考的习惯,引导学生在实验现象和相关物理原理之间建立有效的联系,逐渐养成学生独立、自主思考的习惯。比如,在学习气体的压强中证明大气压存在的实验时,教师让学生积极地参与相关的实验,通过自身的实验来验证大气压的存在,这样的教学方式有更多的好处。又如,教师可以让学生观察:在玻璃瓶内装满水,在杯子上盖上一块硬纸板,然后用手托住纸板将玻璃瓶倒立过来,再将手逐渐地松开纸板……学生可以通过自身的实验,观察到杯内的水并没有掉落。

(2)规律验证型课外实验的应用实践

规律验证型的课外实验一般是在实际的教学之后进行的。在这样的实验中,通常需要充分的仪器材料,还需要注重对实际的实验现象进行详细严谨的记录和分析。因此,在实际的教学过程中,教师可以引导学生对身边的生活用品进行简易加工利用。比如,可以指导学生用凸透镜粗略的定性来验证凸透镜成像的规律实验,还可以指导学生利用矿泉水瓶制作溢水杯来验证阿基米德浮力原理。很多学生应该在教材上看到过这类实验,但很多学生没有亲自操作过,导致学生在学习完知识原理后,没有形成深刻的记忆,而是通过自身的死记硬背来记忆。所以教师要注重在实际的教学之后,鼓励学生及时地进行规律验证型实验。这样不仅可以有效地帮助学生对相关物理规律进行更深层次的掌握,还可以帮助学生掌握实验分析技能,有效地提升他们的动手操作能力。

(3)问题探究型课外实验的应用实践

在初中物理问题的探究型课外实验中,其实验方式通常都是较为开放性的。在实际的实验过程中,没有限定的实验方式、实验器材和实验步骤,而是需要学生根据自身的分析,自己寻找相关的实验器材和方案。当然,这对学生的能力要求较高。比如,在学习摩擦力时,教师可以让学生自己寻找和摩擦做功的相关实验,然后指导学生提出两种或两种以上的可能性,并应用控制变量法设计对照实验,科学地证明哪种原因是主要的。

总而言之,初中物理学科是中学教学中的重要学科。因此,教师要注重初中物理实验的重要性,不断地提升初中物理实验教学成果,培养学生的创新意识。同时,教师要注重在实践中不断地总结教学经验,不断地更新教学观念,在教学过程中积极探索,不断地提升学生对物理学习的兴趣,促进学生的全面发展。

(二)应用探索式物理实验教学方式

初中物理实验教学一定要摆脱传统教学模式的局限,改变学生被动接受知识的学习方式并进行创新,应用探索式物理实验教学方法,让学生能够亲自参与到实验中。同时,在实验目标、流程设置方面,应由学生自主完成,使学生围绕自己的猜想,从不同角度和方面完成实验,并对物理实验产生浓厚的兴趣。

1.通过教材内容,明确探索内容

课堂教学的实施主要是基于教材内容进行的。因此,在初中物理探索式实验教学中,其探索的内容应该由教材内容来明确。关于这部分内容,教师应该综合性地把握教材内容,确定哪一个环节更加适合探索式教学。在明确其内容时,应该扩大其探究的视角,从而使封闭式的教材变得开放化。比如,在进行并联电路与串联电路的连接实验时,该实验比较典型,操作也较为简单,所以学生可通过实验很好地掌握其相关的知识点。但在实际教学过程中,若把这个简单的模仿操作教学内容转变成为探索式实验,让学生自己来进行实验观察,由学生自己来分析并总结出不同电路的连接方式以及各个电路的特点,不仅可以增强学生学习物理的兴趣,而且能培养学生自主探究的能力。

2.创设相应的情境,激发学生的探索兴趣与学习兴趣

要想达到一个良好的教学效果,首先要激发学生的学习兴趣。由于初中阶段的学生正处于一种由具体形象思维向抽象逻辑思维过渡的状态,所以他们习惯于通过经验材料来分析与判断事物,不善于从理论上来进行推导。大量的心理学研究表明,该阶段的学生在认识事物时存在着一种直觉优先的倾向。这就要求教师在实施教学的过程中为学生提供相应的感性材料与活动机会,使学生产生学习的兴趣,从而有效地进行探索式实验教学活动。

在进行探索式实验教学活动时,首先,应该按照教学内容结合学生的生活实际,创设相应的情境,通过视频的播放、图片的展示、谚语或者小故事等方式来展现与教学内容相关的物理现象;然后,组织和引导学生从不同的角度进行观察并发现问题,提出与教学内容相关的问题。比如,在学习压强时,教师可以让一名男生与一名女生钉板,在钉板之前教师提供大小不同的钉子并提出问题:"谁会钉得更快?"以此来激发学生的探索兴趣。通常情况下,学生认为男生会先完成任务。但是结果显示:在相同的时间内,女生先钉好了。此时,学生会提出一系列的问题,教师可在这些问题的基础上引出压强问题,继而进入到探索过程中,使学生能够明白压力的作用效果可能与其受力面积的大小相关。

3.让学生积极主动地参与到实验中来

进行探索式实验教学的主要方式是让学生积极主动地参与到实验中来,以此体会其中蕴含的物理知识,并通过自己动手实验加深学生对物理知识的理解和掌握。比如,在学习浮力时,教师可以让学生拿着一个空塑料瓶在水槽中用力压。在这一过程中,教师应该引导学生多观察与体验:

当空塑料瓶越往下时,其所需的力也就越大,同时,所排开的水也就越多。此时,教师可以让学生思考两个问题:第一,浮力和水的深度之间的关系;第二,浮力和排开的水之间的关系。学生通过自己的观察以及体验来总结其实验结果,以此加深对浮力知识的理解。

此外,学生在日常生活与实验探索过程中会产生很多的想法和问题,但由于受到教学设备、课时与课程的限制,教师无法在课堂上一一解决。针对这一问题,笔者建议:将探索式实验延伸至课外,引导学生进行课外的探索,从而提高不同层次学生的实践技能,推动其全面发展。

4.实施探索式实验教学需注意的问题

首先,探索式实验教学的侧重点为培养学生的动脑与动手能力。在学生获得知识的过程中,可能花费的时间比较长,有时还会影响其原有的教学计划。所以在传统实验向探索式实验转变的时候,教师应该进行统筹安排,有针对性地培养学生的学习与实践能力。

其次,探索式实验是一个循序渐进,从简单至复杂的过程。在刚开始进行实验时,应该安排一些较为简单的探索活动,然后随着学生技能与物理知识的不断积累,再安排一些较为复杂的实验活动。同时,在每一个探索式实验过程中,应该设置相应的阶段性问题,以此来引导学生正确地进行实验和探索。

再次,在探索式实验教学过程中经常会遇到一些意外的情况。这就要求教师除了要具备扎实的专业知识,还要具备相应的应变能力。在这种开放式的教学活动中,基于对学生创新精神的保护,教师要正确引导学生自主进行实验。

最后,探索式实验教学实施的基础为小组合作。在进行探索式实验教学时,教师应该先进行小组的划分。在小组划分时,应该综合考虑小组成员之间的能力、学习成绩与性格等方面的差异,把能力强的学生平均分配至每个小组,从而便于各小组之间的公平竞争以及小组内成员之间的交流等。此外,在实验过程中,对分好的小组应该不断地优化和调整。

综上所述,随着初中物理新课程标准的实施,探索式实验教学越来越受到人们的关注与重视。这种教学方式不仅可以有效地提高学生的学习兴趣,而且便于学生对知识的掌握。因此,在今后的实践教学过程中,教师应该加大对探索式实验教学的研究,使这种方式能够满足教学改革的需求。

(三)通过物理实验的途径,培养学生的创新思维

培养学生的逻辑思维、创新思维与实践应用能力是初中物理实验教学主要考虑的因素,其中,创新能力是实验教学任务的重中之重。因此,在实际物理实验教学过程中应设置一定的实验情境,引发学生的思考,让学生站在科学的角度思考出现问题的原因,让学生自发地利用实验去证实自己的猜想。同时,教师在辅导时要突破传统教学实验的束缚,设置一些新颖的实验,大胆地尝试不同形式的实验方式,探索出解决问题最有效的实验途径。

兴趣是学生学习初中物理的基础,要想从根本上促进初中物理实验教学的质量与效率,就要培养学生的学习兴趣,为学生介绍部分物理历史,从而加强课堂的趣味性。科学是严肃的,但在表达方式上是丰富多彩的。初中物理的教学对象一般以高年级为主,该类学生身上的少年特点非常明显。

比如,物理教师在为学生讲授大气压的时候,可以采用实验的方式进行讲解,将装满水的杯子倒置过来,发现杯子里的水没有流出来,纸片也

没有滑落,从而使学生在理解大气压基本概念的同时,能够相信大气压现象的存在。这种实验的方式能够使学生对物理课程感兴趣,并且能够加深印象。

与此同时,物理教师在物理实验课程中,可以利用多媒体技术将实验的细节问题与值得注意的事项,通过大屏幕的方式展现给学生,使学生对初中物理实验更加好奇,从根本上加深其印象。

在初中物理教学中,让学生动手实验是极其重要的。但就目前而言,初中物理教学中普遍存在着一种教学模式:理论课程大于实验课程。如此,实验在初中物理教学中是非常薄弱的环节。这种情况在一定程度上会影响学生的知识能力,从根本上阻碍学生对物理知识的认识。所以在物理教学中,通过让学生动手实验,能够使学生清楚地认识到物理现象,培养学生的实验与观察能力,从根本上使学生掌握物理学习的基本方法。与此同时,学生动手实验能够培养其自身实事求是的科学态度,营造良好的教学氛围,使学生的主体作用充分发挥出来,进而从根本上展现学生的参与精神。

学生在动手参与物理实验的过程中,教师要注重加强学生在操作过程中的基本能力,培养学生之间的合作精神与团队精神。在实验过程中,要采取以小组为单位的基本形式,同时,在时间许可的情况下,使其操作要求比较高的实验;学生在参与的过程中,要让其尽可能地展示。

除此之外,在物理实验教学过程中,教师要对学生的自学能力与表达能力有所重视。要知道表达能力是现代人最为重要的能力之一,在初中物理实验教学中也是极其重要的组成部分。教师可以组织学生在实验前对实验的步骤进行口述,对实验结果进行预测等。这种表达能力能够使学生进行实验心得的交流,从根本上使实验的内容得到巩固。与此同时,在初中物理实验教学中,要对学生进行要求,使其做完每一个实验都要完成实验报告并设计实验方案等。

自学是人们获取知识最为便捷的途径之一。在一个人一生中所学到的知识里,有超过80%的知识要靠自学获得。伴随着社会经济的快速发展,在信息化的社会中,初中学生要想从根本上提高物理知识,了解物理实验的本质,就需要在接受教师理论知识的同时,对物理知识进行探究与思考,使其在提高自学能力的同时,在一定程度上提高自身的探究能力、合作能力与创新能力,从根本上提高初中物理教学的质量。

初中物理实验教学作为物理教学的重要组成部分,是提高初中物理教学质量的关键因素。一个比较合理的初中物理实验教学不仅能够在课堂中培养学生的学习兴趣,而且能使学生在尊重自然、热爱自然的同时坚持科学的态度。因此,初中物理教育者要不断地更新观念,勤于思考,积极探索,使初中物理实验教学在素质教育体系中得到更好的发展与实施。

(四)突出实验教学的自主性和创新性

充足的学习和思考空间是保障学生高效完成物理实验教学任务的前提。在实验过程中,要发挥学生的自主能力,让学生积极地投入到实验学习中。教师要给予一定的引导和支持,为学生的自主实验创造一个良好的环境。学生是物理实验教学的主要对象。因此,物理实验中的实验目标设计、实验器材选取、实验流程设定、实验结果分析与总结、展示实验成果等多个环节应由学生独立完成,或通过小组的形式来实现,并在此基础上提出创新性的观点和问题,提高学生的创新能力。

1.发挥学生的主体作用,让学生投入到实验中

学生是实验课堂的主体,教师在实验教学中要充分发挥学生的主体作用,让学生参与到课堂中来并投入到实验中。这是提高学生自主创新能力的前提。比如,在探究串联电路中各处电流的关系的实验中,教师要让学生充分地发挥主体作用。首先,让学生充分地发挥自己的想象,提出各种假设,如串联电路中各处电流相同,串联电路中的电流靠近正极的电流大、负极的电流小,串联电路中靠近两极的电流大、中间的电流小。其次,让学生自己在实验中设计电路,测量串联电路中的电流并设计表格,将实验数据填入表格。最后,通过归纳整理的方法让学生发挥主体作用,得出实验的结论。在这个实验过程中,学生从始至终都参与其中,并且在假设—设计实验—进行实验—归纳总结等环节中可以自主掌握,真正发挥了学生的主体作用。

2.激发学生的创新兴趣,让学生更热爱做实验

兴趣是最好的教师,只有激发了学生创新的兴趣,学生才能更热爱做实验,教师才更容易把自主创新应用在物理实验教学中。学生对动手操作实验是比较感兴趣的,如果能在实验过程中有所创新,那么定会激发学生做实验的兴趣,让学生在实验中更深刻地理解物理原理,同时,把理论运用到实验中,做到理论与实践的完美结合。比如,探究浮力大小与哪些因素有关的实验与生活有很大的联系,更容易激发学生探究的兴趣。教师在设计实验时,可以让学生将其与生活中的浮力现象相结合,让学生根据生活经验推测出影响浮力大小的因素,然后再通过实验来求证。这样把物理现象与生活现象相结合,可以极大地激发学生的实验探究兴趣,再通过实验论证,让学生更热爱物理实验。

3.培养学生的创新思维,让学生有自己的想法

学生拥有了创新的思维,才能知道从哪方面进行创新。在课堂中,教师可以对学生加以引导,让学生对创新有一个基本的思路,不要天马行空地进行创新,因为没有根据的创新是毫无意义的。比如,在探究影响电阻大小的因素的实验中,教师首先应让学生充分发挥创新思维。当学生观察后发现不同材料的电阻不同时,教师可以引导学生探究上述实验中除了材料不同以外,是否还有其他不同之处,进而引导学生自己提出形状是否对电阻有影响这一问题。其次,教师可以在实验中让学生联系自己的生活实际,根据经验产生合理的推断,如路越长,走起来越累,那么"是否材料越长电阻越大"。除此之外,学生根据生活经验会发现雨天触电事件比较多,所以还可能提出"湿度是否对电阻产生影响"。虽然这不是教材中所要探讨的问题,但是教师应该给学生充分的想象空间,让学生大胆地猜想。限于实验条件,可能有些学生的猜想无法证实,但是教师可以在实验结束后对学生进行思维点拨并鼓励学生的创新猜想。这样不仅有助于培养学生的创新思维,还有利于学生今后物理学科的学习。

4.提升学生创新能力,让学生提高实验水平

激发了学生创新的兴趣,也培养了学生创新的思维,接下来就要提升学生的创新能力了。创新能力是在一次次的实践中得到提高的,不是一蹴而就的。因此,教师必须把自主创新应用到物理实验教学中,让学生在每堂课上都进行锻炼,在潜移默化中提升学生的创新能力,让学生提高实验水平。例如,在测量盐水和小石头的密度的实验中,教师应让学生在特定的要求和条件下自行设计实验,灵活地运用所学物理知识和实验基本技能进行创新思维和实践活动。再如,在用天平和量筒测量盐水密度时,有些学生把倒入部分盐水改为全部倒入，还有些学生先称空烧杯的质量，再称倒入盐水的总质量。这时可以让学生根据不同的实验方式进行思考探究，然后再一一解答学生的问题。比如，把杯中盐水倒入量筒中测体积时，由于杯底和杯壁上还沾有盐水，所以测得的体积小于杯中原盐水的体积，容易造成较大的误差。通过实践，不仅可以激发学生的创新能力，还可以让学生的实验水平得到提高。

二、创新初中物理实验教学的建议

（一）建构科学、完善的评价考核制度

初中物理实验教学的关键环节就是评价考核，因为它可以真实地反映教学效果，使教学评价的功能得以发挥，提高物理实验的教学质量。因此，在物理实验教学方式发生改变的情况下，也要极大地对评价考核机制进行创新和完善，制订科学、合理的评价方案，做好评价设计工作，从思想上改变对评价的认识，提高对教学评价的重视度。同时，将学生的能力、综合素质作为考核的主要内容，把握学生对物理知识的掌握和应用能力，评估学生实践操作、逻辑思维能力，形成系统的考查体系。只有这样，才能更好地分析学生在物理实验教学中存在的不足，从而采取针对性的措施进行改善，适当延长实验教学课时。此外，在考核过程中还要尽量考虑每一个学生的状况，给予学生鼓励和支持，让学生能够在积极性的评价下更好地投入到初中物理实验学习中，熟练地掌握物理知识。

当下存在许多现实问题，如初中物理实验教学的弊端存在、中考及其存在的价值、初中现有的实验条件和实验员的配备。因此，物理教学需要改革，物理实验教学需要改革，实验教学目标需要贯彻，相应评价体系也需要建立并付诸实施……但从新的课程改革提出到现在，物理教学还是

没有多大改观,仍存在一系列的问题。笔者认为,这些问题出现的根源不在于实验是否重要,不在于客观环境条件是否允许,不在于教学改革是否合理,不在于评价体系是否完备,不在于有多少人做多少实验教学模式的探索,只在于"考"。这正是为什么有人做各种有益的教学模式的尝试与研究,而在实践中却只表现出做做样子,研究过后还得回到起点,使研究的意义变得索然。

针对以上分析,笔者认为,为了避免教学改革的形式化,使改革具有现实价值,实验教学改革应以实验考核为切入点,加强实验考核。但在实验教学总目标的指导下,教师没有将每个实验目标具体细化。因为这种分解细化后再进行考核的方式涉及教师的素质,参加实际监考的教职人员、仪器与测量时间等的分配问题,所以实行起来非常困难,而且如今的现实条件不允许。因此,从可操作性角度出发,人们作了一系列的尝试。

第一,阶段性考核时间为各学期期末,由所教学科教师和实验教师进行,考试成绩计入学科期末成绩。

第二,学生毕业实验考核成绩直接计入中考成绩,而参加监考评价的人员组成有当地教育局人员、各校专职实验教师或在校师范生等。

第三,从考核形式上,采用的是实验操作与书面相结合的方式。教师要根据实验教学目标进行命题,由学生在实验操作的基础上完成试卷。

第四,实验操作考核测量过程。在测量前,要根据操作领域的实验教学目标编好若干实验操作题,并提供一定量的仪器设备。其中,试题突出典型实验,题目形式多样,包括排除故障式、读取数据式、设计实验方案式等,而且题目按名称、仪器要求等栏目写成卡片进行编号,由学生抽签决定考核哪些内容。同时,在操作过程中,教师要进行适当的观察记录,然后综合评定成绩。评分原则看学生的操作规范性、科学性和准确性。

第五，操作考核成绩共 20 分，按实际得分，结合书面考试成绩，计入期末和中考考试成绩。

这种方式包含动手、动脑的操作内容，以操作考试为主，以笔试测量为辅，二者有机结合，在实验教学领域中当属有益的尝试。因此，在引起师生对物理实验重视的同时，学生在实验方面的精力投入也相应增加，对实验的理解、操作和设计等方面都有较大程度的提高。更为重要的是，在准备考核的过程中，学生由不会、不懂、不能完成实验到能较好地完成实验，并能进行实验设计，收获自信，体验成功，为完成物理学习打下了坚实的心理基础。

当然，这样的实践还很不完善，距离目标还有很大差距。但笔者坚信，将实验考核作为实验教学改革的切入点，同时，施以以"考"带"改"的策略，这在实践当中是有其实际价值的。因此，以此为出发点，结合具体教学模式的探索与实践，以及实验教学目标的制订和评价体系的逐步完善，必将会使物理实验教学有所提高。

(二)采取针对性的教学策略，发挥教师的引导作用

在物理实验教学中，教学方法的选择是决定教学质量的主要因素。因此，教师要考虑学生的兴趣，针对学生的整体知识水平采取灵活的课堂形式，分层次进行教学，因材施教，让不同层次学生的实验能力都得到提高，促进学生智力的开发，形成系统的知识理论体系。同时，教师要引导学生正确地看待物理实验，让学生意识到进行实验的重要性，这样才能使学生自觉地参与实验教学活动。

1.导游任务

导游的任务是为游客提供服务,包括向导服务、讲解服务、处理团队中的突发事件等。这里的导游任务大同小异,是为学生提供指导,使学生明确实验目的,弄清实验的基本原理和基本方法。其中,指导学生明确实验目的是让他们做好学生实验的第一步。明确实验目的是指使学生清楚本实验要解决什么问题以及要达到什么目的。如果实验目的不明确,不能根据教材要求很好地理解它,在实验时就会对眼前的仪器束手无策,那么此次实验活动必然收获无几。学生只有明确了实验目的,才能使自己成为实验的主人,为实现真正的科学探究打下坚实的基础。

2.做工程师,精心设计实验,细心选取器材

实验的设计和选材是关系本节实验课效率的关键因素之一。因此,对于如何在一节实验课上尽可能地收获更多的细节,实验前的精心设计是不可或缺的一步。这就需要物理教师做一个非凡的工程师,精心设计学生的实验过程并根据实验精心选择适合当下学生的实验器材。

实验的设计包含以下要素:注重实验方法;尽量减小实验误差;设计的步骤科学可行;符合初中阶段学生的认知规律;等等。

器材的选择往往被部分教师所忽视,其实它是实验设计过程中异常重要的一环,有时甚至能左右实验的成效。

以笔者教学的"熔化与凝固"一节为例,其中的一些经验与教训能说明问题。在课前,先确定本节的主线为利用对比法探究晶体与非晶体在熔化和凝固过程中的区别与联系。

比如,在1班上课时,师生共同学习熔化与凝固的定义后,很自然地过渡到熔化与凝固过程中的吸、放热关系与温度变化规律的探究。而且在

共同讨论实验方法时,学生都认识到物体吸、放热不均匀有可能影响本实验。因此,不失时机地推出水浴法及通过不停搅拌等手段使吸热均匀。然而,在冰的选择上,笔者采用通常的碎冰(用锤子将冰块一一敲碎),将其装入大试管进行实验,结果并不理想,如缺少冰在低温状态下吸热升温而物态不变的过程;冰在融化过程中,虽经不断搅拌,但温度仍有小幅变化;融化过程过短(3~5 min),不足以让学生产生强烈的印象。在 2 班上本节课时,笔者对实验的器材进行了根本改变:将贮冰保温瓶从单层变为双层,在夹层中装入−10 ℃的 20%酒精,从而可控制实验时碎冰的初温在−6 ℃左右,可让学生发现晶体固态物质在未达熔点前吸热升温而物态却并不变化的过程;变碎冰为霜,使颗粒更细小,受热更均匀,甚至无须搅拌;变水浴为空气浴,即通过冰从空气中吸热给冰"加热",使冰得以缓慢吸热。实验中,4~5 min 后,冰温度达到 0 ℃,此后经历"漫长"的 15 min 的融化时间。这期间,学生还发现了这些细冰融化后形成一个个气泡在冰水中缓慢上升这一以前教师也从未见过的现象,收获到许多意外之喜。这样,学生可以充分理解"盘中水冰,冰化水,水温不升"这句话的含义。

3.做主持,启发思维碰撞,引来百花齐放

在学生实验时,教师应创造一个相对开放的环境,否则可能会扼杀学生的创造性。开放实验的结果必然会带来百花齐放的局面,此时的物理教师更应是一个激情澎湃的主持人,为这一伟大的思维碰撞时刻发挥着推动作用。

以光的折射为例,就可见一斑。实验材料为一只激光手电筒、一张硬白塑料片、一只空塑料杯、一只长吸管等,利用热水的水雾显示光在空气中的光路,让学生在学习了光的直线传播与光的反射的基础上自主探究光的折射规律。这样得到的结论比平时单纯由教师演示得出的结论要好得多。

在实验讨论时,笔者作为主持人,让学生广开言路,各抒己见。那么,结果如何呢?经统计,本节课在学生探究后,共提出这样一些有意义的探究结论参与实验后的总结与交流:光从空气中斜射入水中,改变传播方向且偏向法线;增大入射角,折射角也随着增大;光从空气中垂直射向水中时,不改变光的传播方向;光从水中斜射入空气中时,光的传播方向改变且偏离法线;光线在水中也是沿直线传播的;光斜射到空杯底某点,慢慢加水后,点向法线方向靠近;斜射入水中的吸管看上去向上弯折了;竖直放的吸管从上面看上去在水中的部分好像变短了,而从旁边看过去,好像变粗了……

4.做导师,纵论实验得失,升华实验成果

实验的及时总结可以说是至关重要的,而此时就是教师作为学生学习上的导师发挥作用的时候。在实验中,虽有百花齐放之乐,却需去伪存真,去粗取精。导师此时的作用是画龙点睛,不失时机地点评实验的得与失,如此可加深学生对实验结论的理解和掌握。必要时,导师还应采用更直观的方法帮助学生寻找实验数据间的联系。其中,图像法就是一个不错的选择。用图像法描述物理过程具有形象直观的特点,而且通过图像的比较,学生能够较容易地理解物理过程,发现物理规律。这种直观印象有时能透过事物的本质,诱使人们作更深入的探讨。同时,利用图像法,思路清晰,可以使物理问题简化明了,起到一般计算法不能达到的作用,使物理概念得到进一步拓展;而且图像法能将物理学科和其他学科有机地结合起来,增强学生的创新意识,培养学生的创造能力,提高学生的综合能力。

这些都是学生通过自学无法实现的。

教师的这些角色变换使教师从单纯的知识传授者变为学生学习的促进者、组织者和指导者。教师可以在参与指导的过程中吸纳新知识，成为学生的学习伙伴，与学生一起探索新知，建立新型的师生关系。同时，面对新的课题、新的要求，教师要不断激励自己刻苦钻研，提高自身的专业水平和研究能力。相信到那时，师生均可在这一和谐氛围中进步、成长。

初中物理实验教学质量同学生实验素质和自主探索精神的培养有直接的关系。高效的物理实验教学可以提高学生的物理学习效果，让学生形成良好的物理实验探究学习习惯，锻炼实践应用和创新能力。而要想达到创新初中物理实验教学的目标，必须要从根本上提高对物理实验教学的重视，添加教材外的物理实验，应用探索式物理实验教学方式，通过物理实验的途径培养学生的创新思维，突出实验教学的自主性和创新性，并建构科学完善的评价考核制度，从而提高物理教学效率，培养具有创新和实践能力的高素质物理人才，促进学生的全面发展。

第六章　初中物理课程的实用性探讨

物理学是研究物质结构、物质相互作用和运动规律的自然科学。物理学由实验和理论两部分组成。物理学实验是人类认识世界的一项重要活动,是进行科学研究的基础,而物理学理论是人类对自然界最基本、最普遍规律的认识和概括。义务教育阶段的物理课程要让学生学习初步的物理知识与技能,经历基本的科学探究过程,受到科学态度和科学精神的熏陶。它是以提高全体学生的科学素质和促进学生的全面发展为主要目标的自然科学基础课程。在义务教育阶段,物理课程的价值主要表现在以下五个方面。

第一,通过从自然、生活到物理的认识过程,激发学生的求知欲,让学生领略自然现象中的美妙与和谐,培养学生终身的探索兴趣。

第二,通过基本知识的学习与技能的训练,让学生初步了解自然界的基本规律,使学生能逐步客观地认识世界、理解世界。

第三,通过科学探究,使学生经历基本的科学探究过程,学习科学的探究方法,发展初步的科学探究能力,形成尊重事实、探索真理的科学态度。

第四,通过科学想象与科学推理方法的结合,发展学生的想象力和分析概括能力,使学生养成良好的思维习惯,敢于质疑,勇于创新。

第五,通过展示物理学发展的大体历程,让学生学习一些科学方法和科学家的探索精神,关心科技发展的动态,关注技术应用带来的社会进步和问题,树立正确的科学观。

下面,笔者将就初中物理课程的实用性进行探讨。

第一节　初中物理学科内容的实用价值

物理学是一门与人们日常生活息息相关的自然科学。物理原理源于生活,同时,是生活中各个具体事例的抽象概括。学习物理的目的是为了更好地为人们的生活服务,为社会作贡献。因此,将所学的知识应用到实际生活中,理论联系实际是提高初中物理教学效率的关键。在初中物理教学过程中,教师应该做好必要的准备工作,将生活中的物理现象引入到课堂物理教学当中,理论联系实际,让学生更好地理解物理学,理解所学的物理知识,从而达到学有所用的目的,这样才有可能提高初中物理教学的效率。

初中物理是学生初步认识物理世界、了解物理现象的第一课堂。因此,提高初中物理教学效率,对学生更好地学习到物理知识有重大意义。而对于相对枯燥的物理教材来说,理论联系实际,更能得到学生的认可。

一、引入具体事例,激发学生学习兴趣

激发学生学习兴趣是一项任重而道远的任务。对于初中学生来说,他们思维活跃,最容易接受、理解新事物,但又对许多事情充满了疑问。比如,为什么苹果熟了会落到地上,而不是飞到天上？为什么人可以在地球表面行走,而宇航员到太空就可以"飞行"？为什么汽车启动时人会往后仰,而减速时会向前倾？为什么将筷子放到水中,会看到筷子折断了？面对

这些问题,初中物理教师一定要充分利用学生的好奇心理,理论联系实际,激发学生的学习兴趣,从而提高初中物理教学效率。

教师在讲折射现象时,如果只是讲解折射的概念、计算公式,那么势必会使学生死记硬背;而如果教师理论联系实际,将生活中的折射现象引入课堂,那么效果会大不一样。例如,在浅水区捕鱼,如果只是从岸上看到的角度、深度去捕鱼,那么多半是捕不到的;而如果稍微变换一下角度,便会大大增加捕到鱼的概率。又如,在讲相对运动时,如果学生不懂,那么教师可以举坐公交车的例子。在坐公交车时,车内的人相互之间是没有发生运动的,但是车内的人和在道路两旁停止的人群是有相对位移的。因此,在初中物理教学过程中,教师应当理论联系实际,引入生活实例,这样可以大大地激发学生的学习兴趣,提高物理教学效率。

课程改革中初中物理的一个显著的特点就是从"生活走向物理"。在人们的生活中,有大量有趣的生活现象和自然现象,但在初中物理教学中,如何找到适合本节课的生活实例则需要探究。对于学生来说,生活实例也许是司空见惯的生活现象或自然现象,但需要教师在平时的生活中注意收集和分类,用学生司空见惯的实例去诱发他们的兴趣,使学生产生刨根问底的念头,从而达到课程标准的三维目标。

(一)导入新课时引入生活实例

例如,在学习液体压强的时候,教师可以提出以下问题来引起学生的思考。问题一:带鱼生活在深海中,你见过活的带鱼吗?为什么?问题二:潜水艇要用抗压能力很强的厚钢板制成,为什么?问题三:如果你从浅水向深水里走,在这个过程中,你的身体会有什么感觉?问题四:工程师们为什么要把拦河坝设计成下宽上窄的形状?

学生都知道带鱼很好吃,在市场上也都见过,但都没有看到过"活"的带鱼,这是为什么呢? 学生对这样的问题很感兴趣,很想知道其中的原因。潜水艇是学生很好奇的一种舰艇,为什么要用很厚的钢板制造呢? 这个问题可以引发学生探讨的热情。学生都进入过不同深度的水,对水是非常熟悉的,但是提出这样的问题问他们,他们虽觉得熟悉却答不上来,从而引起思考。拦河坝到处都有,学生大都见过,但是很少会去想拦河坝为什么修造成这样的形状。这个难以回答的问题使学生感到尴尬,同时产生了探求的心理。

又如,在学习压强时,首先,可以用多媒体放映气功表演的惊险场面,让学生观察。场景是气功表演者躺在地上,腹部上面放上一块大石板,另一个表演者挥舞着大锤子,向肚子上面的石板砸去,石板被砸成碎块,可是石板下面的人却安然无恙,毫发无损,并向大家笑着招手致意! 惊险的特殊场景会激发学生强烈的求知欲望。其次,取一袋牛奶,上面放上一块玻璃,让学生去砸,结果玻璃碎了,那袋牛奶却完好无损。学生急切地想知道其中的道理。

新课一开始就引入生活实例,可以把学生的注意力一下子吸引过来。这种从心理认识上先入为主的"利斧"做法,就像点爆竹那样迅猛刺激、火花闪烁,使学生感到惊讶而热情高涨,有巨大的感召力。

(二)在学习新课的过程中引入生活实例

例如,在学习光的反射时,在结束探究光的反射规律的内容后,为了加强学生对知识的理解、掌握与运用,教师可以引入这样的生活实例。请同学们想一想以下问题:一是,如果你于雨后月夜行走在路上,路面上原本的坑洼处被雨水填满,那么你看到的有光亮的地方是水,还是黑暗的地方是水？二是，城市的光污染主要是怎么回事呢？三是，地球能反射光吗？如果地球不能反射光，那么请你猜想地球会怎么样。这些生活实例的引入，可以加深学生对光的反射规律的深刻认识，特别是对应用物理知识的理解和掌握有着重要的意义。生活中的许多现象都需要利用光的反射知识来解答，而光的反射定律是初中物理几何光学中的重点知识，也是后面即将要学习的平面镜成像原理的基础，又是理解汽车观后镜是凸面镜和太阳灶是凹面镜的基础。

又如，在学习平面镜成像时，为了使学生对平面镜的知识有较好的了解，教师可以举出这样的生活实例：当人们来到河岸边，会看到岸边的树木和房屋在水中都是倒立的，问问学生能否说明其中的道理。如果能用学到的物理知识解决身边的现象，会引起学生莫大的兴奋。

应用生活实例可以使教师的课堂充满快乐和生机，使学生学会利用所学的知识解决问题，体验成功的愉悦感，帮助学生牢固地掌握知识并学以致用。

（三）在课堂教学总结中引入生活实例

每堂课的收尾部分往往是本节课的总结环节，这个总结特别重要。教师可以用习题总结，也可以用回顾法总结，还可以从学生的实际生活出发，切入生活实例。这样，学生会对自己熟悉的或身边的现象理解得更好，学得更扎实。比如，在学习蒸发时，可以提出这样的生活实例：一是，医生给你打针之前，要在你打针的部位用酒精棉擦一擦，你有什么感觉？为什么？二是，去河里游泳之后上岸，你有什么感觉？为什么？三是，洗完的衣服是团在一起干得快，还是打开干得快呢？为什么？四是，夏天人们用扇子扇风，为什么会感觉凉爽？扇子可以使空气温度降低吗？这些问题都是针对学生的生活实际而引入的实例,能有效地落实课程标准的要求,帮助学生在不知不觉中把知识点牢固地掌握好。

总之,将生活实例引入物理课堂教学,是落实新课程改革从生活走向物理,再从物理走向社会的有效方法之一。对这种从实际生活引入的实例,学生感到十分亲切自然,从而能够更好地理解和掌握所学知识。

二、鼓励学生观察生活细节,培养良好习惯

物理是一门以实验为主的自然学科。在初中物理教学过程中,教师应当鼓励学生多观察、多动手,将学习到的物理知识运用到实际生活中,理论联系实际,养成良好的学习习惯。比如,在学习超重与失重现象时,应当鼓励学生描述生活中有关超重和失重的现象,鼓励学生在家做些简单的实验,从而加深学生对所学知识的理解。此外,通过对一个问题的不同理解引发学生的思考,增强他们的学习兴趣。因此,可以倡导学生在自己动手实验后作记录,如写做实验的感想与总结。鼓励学生观察生活细节,培养理论联系实际的好习惯,是提高初中物理教学效率的重要条件。

物理的教学是一个关于生活的科学学科,也是关乎科技、未来以及国家荣耀的一门学科。因此,培养物理的学者需要从学生抓起,而培养学生的兴趣需要从初中学生刚接触物理时开始。如果培养了兴趣,那么就会提高学生学习物理的效率,为以后学生的学习打下坚实的基础;而如果学生抱着接受死板知识的心态去学物理,那么肯定是学不好物理的。毕竟,物理是一门渗透生活的学科,跟生活息息相关。所以学习物理要从生活出发,发现生活中的乐趣。只有这样才能使学生产生求知欲,并对物理产生兴趣。

目前,大多数物理教师在进行物理教学生活化的过程中,还明显表现

不足。很多教师依旧只是注重理论教学,而忽略生活化实践教学的重要性。所谓初中物理生活化,主要指的是在初中物理教学中,进行与生活密切相关的教学活动;同时,教师在制订教学目标的时候,要贴近学生的生活,注意激发他们的学习兴趣,满足他们的学习需求,这样才能让学生既学到知识,又体会到学习的乐趣。物理是一门实践性较强的课程,所以在进行教学的过程中,教师应当从细节出发,让学生学会从生活中发现物理知识。例如,静止是相对的,而运动是绝对的。只有学生不断地去观察、探索,才能理解物理教学的本质所在。

（一）导入新课时从生活出发

各学科的课程一开始都需要一个导入的过程,通常需要教师一概而过,而现在需要教师把课程的导入跟生活紧密地结合起来,从生活出发,这样才能更好地激发学生学习的兴趣。比如,生活中经常可以看到往墙上钉钉子的现象,可以选一个粗头的钉子和一个尖头的钉子,同时往墙上钉,看看有什么不同,结果是尖头的钉子比较容易钉在墙上。这就用到了物理学科中压强的相关知识。可能学生在生活中已经发现这样的状况,但是没有合理的理论解释,而物理课程从生活导入就弥补了这一不足,可以让学生在生活中发现物理,并利用所学的物理知识让人们的生活变得更美好。

（二）从实际生活中教学

物理要从生活中发现,并且要完善生活。因此,要善于发现生活中的物理小知识,激发学生的兴趣。教师首先要善于观察,给学生做好榜样,观察生活中的物理小知识,善于探索和创新,让学生自己对物理充满兴趣,同时,感染学生学好物理,让学生喜欢上物理这门学科。比如,女生的头发一到春天或者秋天用梳子梳头发,就容易产生静电;在桌子上放一些小纸屑,用一支笔在自己的头顶上摩擦几下,然后靠近纸屑,会发现这支笔可以吸起很多小纸屑。这些都是生活中的物理小知识,可以激发学生的学习兴趣,尤其是初中学生。因此,要先培养好学生的好奇心,把学生的兴趣激发起来,不把学生当作一个接受知识的容器,从而有利于接下来的教学工作,进一步提高学习的效率。

(三)将物理知识运用到生活中

知识的学习就是为了更好地运用,教师应该教会学生用知识去解决生活中遇到的问题,让学生学以致用,这样学生学习起来才更有动力。此外,物理教师可以跟学生多讲一些别人的成功案例,供学生借鉴,同时,在每学完一次知识后,都要举行一次小实验。比如,学完电路后,可以给学生安排一次关于电路的实验;利用像的原理,可以教会学生在生活中怎么摄影。这些都是在生活中能够遇到的事情。对此,多拓展学生的课外活动,可以增加学生的兴趣,让学生的学习生活更有激情。

(四)在课堂中进行课程探究性活动

不仅要在室外让学生进行实践,还要在课堂上进行探究性活动,让学生感受物理的真实性。比如,可以让学生在生活中发现问题,拿自己身边的事物进行探索,还可以将物理跟生活紧密地联系在一起。因此,教师可以设置一些典型的物理实践活动,让学生体会其中的意义,并且培养学生善于观察、独立思考的良好学习习惯。不光在物理学科中需要这样的习惯,其他的学科也需要这样的习惯。此外,不管是外面的社会实践活动还是课堂内的实践活动,都可能跟环保有关系。所以可以利用一些废弃的饮料瓶、植物、铁块等不需要花高额费用的物品来进行实验,还可以对环保作出贡献。当然,也可以让学生学到知识并引导他们树立起正确的价值观,不仅要做新一代的接班人,还要品学兼修。对于这样的实验,学生在家里也可以做。这样不仅可以减少学生学习的成本,而且会发现很多乐趣。

初中学生正处在一个关键的时期,他们每一次的成长都至关重要。由于他们还正处在青春期,所以教师要了解学生的内心,看看他们到底喜欢什么,从他们的兴趣着手,使自己的教学更加风趣,从而吸引更多的学生。

总而言之,物理生活化教学的本质就是将物理知识与生活相联系,用物理理论去解决生活中的各种难题,这正是物理价值的所在。因此,在进行物理生活化教学时,教师应当用生活去联系物理,用物理去反思生活。只有这样,学生才能将物理知识逐渐地生活化,才能让自己的物理知识学以致用。

三、勤于思考,善于发现,注重物理知识的提炼

生活并不缺少美,而是缺少发现。人类生活与物理是息息相关的,从原始社会的钻木取火到现实生活中火柴的应用,从古代的木筏渡人到现在的豪华巨轮⋯⋯这些例子都是物理与人类生活密切相关的证据。对于初中物理来说,虽然学生以前从未学过,但是他们在生活中接触到的物理现象并不少,只是缺少对现象的描述与提炼。因此,教师只要采取正确的方法,引导学生积极地发现问题与解决问题,注重物理知识的提炼,便能够使学生学有所用。比如,引导学生思考为什么冬天在脱毛衣的时候会有静电,为什么冰箱后面是热的,为什么两块磁铁有时相互吸引而有时相互排斥。相信如果学生注意观察生活中的小细节,注重将实际提升到理论,不断地实现理论联系实际,那么对提高初中物理教学效率会有很重

要的作用。

初中科学中有很多概念、规律或原理与学生在生活中积累的经验不一致，但因为那些生活经验认识或来自从小受到父母辈的言传身教，或来自切身体会，无疑有着先入为主的优势力量，不过它们有些是片面的，有些根本就是错误的。这种不一致形成的错位往往严重阻碍着他们对科学新知识的理解。如果物理教师不拿出有力的事实证据，而是一味地强调文本的正确性，那么其结果往往是学生用半信半疑甚至完全抵制的态度来对待。但是一旦教师用事实证明了这种错位，那么科学知识就会像烙印一样深深地印在学生的心里。当然，教师所用的事实最好就是事实证据，尤其是当堂演示的实验。

科学历史上最著名的认识错位的例子发生在 17 世纪。那时，人们对亚里士多德提的"重物总比轻物下落的速度快"的结论确信无疑，因为生活中这样的现象才是常见的。但伽利略提出了不一样的观点——"重物与轻物自由下落一样快"，并公开做了闻名世界的比萨斜塔落体实验，用事实证明了亚里士多德和世人认识上的错位：当空气阻力对重物下落的影响不明显时，不管物体轻重，下落都一样快；反之，才有可能重物总比轻物下落的速度快。因为有了这样的认识错位，有了这样的事实证明，所以后人才深刻地理解并记忆了这个科学规律。

此外，心理学认为，理解是记忆的基础，只有对自己理解了的东西才能记得更牢、记得更久。情绪记忆是一种将记忆的内容深刻地与牢固地保持在大脑中的记忆类型。其中，情绪、情感是指客观事物是否符合人的需要而产生的态度体验。这种体验是深刻的、自发的、情不自禁。所以教师不妨在教学中利用错位认识来激发学生的学习动机，用事实来增加学生对科学知识的理解,并通过科学知识与经验认识的错位间的强烈争斗完成情绪记忆。

(一)利用教材中已有的科学知识与生活认识间的错位

初中物理科学知识本来是非常基础的,是前辈科学家们对自然物理现象的理性归纳和总结。但正因为是理性的,所以有许多规律和原理只有脱离生活环境中的次要因素的影响才会成立,否则就显得与生活中的现象不符,甚至截然不同。于是,这就使得教材科学规律与生活经验间有认识错位,而这种错位光靠文本说教会缺乏说服力。当然,有些内容本身就很抽象,不易理解,若教师不采取某种方法和手段,将对理解科学规律有利的因素突出来,将不利的影响降低甚至剥离,那么学生就会将信将疑甚至根本不信,只能机械记忆。这样累积到最后,学生的脑子"僵化"了,不会应用了,课堂上听教材的,而生活中凭经验的,没办法学以致用,也就缺乏思维创造力了。其实,教师大可以利用这些错位的认识——只要能用事实强有力地反驳错位认识,使科学规律和生活经验形成强烈的对比,那么这些科学规律的理解就会迎刃而解。

比如,在生活中,学生常常感觉不到周围空间有物质,更谈不上有什么大气压作用在人们身上,于是就很怀疑:大气压真的存在而且很大吗?尽管生活中人们常常利用大气压来完成一些任务,就像用吸管吸牛奶,但总习以为常,以为是"吸"入牛奶而不是"压"入牛奶,也就不会深入分析,体会不到大气压的存在。这时候,光拿语言和图片说事是很难形成深刻印象的,因为生活中对空气轻巧若无的体验使他们自然而然地形成了大气压不存在或者绝对不大的错位认识。这时在课堂上做一个纸托杯中水的实验,会让学生感到惊奇,而做马德堡半球实验,更会使他们震惊,深刻领会到所学知识的正确性。

又如,在学"功"的概念时,学生对"工作"和"做功"很容易搞混,这种错位认识虽然没有吸引人的实验展示来说明,但教师可以举区别鲜明的事例——酒店里手托杯盘走来走去的侍者对杯盘没"做功",但他们正在"工作",并通过此例说明"做功"不只是对物体有力的作用,还需受力物体在力的方向上通过距离。这样一例,足可纠正"工作"和"做功"两个概念的错位认识。

(二)运用科学知识与学生对生活的认识巧妙设计错位

初中物理科学知识也有很多是浅显的,在生活中往往显而易见的,然而正因为如此,学生才容易忽视,以为不重要,不加深究,久而久之,便会忽略其应用上的灵活贯通与举一反三,在分析解题时会出现想当然的现象。这时教师可以突出放大由这种错位认识产生的结果的差异,从而产生强烈的情感认识落差上的体验。

比如,在学习力的作用是相互的这一知识点时,施力物的受力情况往往会被学生搞错。因此,可设计这样的情境问题:以弹簧秤的秤钩和拉环同时向两端施加 5 N 的拉力,弹簧秤的读数将是多少? 在回答这一问题时,虽然练过多次,但学生总要错误地认为读数会是 0 N 或 10 N,历届教学屡屡如此。学生认为,因弹簧秤受的力大小相等,方向相反,故相互抵消,显示为 0 N;也有学生认为,因弹簧两端向反方向用力,弹簧所受合力加强,所以应显示为 10 N。这时,教师大可在吊足他们胃口之后进行演示实验:用两根弹簧向两端拉中间的弹簧,当两端弹簧秤都显示 5 N 的时候,中间弹簧秤也显示 5 N。如此,实验证明,虽然弹簧秤受到两个力,而且二力平衡,但显示的是一方力的大小。

又如,在学习浮力时,根据阿基米德原理可知,浮力大小只与排开液体的多少有关,与液体的多少无关。对此,学生总弄不清楚。于是,笔者设计了这样一个易错的判断题给他们:10 N的水可产生大于10 N的浮力吗?多数学生认为,水总共只有10 N,物体排开的水不会比10 N还多,所以浮力绝对不会大于10 N。这里的错位认识在于排开的液体体积和液体总体积画上了等号。

像以上这样,对于有些科学概念和规律,本来学生以为理解了,但其实只是一知半解。因此,教师可以巧妙地设计一些错位,然后用实验或问题的形式把学生由于理解不到位而得出的不同的结论展现出来,这样自然而然地突出了错位认识的症结所在,学生也自然而然地学会了应学的知识。

科学规律与生活经验认知之间的错位还有很多,教师利用错位教学时应注意以下两点:第一,这种错位在教材与生活间是真正可能存在的,而不是教师故意要设计一个让学生混淆概念的陷阱;第二,这种错位要明显,而且出发点明显不同,最后要使学生形成深刻印象的对错。

从某种角度上讲,科学规律与生活经验认知之间的错位可以成为课堂教学中的一种资源。如果教师能巧妙地开发和运用这种资源,那么在物理科学教学中必能收到意想不到的效果。

四、开展第二课堂,加强学生的动手操作能力

在初中物理教学过程中,教师鼓励学生动手操作,制作简单的小发明,是为了巩固所学知识,也是为了验证理论。因此,教师应当定期举办发明比赛、物理知识有奖竞猜或者举办物理讲座等,鼓励学生将学习到的知识应用到自己的发明中,让学生活学活用。这样,不仅可以加深学生对所

学知识的印象,还能培养他们的创造性思维能力,提高他们的动手能力。教师也可以更清楚地了解学生对知识的掌握程度,进而因材施教,使他们具有分析问题、解决问题的能力。这不仅能够提高初中物理教学的效率,而且对学生将来步入社会有很大的意义。

第二课堂是相对于学校传统常规教学的第一课堂提出的一种创新课堂模式,是指在第一课堂外的时间和在教室外的空间进行的与第一课堂相关的教学活动。它有助于开拓学生的视野,锻炼学生的实践操作能力,更有助于学生在寓教于乐的氛围中获取丰富的实践知识与经验,得到身心的愉悦和放松。因此,在倡导传统应试教育向素质教育变革的今天,第二课堂的组织教学得到了越来越多的重视,各地都在积极探索初中物理第二课堂教育的路径。此外,开展好第二课堂教学,能使学生寓学于乐,教师寓教于乐,改变学生学习无力的状况,做到理论和实际相结合,进而达到用第二课堂的学习成果来辅助第一课堂的目的。然而,受考试分数、升学率、学校声誉等因素的制约,真正组织并开展好第二课堂教学的地域并不多见,第二课堂教育仍然是一个值得持续讨论的问题。

从任何角度来看,第一课堂都是所有教学的关键所在。因此,脱离第一课堂教学而盲目地追求第二课堂的良好效果,只会导致第二课堂如无本之木、无源之水,或许学生会暂时性地从中获得进步,但从长远来看,对学生是有害的。所以教师应认真备课,努力提高自己的教学技能,讲授好第一课堂,争取提高第一课堂的教学成绩,以此来支撑第二课堂的教学,促使学生通过第二课堂在实践体会和巩固第一课堂的同时拓宽视野,获得课堂外知识的补充,进而促进学生素质的全面提高。

教师个人的能力是有限的,所以开展好第二课堂的教学活动,不能仅仅是教师的个体教学行为,而应当是在学校统一教学规划下的统筹安排,有充分的教学资源条件支持,同时,要争取校领导的支持与信任。目前,多数学校在办学中都被升学率这根指挥棒所牵引,而忽视了学生的动手能力、合作精神以及理论与实际相结合能力的培养。学生们一直在教室中埋头苦读,没有足够的课余时间,使开展第二课堂成为奢望。这是一种普遍现象,在升学率高的学校尤为普遍。此外,片面追求高分,只发展学生的考试能力,限制学生动手能力的教学模式只会培养"考试机器",即所谓高分低能的学生,这样的学生是没有创新能力的。因此,主办第二课堂的教师应与学校分管教学的领导沟通,阐明这种教学形式的重要性,取得校领导的信任与支持,将学生从教室中解放出来,促使学生参与各种形式的第二课堂学习。

学生虽是教师的教授对象,但本质上是学习的主体和主角。因此,教师在开展第二课堂教学时,需要始终尊重学生学习的自主性,激发学生的积极性。然而,如何有效地通过第二课堂来激励学生呢?教师应该做到平等地对待每个学生。比如,第二课堂在选择学生参与时,不能以学生成绩的高低来决定其是否有资格参与。很多时候,成绩不佳的学生中往往不乏活跃分子,他们不愿久坐于教室中,如果给他们动手、动脑的活动和制作的机会,他们中的不少人可能并不逊色于那些成绩优秀的学生。而且,从第二课堂中获得的快乐和成功感或许可以帮助他们激发出对第一课堂的学习热情,进而促使其转变学习态度,树立学习的兴趣和自信。笔者从多年的教学经验来看,不少学生无心学习的根本原因就在于缺少足够的自信和兴趣,同时,不知道或者看不到他们所学习的内容对他们的未来有什么帮助。因此,第二课堂趣味活动的开展将有助于激发学生的兴趣,帮助其改变学习态度，产生学习兴趣。这是第二课堂的最大功效和魅力之所在。

第二课堂活动就是要激发学生的兴趣，重视开发学生的智力，提高学生的能力、素质，培养学生爱学、自觉学、乐于学的好习惯。因此，第二课堂的内容一定要结合第一课堂的内容来开展，不宜太难，也不宜太简单。同时，第二课堂的内容要具有趣味性，可在教学中结合教学内容，让学生在课余时间动手制作与教学内容相匹配的小制作。

在活动课上，要注重激发学生积极参与和竞争的意识，这就要求教师把活动内容安排得合理、新颖和创新，促进学生善思、乐学，并感到有趣、有益。因此，教师不妨对学生的小制作及时地给出评价并加以奖励，从而提升学生的参与意识和成就感。对制作得不好或者不成功的学生，也不要加以责难，而要鼓励其改进，并对其闪光点加以及时的肯定。同时，将学生制作得较好的器材加以保留和公开展示。这既是对学生学习结果的肯定，也可供下一届的学生观摩学习和模仿。

教师要认真安排活动内容，有目的、有计划地指导好学生，让学生在项目活动中学有所得、学有所获。如果学生不知道如何解决生活中遇到的问题，那么教师可以指导学生将这部分内容引入第二课堂中来解决。此外，学生对自主提出的问题进行讨论，能够利于其良好思维模式的养成，对其能力的提高更有益处。

参与和组织第二课堂的教师必须保证活动的安全性，并且落实点名制度，活动中不得随意增减学生，保证队伍的稳定性。如遇外出时，一定要制订好安全措施的详细细则，不能出任何的安全事故。

当今社会对人才素质的要求是不仅要德才兼备，而且要具有创造精神,倡导脑力劳动和体力劳动相结合。因此,《全日制中学物理教学大纲》(1990年修订本)中明确规定:"中学物理教学必须使学生比较系统地掌握现代科学技术和从事社会主义建设需要的物理基础知识,以及对这些知识的实际应用,同时,要培养学生的观察与实验能力、思维能力、分析和解决问题的能力。"[1]由此可见,初中物理教学只有注重理论联系实际,使学生勤于动脑、善于动手,才能从根本上提高初中物理教学的效率。

第二节　初中物理学科内容的实用性与相关教学问题

物理知识源于生活,反过来又服务于生活,在生产和日常生活中都有着广泛的应用。

谈到物理学,有些学生觉得很难;谈到物理探究,有的学生觉得深不可测;谈到物理学家,有的学生更是感到他们都不是"凡人"。诚然,成为物理学家的人的确屈指可数,但只要勤于观察、善于思考、勇于实践、敢于创新、从生活走向物理,你就会发现:其实,物理就在身边。正如马克思所述:"科学就是实验的科学,科学就在于用理性的方法去整理感性材料。"[2]物理不但是一门学科,而且是一门科学。

物理学存在于物理学家的身边。勤于观察的伽利略在比萨大教堂做礼拜时,悬挂在教堂半空中的铜吊灯的摆动引起了他极大的兴趣,后来通

---

① 张振汉.也谈高中物理必修课教材及教材改革[J].中学物理教学参考,1994,23(9):16-20.

② 邹小琴.初中物理知识在生活的一点应用[J].科学咨询,2017(46):61.

过反复观察与研究,他发现了摆的等时性。勇于实践的美国物理学家富兰克林为认清"天神发怒"的本质,在一个电闪雷鸣、风雨交加的日子,利用司空见惯的风筝将"上帝之火"请下凡,由此发明了避雷针。敢于创新的英国科学家亨利·阿察尔去邮局办事时,身旁有位外地人拿出一大版新邮票,准备裁下一枚贴在信封上,但没有小刀,于是找阿察尔借,可阿察尔也没有。这位外地人灵机一动,取下西服领带上的别针,在邮票的四周整整齐齐地刺了一圈小孔,然后很利落地撕下了邮票。外地人走后,阿察尔陷入了深深的思考中,后来,他据此发明了邮票打孔机,有齿纹的邮票也随之诞生了。此外,阿基米德发现了阿基米德原理,德国物理学家伦琴发现了 X 射线……研究身边的琐事并有重大发现的物理学家不胜枚举。当然,学生不能采取富兰克林那种危险的方式。

物理学也存在于学生身边。比如,学了测量的初步知识后,同学们纷纷做起了软尺。有个学生别出心裁地用透明胶把制好的牛皮纸软尺包扎好,这样更牢固;然后用大大卷泡泡糖的包装盒作为软尺的外壳,在盒的中心利用铁丝做一摇柄中心轴,软尺的末端固定在轴上,这样一个可以收拾并反复使用的卷尺就做好了。同时,这个学生受软尺制作的启示,用实验解决了一道习题——用软尺测量物体长度时,若把软尺拉长些,测量值是偏大还是偏小? 为解答这道题,他做了这样一个模拟实验:在白纸上画一条直线,标上刻度,然后用透明胶粘贴,再扯下来,便做成了软尺,他用这把软尺不仅找到了上题的答案,而且清楚地看到分度值变大了。又如,有学生在测量 2.4 V、0.5 A 的小灯泡的功率并研究其发光情况时,不满足于给灯泡加上 2.4 V 的电压,而是用自己早已准备好的小灯泡做破坏性实验,不断加大灯泡两端的电压,直至电压高达 9 V,灯泡灯丝烧断,才停止探究;还有学生在学习蒸发的知识时,不厌其烦地坐在桌旁,聚精会神地观察相同的两滴水(其中一滴水滩开),然后进行分析、对比,得出影响蒸发的因素……学生捕捉身边的琐事进行探究的事例屡见不鲜。

用身边的事例去解释和总结物理规律,学生听起来熟悉,接受起来也更容易。只要时时留意,经常总结,就会不断地发现有利于物理教学的事物,丰富物理课堂,活跃教学气氛,简化概念和规律。《全日制义务教育物理课程标准(实验稿)》告诉人们:"义务教育阶段的物理课程应贴近学生生活,符合学生的认知特点,激发并保持学生的学习兴趣,通过探索物理现象揭示隐藏其中的物理规律,并将其应用于生产、生活实际,培养学生终身的探索乐趣、良好的思维习惯和初步的科学实践能力。"①

现在,人类所有的令人惊叹不已的科学技术成就,如克隆羊、因特网、核电站、航空技术,无不是建立在早年的科学家们对身边琐事进行观察并研究的基础上的。因此,在学习中,学生要树立科学意识,大处着眼,小处着手,经历观察、思考、实践、创新等过程,逐步掌握科学的学习方法,训练科学的思维方式。这样不久后,你就会拥有科学家的头脑,同时,为自己今后惊叹不已的发展、美好的生活打下扎实的基础。

总之,物理学是一门自然科学,与人类生产和生活最为密切。学生只有将所学的物理知识应用到生活、生产中去,才能真正地认识到物理学的价值,才能认识到物理学对人类的进步发展所起的重要作用。物理知识从生活实际到高科技前沿,它的应用十分广泛。所以物理教师应着力引导学生在生活中学习物理知识,在生活中思考物理知识,在实践中掌握物质知

---

① 中华人民共和国教育部.全日制义务教育物理课程标准(实验稿)[M].北京:北京师范大学出版社,2001:3.

识,把物理知识运用到现实生活的各个方面。物理教师不仅要使学生理解学习物理知识的重要性,认识物理知识在当代社会中的重要作用,而且要引导学生关注物理学的最新发展,使学生将所学的物理知识与当前的社会实践和生活实际结合起来,坚持与时俱进,坚持科学发展观,利用物理知识推动社会和谐发展,更好地为人类造福。

一、热学知识

天气的阴晴、冷暖与人类的各类活动息息相关,包含很多的物理热学知识。炎热的夏天在地上撒些水,水分的蒸发可以达到降温的目的。在严寒的冬天如何取暖? 可以运动,也可以喝热水,这涉及做功与热转递的知识。汽车发动机常用水来散热,早春为保护秧苗不被冻坏,往往会在夜间向稻田里灌水,白天放水,都充分地利用了水的比热大这一特性。此外,细心的人会发现,鸡蛋刚从锅里取出来的时候,如果你急于剥壳吃蛋,那么就难免连壳带"肉"一起剥下来。要解决这个问题,有一个诀窍,就是把刚出锅的鸡蛋先放在凉水中浸一会,然后再剥,蛋壳就容易剥下来。因为一般的物质都具有热胀冷缩的特性。可是,不同的物质受热或冷却的时候,伸缩的速度和幅度各不相同。一般来说,密度小的物质要比密度大的物质容易发生伸缩,伸缩的幅度也大;传热快的物质要比传热慢的物质容易伸缩。而鸡蛋是由硬的蛋壳和软的蛋白、蛋黄组成的,它们的伸缩情况是不一样的。在温度变化不大或变化比较缓慢均匀的情况下显不出什么;一旦温度剧烈变化,蛋壳和蛋白的伸缩步调就不一致了。因此,把煮得滚烫的鸡蛋立即浸入冷水里,蛋壳温度降低,很快收缩,而蛋白仍然是原来的温度,还没有收缩,这时就有一小部分蛋白被蛋壳压挤到蛋的空头处;随后,蛋白又因为温度降低而逐渐收缩,此时蛋壳的收缩已经很缓慢了,这样就使蛋白与蛋壳脱离开来。由此,剥起来就不会连壳带"肉"一起下来了。这些都是热学知识在生产、生活中的重要应用。

物理概念是物理教学的重要内容。近年来,广大教学工作者都对概念教学极为重视,积极寻求好的物理概念教学方式。热学是物理学的重要分支,热学中有很多重要的物理概念,而这些概念对学生的思维形成有着重要的作用。但是热学中的概念是比较抽象的物理概念,如温度、内能、热量。这些概念的了解与掌握关乎学生学习物理的能力与物理思维的养成,理解透彻后,对今后的物理学习与生活都是十分有益的。

(一)引入物理热学相关概念的方法

引入物理热学的相关概念,需要掌握一定方法。教师要寻求好的引入方式,既能激发学生的学习兴趣,又能培养学生的学习热情。下面介绍几种引入物理热学相关概念的方法。

1.由实验引入课题

在教授汽化与液化时,教师可以通过做物理小实验的形式来引入课题。大自然中有很多自然现象,学生既熟悉又陌生,如雨的形成,学生可能对雨很了解,但要说到雨是如何形成的,学生可能就无法解释清楚了。这时,教师可让学生用烧杯加热水,在烧杯顶端放置一块玻璃挡板。用这样的小实验,教师便可解释雨的形成。实践证明,教学小实验导入教学概念的效果极好,可让学生明白探索的目标与方向,培养学生的动手与实践能力,让学生对学习充满兴趣。

2.从生活中看到的现象出发

在日常生活中,人们会遇到很多与物理知识相关的现象。在没有学习物理概念与知识之前,学生很难将其与物理联系起来。但教师通过讲述生活中的现象,可以让学生重新审视生活,从生活中去挖掘、思考。例如,在教师教授物质的三种状态时,学生一时难以把握,教师便可举生活中常见到的事物,像云、雾、雪、霜,利用多媒体设备给学生一种直观感受。从生活中常见的现象出发,导入学习课题,可以让学生的思维回归到积极的状态,加深他们的理解,促进他们从客观事物的一般认识能力到知识理论化能力的提升。

3.由错误概念引入课题

在生活中,人们可能会遇到很多错误概念。若以这些错误概念引入教学内容,学生会重视知识点,加深对知识点的印象与理解;同时,对于日常生活中学生习以为常的概念加以否定,会激活学生的思维,让学生的注意力得以迅速集中。此时再灌输新的概念,学生会接受得较快,也能更好地理解知识。常见的错误性认识包括认为温度高的物体所含的热量高,而温度低的物体含有的热量少。教师可以利用这个生活中的错误概念有效插入,进行热量教学,效果俱佳。总之,以生活中的错误概念引入教学,学生可以由原来对知识的一般了解上升到全面了解的高度,最终提升学生的认识能力与理解能力;同时,明白生活中的实例必须要得到严谨的科学证明才能得以信任。

(二)概念教学的难点

在概念教学中,有很多非常重要的教学概念,如温度、内能、热量。这几个概念的教学通过上面所提供的一些教学方法,能提高教学的有效性。但论述到三者之间的联系的教学时,便是教学的难点了。对此,很多教师一时不知从何入手。所以遇到这一教学难点时,可采用下面的方式逐次教学,类似的教学也可进行知识迁移。

1.从概念的内涵处分析

温度、内能与热量本就是三个不同的概念。从三个不同概念的内涵处分析,能加深学生对概念的理解与掌握,也能体味到三者的不同。温度是物体的冷热程度,是不能够转化的;生活中常见的"今天温度很高",属温度的概念。内能是物体内所有分子的势能与动能的总和,是物体中所含有的能量,是可以转移或转换的。热量则是不可以转移的。人们在说到物体含有多少热量的时候,正确的表示是物体放出多少热量或吸收多少热量。在热传递过程中,内能会改变一定的度量,这就是人们所说的热量。

2.分次论述三者联系

当分析三者之间的关系时,既要分析它们的相同之处,也要分析它们的不同之处。这样,在论述到三者的联系时,便要进行分次论述,既要讲明温度与热量的关系,又要讲明温度与内能的关系,还要表述清楚内能与热量的关系。如此表述,层次清楚且便于理解。

温度与内能联系密切。温度发生改变,物体的内能也会发生改变,那么具体发生什么样的改变呢? 当温度降低时,物体内分子进行无规则运动的速率会减小,这时物体的内能减小;相反,如果温度升高了,内能也会随之增加。但当物体内能发生改变时,温度不一定会发生改变。比如,晶体熔化的时候,内能增加了,但温度没有发生变化。

内能与热量也有密切的关系。物体在吸收或放出热量的时候,内能会发生改变。物体吸收热量,内能增加;物体放出热量,内能减小。但当物体内能发生改变的时候,不一定是热量改变的缘故,因为做功也能改变物体内能。

温度与热量也有一定的联系。物体在放出或者吸收热量的时候,温度不一定会发生改变。比如,冰在融化成水时放出热量,但是温度仍保持不变。而当温度发生改变的时候,也不一定是吸收或者放出热量。因为热量的改变是热传递,而温度的变化也可以通过做功来实现。

二、光学知识

人类生存需要光。白天靠阳光,夜间需要灯光。设想宇宙无光,整个世界将陷入一片漆黑,所有生物将无法生存,由此可见光的重要性。然而,光到底遵循什么规律,人类怎样利用这些规律为自己服务,是人类研究光的目的所在。教室里通常用日光灯管而少用白炽灯,除为了节省能源外,更重要的是白炽灯这种光源容易形成阴影,而日光管是平行光,可以避免阴影,使人们能够更好地工作学习。随着生活水平的不断提高,家用轿车进入了寻常百姓家庭。据笔者了解,很多学生对以下关于车的问题很感兴趣:夜间行驶时,汽车内不开灯是为了避免挡风玻璃反射光而影响驾驶员的视线;汽车的反光镜用凸面镜而不用平面镜是为了扩大观察范围;轿车上装有茶色玻璃,在反射光的同时能吸收一部分光,那么从车内透射出来的光就比较弱了,而且没有足够的光,外面的人看不清车里的人。

近几年来,随着新课程改革在我国各级教育机构中的不断深入与推广,初中物理课堂教学逐渐受到越来越多人的关注,其中以光学课程教学更为明显。但就目前情况来看,我国许多初中物理光学教学中仍存在较多误区,如忽视学生课堂主体性、教学资源开发不足以及教学方式单一。因此,学生学习的自主性不高,教学效果不乐观,急需进一步改进和创新。

(一)创设教学情境,激发学生学习兴趣

对于初中物理来讲,其课程教学内容的理科思维较重,实践性较强,而且大多数物理知识都比较抽象、难懂,学生自行理解和学习起来难度较

大。所以现阶段，教师在初中物理光学教学中，需要依据教学内容为班级学生创设教学情境，以激发其学习兴趣，提高教学效率。

例如，在学习光的直线传播时，教师在课堂开始时可利用经典电视剧《宝莲灯》进行课堂导入，借助精彩的视频画面为班级学生创设独特的教学情境，以快速地吸引学生的注意力，激发其学习动力。具体可表现为：教师先指导班级学生认真观看《宝莲灯》中与该知识点相关的画面或视频，并结合教学内容向学生提出问题"电视画面中的'七彩光芒'是通过什么方式传播的？"以此来启发学生思维，引导学生自己动手，利用多种教具与实验材料进行课堂实践活动，通过师生共同协作的实验教学，使学生准确地理解并掌握光束传播的特点，即光在透明物质中直线传播，以增强课堂教学的有效性。

（二）重视学生的课堂主体性，培养学生的自主学习能力

现阶段，我国明确指出："学生是课堂教学的主体，教师是教学带领者与引导者。"所以当前环境下，教师在初中物理光学教学中需要重视学生的课堂主体性，使学生成为课堂真正的主人，鼓励学生自主探索和学习，以培养学生的自主学习能力。

例如，在学习平面镜成像时，教师在课堂开始时，首先，要充分发挥自身的创造力，利用照镜子的视频或动画进行新课导入并引导学生积极开发思维，进行课堂讨论，明确课堂教学主题，即镜子的工作原理、发展历史及其在生活中的应用等。其次，教师可将班级学生进行科学分组，并分别给予其不同的研究主题，要求各小组成员自主学习和讨论，将课堂交还给学生，以突显和明确学生课堂的主体性，培养学生的自主学习能力。最后，教师在学生了解和掌握了教学内容之后，可引导学生积极联系现实生活，

要求学生自行制作一些与镜子相关的物件，以增强学生的物理知识实践运用能力与动手操作能力，做到学以致用，提高教学效果。

（三）开发和利用教学资源，增强学生对教学内容的理解

在以往的初中物理光学教学中，由于缺乏教学器材，所以大多数教师均采用视频演示的方式进行课堂教学，但学生的参与度不高，教学效果不佳。因此，现阶段，教师在初中物理光学教学中，需要积极开发和利用多样化的教学资源，以拓宽视野，增强学生对教学内容的理解和掌握。

例如，在学习光的折射时，教师在课堂开始时，可先要求学生阅读教材内容，使学生初步了解本节课的课程大意；之后，充分发挥自身的教学引导作用，通过多种途径开发和利用教学资源，以增强课堂教学的灵活性与综合性，提高教学效果。具体可表现为：首先，教师可依据教学内容，借助多媒体辅助教学，通过向学生展示光的折射的实验原理与相关实验视频等，来增强学生对课堂知识的理解，使教学效果事半功倍。其次，教师可在课堂中为学生提供实验器材，要求学生依据课堂所学知识进行光的折射实验，并在学生动手操作过程中从旁辅助，帮助学生解决实验过程中所遇到的问题，以增强学生的实践动手能力与物理知识运用能力等。最后，教师可鼓励学生在课余时间到图书馆等查阅与光的折射相关的学习资料，或者指导学生利用网络搜集、整理并探究光学知识，以丰富教学内容，拓宽视野，提高该课程的教学效果。

总之，目前我国初中物理光学教学仍存在诸多问题，从整体上来讲，教学效果不理想，误区严重。针对这种情况，笔者建议在初中物理光学教学中，教师需要依据教学内容创设教学情境，以激发学生的学习兴趣，重视学生的课堂主体性，培养学生的自主学习能力，同时，充分开发和利用

教学资源,增强学生对教学内容的理解,提高教学质量。

三、电学知识的应用

在人们的生活中,随处可见电的应用。比如,夜间走路用的手电是将化学能转化为电能,煮饭用的电饭煲、电炒锅是将电能转化为内能。又如,生活中的安全电压是不高于 36 V,而家庭电路中的电压是 220 V,远远高于安全电压。因此,应严格遵循安全用电原则,否则将会危及人们的生命安全。如果没有电,电动机将不能转动,电力机车不能行驶,电器都不能工作,人类社会会倒退。虽然电是人类的好伙伴,但人们应在保证安全的前提下合理地利用它为人类服务。

(一)初中物理电学教学的现状分析

1.教师过度重视物理概念的知识本位

在应试教育的压力下,很多教师在教学过程中太注重物理概念的知识本位,而忽略了对于这个概念的理解。这就导致了教学重结果的现象特别严重。例如,许多教师在引入新概念时,没有让学生获得足够的感性认识,而是直接给出最后的结果。这让一部分学生只能死记硬背物理概念,但没有真正理解其内涵和外延。在这样的教学情况下,学生对物理电学知识的学习会觉得枯燥无味,甚至失去学习的热情和积极性。

2.实验课教学未达到预期效果

在多次观察中,笔者发现在传统的电学实验课教学中,很多时候都是走走过场,教师事先安排好一切,甚至已于实验前作过演示,并且学生对结论都已经知道,只需要在实验室依葫芦画瓢模拟一下即可。有的学生说,有时他们得出的数据和教师的结论差别很大,但由于有现成的结论,所以他们会自行修改数据;也有的学生说,自己就是做看客的;还有的学生说,由于上课没认真听讲,所以根本不会做,如果同桌和他一样,那么一节课就浪费了,什么实验现象也没看到。同时,有很多教师认为,让学生做实验还不如自己来讲实验,有时候甚至连讲实验都不进行,而直接让学生背实验。学生也认为,只要会做题,做不做实验都无所谓。如此,最终导致实验根本起不到什么效果。另外,有些实验动手演示起来比较麻烦,而且实验效果也不明显,再加上教室后面的学生完全看不到实验,所以做实验时,学生的纪律非常差,有些学生甚至故意起哄等,导致很多教师采取这样的措施:能不做的演示实验就不做,必须做的实验就自己动手做。这些现象的出现大多缘于教师还没有充分认识到实验教学在电学教学中的重要意义。

3.学生对物理电学兴趣不浓厚

物理电学对于初中学生来说是一门非常陌生的学科。对于一门陌生又难度较大的学科,他们会本能地望而生畏,从而不愿意主动地进行学习和探究,即使在学习时,也会有抵触情绪,不愿意听课,有些甚至不愿意参与实验,对待知识的学习没有端正态度,在学习中表现得很被动。同时,对教师讲授的很多概念都混淆不清,如串联、并联、电路、电流、电压、电阻。此外,基础概念的不理解导致后面的学习更加困难。例如,在学习测量小灯泡的电阻时,很多学生对电阻的概念不清楚,当教师引导学生通过电压表和电流表来探究测电阻的原理时,学生难免会一头雾水,不知该如何操作、如何进行组装和测量。

4.教师教学方法较单一

在教授这部分知识时,很多教师为了能让学生多学一些知识,提高分数,大多采用灌输的方式对学生进行指导,希望通过多给学生讲解,能够让学生更好地掌握这部分的知识点。可是,在很多时候这种方法往往事与愿违。在教师讲授知识时,有的学生左耳进、右耳出,根本没有理解和往心里去记住这些知识点。如果学生能够通过自己的思考和理解来获取知识,那么学生就会形成自己对这些知识点的理解,从而实现灵活运用和提高兴趣的目的。例如,在学习电流和电路时,如果教师直接把电流的概念告诉学生,那么学生虽然知道了电流的概念,但是无法深刻地理解其中的知识——电流是怎样产生的?电流在电路中是怎样运动的?对此,学生会产生很多的困惑,进而不利于学生对知识的掌握。因此,教师要避免对学生进行机械的灌输,要让学生参与课堂探究,通过学生的主动思考和探究来习得知识,提高学生的学习能力。

5.教学内容多、课时少

以九年级为例,按照教育部颁布的标准来算,九年级每周 3 节物理课,每学期就有 60 节物理课。但是,每个学校的学生生源不同、层次不同、基础不同,对于同一个物理问题的理解所需要的课时也不同。同时,由于各个学校的教学目标与教学任务不同,所以教学计划也不同,这样就会造成教学课时不同。而对于很多生源不佳的学校来说,必须相应地增加物理课时,才能够达到相应的教学目的。通过相关数据调查,很多学校反映,初三学年的物理教学至少要有 70 个课时,才能按照教学进度完成教学计划和教学任务。此外,物理课程每周的课时少,但人均教学班数却增大,物理教师在每个班进行辅导的时间短,作业批改和讲解的工作量加大,导致教师和学生交流的机会减少。

(二)初中物理电学教学的对策分析

1.通过课堂演示实验,提高教学效果

课堂演示实验是指教师通过在课堂上的实际操作来启发和引导学生对实验进行观察与思考,从而达到一定的教学目的。在实验中,教师是实验主体,学生是观察主体。实验的教学效果是以学生能否达到实验预期的学习效果来衡量的。因此,在课堂演示实验过程中,教师应充分发挥其主导作用。能否有效地发挥主导作用,不仅取决于教师自身的实验技能和教学的基本素质,还取于教师对演示实验所采取的教学策略与对教学过程(程序)的设计。此外,可以引导学生进行分组实验。在分组实验中,在掌握实验原理的基础上,教师可以允许学生用不同的器材、不同的实验步骤进行操作实验。这样可以极大地提高学生学习物理的兴趣,发展学生的个性,活跃学生的创新思维,发展学生的发散思维。

2.结合物理综合实践活动,提高教学效果

受应试教育的影响,教师在对学生的实践能力培养方面存在着很大的欠缺。古语有云:"学以致用。"学习知识的目的是为了能够运用它。物理教材中的一个亮点就是物理综合实践活动。利用综合实践活动,可以让学生将所学的电学知识运用到实践中,对学生理解和掌握抽象的电学知识有很大的帮助。物理实践活动不像课堂教学,受到教学大纲和教科书的制约,它可以比较深入地研究、运用学过的知识,将其与生活中的物理相联系;具有活动项目众多、丰富多彩,形式灵活多样、讲求实效的特点。例如,教师可以采取分散的形式,让学生利用电能表测定家用电路的消耗电能,让学生自己去研究、去实践、去调查、去比较。又如,对于组装直流电动机这一实践活动,教师可以将学生集中在实验室,利用课堂时间采用比一

比、赛一赛的方式来完成。再如,在学生学习了安全用电知识后,可以组织学生利用休息时间对农用电器的安全情况进行调查。在实践活动中,学生能自觉地利用已学过的知识,通过理论与实际相联系的活动,使电学相关的抽象知识在学生头脑中得到巩固和升华。

3.优化习题讲解方法,提高教学效果

教师在指导学生做习题时,不是为了解题而解题,而是通过积累解题方法培养学生透过题型看本质的举一反三的能力。例如,在讲解串联电路中电流相等问题时,可以巧选公式,则计算分析电功时往往应选择 $W = I^2Rt$,计算电功率时往往应选择公式 $P = I^2R$ 进行解题,方便省力;而并联电路中各支路两端电压相等,则计算电功时常选用 $W = U^2/Rt$,计算电功率时常选用 $P = U^2/R$。选择的公式合理,可以大大加快解题的速度,简化难题,提高准确率。所以在讲解关于电学的综合题时,教师应该抓住其关键点,学会分解难点。第一,根据题意画出电路简图,并标出已知量和未知量。第二,利用电流路径法分析连接方式,如电流表测哪一用电器的电流,电压表测哪一用电器的电压。第三,利用上一步分析得到的电路连接方式以及已知量、未知量、不变量等,选择合适的公式,列式求解。同时,要注意题目中的一些隐含条件的运用,如滑动变阻器的滑片 P 在中点、小电灯正常发光。这些解题方法在教学实践中,需要教师不断地反复训练,形成自己的一种思路清晰、逻辑清楚的解题方法,这样在讲解过程中,学生才能将其内化理解为自己的东西。

4.让物理走进生活,提高教学效果

初中物理电学教学有一个重要的目标,就是培养学生的安全用电意识,不仅仅是教会学生关于物理电学的知识,同时,培养学生运用所学知识在日常生活中的应用能力。那么,面对用电危险时应该如何应对呢?在初中电学教科书上,提到了在一般情况下,人体的安全电压不能高于 36 V,电压越高,就越危险。学生在理解这个概念时,往往只是一种单方面的接受,并没有任何真实的感受。这时,教师可以在教学中结合实际生活举例,即人们日常接触的家庭照明电路的电压是 220 V,远远大于 36 V 的安全电压,以便对比研究。此外,在日常生活中,很多家庭都会存在这些安全隐患,如同一插座上插着很多电器的插头,当熔丝经常熔断时用铜丝代替的现象比较普遍,三脚插座任意变成两脚的现象经常发生,绝大多数家庭都没有定时请专业人员检修电路的习惯。因此,在教学中应当充分结合这些生活教学资源。比如,在教学前可以先请学生对自己家的电路、用电情况进行一次实地调查,并翔实地记录下来,在课上交流;也可以设计调查问卷,对家长进行安全用电知识调查;还可以在学习了知识点后,让学生自行排查,自行寻找相应的解决措施。当学生面对这些工作时,可以将其作为电学教学的一个有效资源利用起来,激发学生学习的兴趣,让学生感觉言之有物,更能引起学生的共鸣,同时,通过学生的实际参与,让学生切实感受到学以致用的乐趣。

5.利用复习课,提高电学教学效果

众所周知,复习课非常难上,但是复习课对学生巩固知识的作用非常大。复习课不能上成简单的知识重复,而应该结合知识点在习题中的运用来进行复习。笔者通过多年的教学经验总结了三点关于如何利用复习课来提高学生对电学知识的掌握。第一,在进行复习课教学之前,教师要对所复习的章节在整个中考中的地位以及其中考查的知识点、热点和题型有哪些做到心中有数。在习题复习时要尽量从易到难,从单个知识点入手,通过习题把知识点串起来,进行综合习题讲解。第二,将知识点整理、归纳好之后,以教学案例的形式呈现给学生,让学生通过自己的努力完成这一类习题后,自己归纳、解答这一类习题所需要的知识点和解题方法。通过这样的形式,在解答完这几类题之后,学生不但对这类知识点进行了复习,而且做到了融会贯通,知道面对这类题目时用什么知识点。第三,当复习课涉及很多实验题时,安排的实验基本没有,多数都是通过讲实验、做实验相关的习题来完成的,但本书认为做一次实验操作给学生留下的印象比纯讲解的效果好很多,并且在以后讲解类似的实验题时,对学生的理解有很大的帮助。在实验中,既可以复习与巩固各种基本仪器的正确使用、实验仪器的选择、实验步骤的规范以及实验方法与设计,又可以培养学生对物理知识的理解和灵活运用的能力,可谓一举多得。

6.通过分组学习,激发学生学习热情

现阶段的初中学生对于参与集体活动的欲望很强,好胜心强;同时,偶像和兴趣可以大大地激励他们学习的主动性和积极性。因此,教师应在教学过程中设法发现学生的兴趣,结合偶像的力量来正面引导学生,推动他们学习的动力。而分组学习可以为学生创造一个小集体。但一些教师在进行分组实验时,常浮于表面,并没起到真正的效果。所以教师在分组时,3~4人一组比较合适,将学习水平高、中、低的学生相结合,将性格内向与外向的学生进行合理搭配。此外,在分组学习过程中,教师应当不断地巡视,对于出现的问题应当积极地解答。教师在巡视的过程中可以发现学生所表现出来的真实状态,发现他们的兴趣点。如此,可以根据他们的表现给小组进行打分。教师在这个过程中要随时融入小组并参与讨论,让每一个学生都感受到被重视。由于初中学生的个性中都有喜欢表现与受到教师的肯定的特点,所以教师要通过各组之间的比赛,积极鼓励学生自我展示,激发他们对于学习的热情。

很多学生在学习初中物理时都心有畏惧,主要是因为物理涉及的知识面较广,公式和概念较多,需要理解的难点也较多。这使得很多学生对物理学习产生了恐惧,在学习电学部分时尤其如此。因此,教师在教学过程中,要改变学生对物理电学这部分的学习状态,让学生能够积极地参与到教师教学的整个过程中。同时,教师可以通过分组做实验等方法,激发学生对物理电学的兴趣,让学生自己去探究整个实验过程,并积极引导学生将所学知识与生活实际相结合,提高学生对这个部分学习的主动性和自信心,促进学生对初中物理电学知识的掌握。

四、力学知识的应用

人们生活在地球上,重力无处不在。工人师傅在砌墙时,利用重垂线来检验墙身是否竖直,这就利用了重力的方向总是竖直向下的原理;羽毛球的下端做得重一些,这是降低重心使球在下落过程中保护羽毛。假如没有重力,世界不可想象:水不能倒进嘴里,人们起跳后无法落回地面,飞舞的尘土会永远地飘浮在空中,整个自然界将是一片混浊。因此,如果教师在讲重力时让学生展开热烈的讨论,就能充分挖掘学生的想象力,知道重力与人们的生产、生活实际密切相关。此外,摩擦力也是一种重要的力,在社会生产、生活实际中应用得非常广泛。比如,人们在光滑的地面上行走时十分困难,这是因为摩擦力太小的缘故;汽车上坡打滑时,在路面上撒些粗石子或垫上稻草,汽车就能顺利前进,这是靠增大接触面的粗糙程度而增大摩擦力;将鞋底和轮胎做成各种花纹,也是增大接触面的粗糙程度而增大摩擦;自行车捏紧刹车是靠增大压力来增大摩擦力的;滑冰运动员穿的滑冰鞋安装滚珠是变滑动摩擦为滚动摩擦,从而减少摩擦,增大滑行速度;各类机器中加润滑油是为了减小齿轮间的摩擦,保证机器的良好运行;磁悬浮列车使接触面分离,以减小摩擦。因此,人类的生产、生活实际都与摩擦力有关。有益的摩擦要充分利用,有害的摩擦要尽量减少。由此可见,力学知识在生活实际中是很有用的。教师只要将教材中的知识与生产、生活实际有机地结合起来,就能极大地激发学生的学习兴趣,从而培养学生树立崇尚科学、研究科学、应用科学的精神。

初中物理学科对初中学生而言,是引发学生初步探索和了解自然规律及其现象的基础学科,而直观现象中的力学知识是构成物理学科的主要内容之一。众所周知,力学知识直接关系着学生的日常生活,这种生活现象更易激发学生学习物理的兴趣。但据相关调查资料显示,随着不断深入地学习物理理论知识,学生对物理的印象由最初的好奇逐渐变为麻木、茫然,甚至厌烦。因此,要提高物理教学的有效性,减缓教师的教学难度,使学生轻松愉悦地学习物理知识,就必须深入探讨有效的教学策略。

(一)根据学生学习实情备课,为有效教学奠定基础

任何教学活动的开展都以备课为第一步。如果教师备课不充分,那么教学过程中便会出现颠三倒四的现象,甚至造成重点教学内容缺失的情况。从表面上来看,备课非常简单。然而,需要注意的方面很多,包括如何安排教学活动、教学目标与重点和难点等。教师只有事先合理地设计课程教学程序,才能确保课堂教学效果。而在传统教学模式下,教师对备课不够重视,认为备课内容就是重复教材内容,也不够关注学生能力的发展,最终导致教学过于单调乏味。此外,相比其他物理知识,物理力学的难度更大,学生在学习过程中常有吃力的感觉。因此,物理教师必须合理备课,

针对学生的认知特点,弹性安排教学流程,以激活课堂教学氛围。例如,在学习重力时,首先,教师要深入了解学生的学习实情及其认知特点。然后,合理进行备课。这部分涉及的知识点较多,包括重力产生的条件、大小、方向以及重心概念等内容,需要学生通过实验感知去感受。教师不但要结合教材内容,也要以学生的实情为出发点来备课。鉴于物理知识直接联系着现实生活,教师可以通过收集生活中的重力现象,并以此为依据提出相关问题,进而引导学生去探索重力的知识。

另外,还可以在备课期间预设几个小型教学活动,如小组探究活动。当然,小组合作开展之前,教师必须对其进行合理分组,并为各个小组充分准备实验器材。此类安排有利于促进学生积极地进行思维活动。同时,教师应预先考虑教学期间学生可能产生的反应与问题。只有这样,才能全面掌控授课进度,保证课堂教学的顺利开展。

(二)开展实验教学,诱导学生学习

众所周知,许多力学都需要通过实验教学法来传授,才能使学生加深对力学相关知识与概念的理解,进而有效地提高学生探究物理力学知识的能力和科学素养。因此,在关于力学知识教学的过程中,教师要重视实验教学环节。虽然学生能够理解和记住某些力学概念,但让学生亲自动手实验去验证,亲临其境地去体验,才能有效地加深学生对力学知识的认识和理解。例如,在学习阿基米德原理时,教师可以提供一些不同密度但相同体积的物体给学生,让学生通过实验对该原理进行验证;或是由教师演示一部分规律与原理,然后采取分组实验的方式,将理论讲解变为半探究式的教学,使学生受到教师的良好启发,充分将已学知识运用到实验中,进而得出正确结论,并学会如何用物理知识解决生活中的实际问题。

另外,可以利用多媒体辅助教学。与传统教学模式相比,多媒体辅助教学更具优势。它不但能将力学的抽象概念与事物具体化,还能有效地进行课堂上不适宜的力学实验,进而达到调节和丰富课堂进度与内容,为师生进行探究分析提供便利,充分揭示存在于实验中的物理现象,使学生深入理解力学的抽象知识概念的目的。

除此之外,物理教师还要把握好课堂教学提问的时机与方法,通过提问的方式在课堂中引入力学的相关知识,为学生建立良好的力学情境,使学生既感到新奇又能集中注意力,保持良好的学习心态参与到教学中。例如,在学习压强时,教师不妨提出如下问题:"当人们在雪地上行走时,易陷入积雪,但为什么穿上滑雪板后,就能正常滑行而避免陷入积雪呢? 同学们知道这其中的原理吗?"总之,在物理教学过程中,教师要充分利用这些生活中的物理现象提出问题,先让学生思考相关缘由,再由教师进行引导,这样便能使学生快速地参与到物理知识的学习中去。

随着信息知识的快速发展,教育的重要性越来越突显,教师对有效教学策略的需求也越来越迫切,特别是在物理力学教学过程中,教师必须积极探讨有效的教学策略,从激发学生的学习兴趣、灵活运用教学手段等方面着手,以促进学生能力的发展与力学知识传授的均衡,进而增强学生的学习效率,提高物理力学教学的有效性。

总之,物理是一门应用性很强的学科,与人们的生产、生活联系得相当紧密,这样的例子举不胜举。只要在平时的生活中勤思考,多观察,善于创新,从物理走向生活,你就会发现:物理就是身边的一门有趣的自然科学。

第三节　初中物理生活化的教学方式

任何知识都源于生活，又反作用于生活，初中物理也是如此。初中物理是初中新加的课程，对于学生来说比较新鲜。许多学生对物理知识的学习有着一定的兴趣。但如果在初中物理的课堂上，教师讲课只注重教材，不联系实际，甚至脱离实际，那么就会让学生丧失对于物理学习的兴趣。初中物理生活化教学是新课程改革后应运而生的一种新型的教学方式，对学生的学习有很大的帮助。

一、初中物理生活化教学的内涵与价值

初中物理生活化教学是新课程改革之后在初中教学中应运而生的一种教学方式，是一种系统化的教学方式，不仅包括课堂上要有生活化的内容，还包括教师的心理状态要有生活化教学的概念和理念，而且对于学生的心理也有一定的要求，包括让学生改变以往懒散的学习状态，改变因为应试教育而产生的僵化的学习方法。其中，对于学习方法，要活学活用，从学科的特点出发，寻找真正适合的学习方法。

对于物理来说，初中的物理知识大多停留在比较浅显的层面上，而这些层面的知识大多在生活中可以找到明显的应用和体现。因此，生活化教学要求教师根据学生的实际情况，以及生活中对于物理的要求和体现来备课，在课堂上多创设生活化的场景和实验，让学生真正体会到物理知识是从生活中来，回归到生活中去的。

新课程改革是很多学科教学改革的一个里程碑，对于物理来说也是如此。相对而言，新课程改革比较重视学生对于知识的活泛使用，而非之

前的"死学"。因此,在物理课堂上,新课程改革让物理教学摆脱了划重点、背公式和定理、反复测验、进行巩固的僵化的教学模式,而是偏向于灵活的教学方式。这样能同时让教师和学生的思路变得开阔,从而为初中物理生活化教学的开展创造条件。

二、实现初中物理生活化的教学策略探索

(一)立足学生阶段实际,创新教学设计思路

在实际教学情况中,教师始终处于主导地位,所以进行一种新的教学方式的尝试,首先应该从教师的理念入手。而为了实现初中物理生活化的教学模式,教师要从心理和教学理念上进行一定的改革。

在进行生活化教学的开始,教师应该尽量摒弃之前僵化的教学模式,开动脑筋,寻找新的教学理念。这种理念应该是与学生的实际情况和物理在生活中的体现相联系的。在备课的时候,教师要熟读新课程改革的教材,将教材中的重点内容进行勾画,然后根据新课程改革的课程要求对重点讲解内容进行调整,将一些比较难、杂、钻的课程内容舍弃掉,保留下对学生而言真正有用、能在生活中使用的知识。

比如,在进行备课的时候,可以结合电视中所播讲的节目来选择讲课内容。因为初中学生处在青春期,活泼好动,充满好奇心,对于未知的事物有着非常浓厚的兴趣,所以教师可以根据《探索发现》《走近科学》等节目进行梳理,将这些节目中近期讲解过的知识点深入浅出地讲给学生。这样不仅能够引起学生学习物理的极大兴趣,还能提高课堂的活跃性,一举多得。

(二)巧妙设计物理实验,夯实教材基础

初中的学科设置能够非常清晰地体现出文科与理科之间的区别。与

历史、地理和政治不同,初中的物理、化学与生物是注重动手能力的学科,尤其是物理和化学,其学习内容中有一大部分是需要学生动手进行实验的。

新课程改革之前,初中物理课堂枯燥无味,很多需要进行实验的内容都是教师在讲台上讲述实验步骤、实验现象和结论,并不是让学生真正动手进行实验;后来才开始使用多媒体为学生讲述实验方面的知识,但是这些手段还不足矣引起学生的兴趣。因此,在生活化教学模式中,应该让学生自己动手进行物理实验,这样他们才会对实验步骤和结论真正熟悉,同时明白实验原理。这对于他们理解之后的物理知识和进行举一反三非常有效。

在进行实验的时候,教师要多设计一些与生活实际相关的实验。比如,在小孔成像实验中,传统的做法是将器材摆好,学生只要点好蜡烛,就能够看到小孔成像的效果,但这仍旧没有训练学生的动手能力。可以让学生根据教材中的图解和知识,自己在课下准备小孔成像的实验器材,不需要多么精致,只要能够将生活中的小孔成像现象体现出来就好。

(三)以生活情境、疑惑导入新课,调动学生的学习兴趣

前面提到,教师在进行备课的时候,可以将电视节目导入课堂,为学生讲述电视节目中提到的物理知识。这是一种将生活情境和疑惑导入课程的表现。在进行新课程讲述的时候,由于学生对课程的未知,他们对新课程是好奇的。而如何强化这种好奇,并将其转变成学习兴趣,就是生活化课堂需要重视的内容。

在讲述新课的时候,可以先将生活中常见的现象设置成问题,让学生思考。比如,教师在讲述声音和光线哪个传播速度快的时候,可以先提问:

"在进行长跑比赛的时候,是先看到裁判开枪的烟雾,还是先听到开枪的声音?"初中学生大多参加过运动会,他们对于这种情景有一定的生活经验,该问题能够引发他们的讨论,教师由此引入并开始讲新的内容,能够调动学生们的兴趣。

(四)开展生活化活动,培养学生探索乐趣

除了教材中的物理知识,还有许多物理知识是从生活和实验中来的。要让学生体会到学习物理的乐趣,首先应该让学生明白物理知识在生活中无处不在。因此,在进行知识讲述的时候,可以让学生自己提出生活中有什么发现,从而调动他们学习物理的兴趣。

但是仅仅这样,仍旧不够让学生产生努力探索的兴趣。所以可以将物理实验和活动回归于生活,让学生自己去设置实验。比如,在学习光线的反射时,教师可以先在课堂上进行提问:"在生活中有什么现象是利用了光线的反射?"然后,让学生举出哪些生活现象利用了这一知识点。一般学生都能提出镜子之类的生活现象,但是还有一样东西也利用了光线的反射,那就是自行车的后尾灯。如果有学生提出这一点,那么就让他自己证明这为什么是光线反射的原理;如果没有学生提出来,那么教师就自己提出来,然后让学生下课后想办法求证自行车后尾灯是不是利用了光线反射的原理,这样就能让学生在课下也进行物理知识的探索。

(五)利用多媒体技术,创设生活探究环境

现代社会科技越来越发达,教育设备也进行了一系列的改革和创新,如在传统的讲台、黑板上出现了多媒体技术。这样,教师在进行讲课的时候可以多利用多媒体技术,为初中物理课堂创设一定的活泼氛围。

教师在讲课的时候熟练使用多媒体,已经成为一种必备的能力。多媒

体有许多优点，既可以形象地让学生明白抽象知识，也可以通过播放视频、音频调节课堂氛围，让课堂不会显得过于单调。

三、初中物理生活化的教学反思与评价

初中物理生活化的教学理念提出来的时间虽然不长，但是已经有了一定的实施时间。因此，在实际操作中，可以切实体会到生活化教学带来的优点：生活化教学对于学生的学习兴趣和探索精神有着一定的提升作用，课堂也变得不再枯燥无味，学生和教师之间的互动越来越多，让整个课堂的学习氛围都比以前有了很大的提升。

但是，每一样新事物的出现都同时伴随着两面性。生活化教学在调动学生学习兴趣方面有着非常大的作用，但又很容易走上极端，即忽略教材中的知识，只注重实验教学。这是一个误区，在实际操作的过程中应该予以注意。另外，多媒体教学让课堂多姿多彩，学生非常喜欢多媒体课堂的开展。但是，多媒体容易让教师养成懒惰的习惯，如有一些教师在多媒体的课堂上不写板书，只通过幻灯片进行讲课。如此，必然会对教学质量造成一定的影响。

初中物理生活化教学是非常好的教学思想和教学方式，但是在实际的操作中，应该根据自身的习惯和学生的实际进行一定的调整。

初中物理生活化并不仅仅是指在物理课堂上多加入一些生活化的案例和实验，更重要的是指一种教学理念和教学方式。现在，虽然新课程改革进行了一段时期，但是初中物理课堂并没有因为新课程改革的教学要求而发生实质性的变化。初中物理生活化教学就是对已经到达瓶颈期的物理教学的警示。而生活化教学由于提出的理念时间很短，所以在实际的操作中，应该随着实际情况的变化而进行一定的调整。

第四节　相关问题的反思

一、初中物理生活化教学存在的问题

(一)生活化教学观念的落实仍有欠缺

教师虽然有主观的观察生活的意识,但是在引导学生以及让学生关注生活方面还存在不足。从学生角度来看,虽然学生普遍反映有观察生活的意识,但是有一些学生也表示迫于生活压力,并没有时间和精力去观察生活。从中可以看出,学生所谓的没有时间观察生活,实际上是对观察生活的一种误解。人们不是为了观察而观察,对于教师教学来说,更希望的是学生能够透过生活现象看本质。因此,教师的引导方式应该作出一定的改变,要让学生领会并能够按照教师所期望的那样去主动观察生活,而不是把在生活中发现物理知识当作硬性的要求和任务。

(二)生活化教学资源的利用率有待提升

1.自制教具的使用值得教师关注

自制教具的制作有时可能会耗费很多精力,但是这些制作对学生的教育意义是深刻的。对于一些枯燥乏味的定理,如果能用自制教具的方式呈现给学生,那么将大大地激发学生的学习兴趣。教师应该以身作则,善于思考,勤于动手,在自己制作的同时带动学生跟着教师一起制作,加深学生对知识的理解。

2.生活化教学的实施环境有待改善

现实中不能实施生活化教学的原因有很多,教师普遍反映出课时不足、学校配备的设施不充足等问题。这样一来,即使教师心中有着生活化

教学的理念,但是由于客观因素的限制,实施起来会有很大的阻碍,也影响生活化教学的实施效果。

(三)生活化教学设计的内容有待完善

1.生活化的课堂导入形式有待丰富

课堂的导入就像一部电影的开头,只有吊起学生胃口的课堂导入,才能更好地集中学生的注意力。在课堂导入的形式上,大部分教师都选择将传统的图片、视频与生活事例作为一堂课的开端,忽略了学生感兴趣的"科研成果""古典书籍中的实例"与"自制教具实验"这些导入方式。

2.生活化的课后作业形式有待丰富

在课后作业方面,教师还是倾向于传统的练习册和试卷,而不是有针对性地让学生动手去操作,亲身去体会。形式单一的作业难免会让学生有厌烦心理。因此,生活化教学提倡形式多样的课后作业,让学生真正地走进生活,观察生活,提高能力。

二、通过生活化情境创设,优化初中物理课堂教学

所谓生活化情境,就是指教师在课堂教学过程中,巧妙地结合生活实例,通过多种方式创设出能够有效激发学生发现问题并产生分析问题、解决问题欲望的教学环境。在初中物理教学过程中,创设生活化教学情境,即将物理知识与现实生活联系起来,真正将物理教学回归到学生的现实生活世界,对于初中学生的物理学习是极为有益的。

(一)创建生活化问题,激发学生的学习兴趣

初中物理教材囊括了大量的事实案例,而且它们基本上都有一个共同的特点,即与现实生活联系紧密。之所以出现这样的现象,主要是因为要让学生知晓"物理知识源于生活、应用于生活"这一道理。因此,教师在

创设生活化的教学情境时,一定要确保生活化情境的实效性,切实增强学生生活物理的意识观念,从而促进学生积极自主地学习,激起学生学习物理的兴趣与热情。

比如,在学习密度与质量时,教师可以问学生这样的问题:"大家都知道,我们现在所坐的教室里面充满了空气,人类一旦失去空气,就无法生存。但有谁知道,这个教室中空气的质量与一头猪的质量,哪个更大一些呢?"学生会因教师提出的这个问题而产生探究的兴趣,从而激起自身学习物理的兴趣。又如,在学习摩擦力时,教师可以创建如下的生活化问题:"同学们在下雨天摔过跤吗?""下雨天骑车为什么在转弯路口要减缓速度呢?"对此,会有不少学生争先恐后地回答教师提出的问题。等学生回答完以后,教师继续追问:"为什么同一路段的同一转弯处,在下雨天更容易摔跤呢?怎样才能有效地避免摔跤呢?"学生通过思考和探究诸如此类的问题,会对将要学习的物理知识产生极大的兴趣。

(二)借用生活化场景,引发学生的求知欲

教师在创设生活化教学情境时,可以将现实生活场景与物理知识内容相糅合,在激起学生物理学习兴趣的同时,引发学生的求知欲,进而促使学生积极主动地探索问题与解决问题。

比如,在学习物态变化时,首先,教师应提前给学生布置好预习任务,让学生在上课之前便对整节教学内容有一个大致把握,从而能够自行发现与探索一些物态变化的现象和事例,初步了解物态变化的概念与具体内容。其次,教师可以借用某些生活化场景,引发学生的求知欲,如冬天洗完衣服后,衣服边角处会结冰,水由液态变为固态即为"凝固";将结冰的衣服放在温度较高的环境中,冰化为水即为"融化";结冰的衣服放在室外接受太阳的暴晒,冰直接消失不见即为"升华"。最后,教师带领学生依据实例解读教材,弄清楚这些名词的概念、影响因素与产生条件,从而完成整个课堂的教学任务。长此以往,学生定然会在教师的带动下"从生活走向物理,借物理解决问题"。

(三)联系理论与实际,逐步解决现实问题

众所周知,学习的终极目的就是为了解决实际问题,达到学以致用的效果。因此,教师要恰当地创设生活化教学情境,努力把理论知识和生活实际进行有机结合,然后利用课堂这一平台,促使学生将理论知识与实际问题有效地联系起来,鼓励学生切实利用理论知识来解决现实生活中所遇到的问题。

比如,在学习大气压强时,教师在一个杯子中装满水,在水杯杯口上盖一张纸,迅速将杯子倒立,结果纸片没有掉落,水也没有洒出来。此时,如若将覆杯用支架支撑后放入真空罩内,然后用真空泵抽出其中的空气,发现纸片依旧没有掉落,这是为什么呢? 学生经过讨论与研究之后,便可得出答案:"真空罩内的压强不够低,或真空罩的密封性不够好。"鉴于此,教师可以将此物理理论知识应用到实际生活中的"买坛子"事件中去,即怎样快速选定密封性很好的坛子呢? 借鉴上面的物理理论知识,便可得出:在坛子口加水,然后将一张纸点燃后放进坛子中,几分钟后盖上坛子盖,从水是否被吸进坛中断定坛子密封性能的好与坏。这样的做法充分地利用了理论联系实际,逐步解决现实问题这一举措。

此外,生活化的物理情境教学还可以提升学生的学习能力,增强学生的创新意识,在一定程度上提高学生分析问题与解决问题的水平,对于学生的物理知识学习是利大于弊的。但应注意的是,教师需要把握好生活化物理情境创设的尺度,切勿使其沦为形式,丧失其功用与价值。

　　总之,初中物理教学主要是为了让学生能够利用物理知识去解决生活中的实际问题。因此,教师要在物理教学中结合学生的特点,设计一些有效的教学情境,让学生在物理情境中不断提升自身的学习效率,从而使学生的物理学习能力得到不断提升。

参考文献

1.[美]约翰·杜威.我们怎样思维:经验与教育[M].姜文闵,译.北京:人民教育出版社,1991.

2.白雪超.初中物理探究式教学的问题及对策研究[D].石家庄:河北师范大学,2014.

3.陈鸿莹,张德伟.国际理解教育——全球化背景下各国教育改革策略[J].比较教育研究,2002(S1):154–158.

4.陈顺喜.论入世后应对人才竞争挑战的教育发展策略[J].教育探索,2002(9):22–23.

5.崔允漷.有效教学:理念与策略(下)[J].人民教育,2001(7):42–43.

6.樊建安.初中物理课堂教学存在的问题及解决对策[J].新课程研究:基础教育,2010(1):83–84.

7.郝德永.新课程改革:症结与超越[J].教育研究,2006,27(5):25–29.

8.李金瑞.物理情境创设与高效课堂[J].中国民族教育,2011(7):63–64.

9.龙宝新.美国教师能力研究的主要维度与现实走向[J].全球教育展望,2015,44(5):85–96.

10.宋鑫.课堂教学模式改革的实践与探索——以北京大学为例[J].北京教育:高教版,2016(5):65–67.

11.王春华.巴班斯基教学过程最优化理论评析[J].山东社会科学，2012(10):188-192.

12.王南.初中物理探究式教学的实践研究[D].长春:东北师范大学，2008.

13.王文杰.构建中学物理高效课堂的策略研究[D].西安:陕西师范大学,2015.

14.王琰.布鲁纳结构主义教育思想对当今课程改革的启示[J].太原大学教育学院学报,2007,25(1):16-18.

15.温彭年,贾国英.建构主义理论与教学改革——建构主义学习理论综述[J].教育理论与实践,2002,22(5):17-22.

16.吴海荣,朱德全.人本主义教学观与新课程标准下的物理教学[J].湖北师范学院学报:自然科学版,2002,22(1):17-20.

17.谢莉莉.成就动机理论对教师教育的启示[J].中国校外教育:下旬刊,2010(20):49

18.徐华.赞可夫教学与发展理论对我们教学的几点启示[J].科教文汇:上半月,2006(9):29.

19.曾春妹.现代教育思想及其在新课程改革中的体现[J].教育探索,2003(9):16-17.

20.张天宝.主体性教育[M].北京:教育科学出版社,2001.

21.赵昂.初中物理高效课堂教学策略的研究[D].西宁:青海师范大学,2014.

22.赵绪昌.认知冲突的教学意义及其实践策略[J].课程教学研究,2014(10):57-61.

23.周清保.如何提高初中物理课堂教学效率[J].学周刊:中旬,2016（8）:143.

24.邹丽.初中物理实验教学中存在的问题及对策研究[D].大连:辽宁师范大学,2009.